中学历史教学中史料实证素养培育的评价研究

王志胜　陈雪莲 ——— 著

湖南大学出版社·长沙

图书在版编目（CIP）数据

中学历史教学中史料实证素养培育的评价研究／王
志胜，陈雪莲著. -- 长沙：湖南大学出版社，2025.3.

ISBN 978-7-5667-4027-4

Ⅰ．G633.512

中国国家版本馆 CIP 数据核字第 2025NX5966 号

中学历史教学中史料实证素养培育的评价研究

ZHONGXUE LISHI JIAOXUE ZHONG SHILIAO SHIZHENG SUYANG PEIYU DE PINGJIA YANJIU

著　　者：王志胜　陈雪莲

责任编辑：饶红霞

印　　装：湖南省美如画彩色印刷有限公司

开　　本：710 mm×1000 mm　1/16　印　张：19　字　数：301 千字

版　　次：2025 年 3 月第 1 版　印　次：2025 年 3 月第 1 次印刷

书　　号：ISBN 978-7-5667-4027-4

定　　价：58.00 元

出 版 人：李文邦

出版发行：湖南大学出版社

社　　址：湖南·长沙·岳麓山　邮　编：410082

电　　话：0731-88821006（营销部），88821594（编辑室），88821006（出版部）

传　　真：0731-88822264（总编室）

网　　址：http://press.hnu.edu.cn

电子邮箱：749901404@qq.com

前　言

　　历史,是我们认识世界、理解自我的重要窗口。在历史教学中,引导学生透过纷繁复杂的史料,洞察历史的真相,形成独立的历史观念,这不仅是教师的责任,更是培养学生全面素质的重要路径。本书作者旨在深入探讨和研究如何在高中历史教学中有效地培养学生的史料实证素养。我们深知,史料实证素养的培养不仅关乎学生对历史知识的理解和掌握,更关乎他们独立思考、批判性思维和问题解决能力的养成与提升。

　　我们深知,史料实证素养的培育并非一蹴而就,而是需要经过严谨的教学设计和长期的实践积累。本书试图通过理论探讨与实践探索相结合的方式,研究如何在高中历史教学中提升学生的史料实证素养。我们期望,这项研究不仅能为广大教师提供有效的教学策略,还能激发学生对历史学习的热爱,从而带领他们在史料的海洋中探寻真相,领略历史的魅力。在撰写本书的过程中,我们深入剖析了当前高中历史教学中学生史料实证素养培养的现状与问题,借鉴了国内外先进的教学理念和实践经验,并结合我国历史教育的实际,提出了一系列切实可行的教学策略和评价方法。我们期望通过本书的撰写,引起广大历史教育工作者对学生史料实证素养培养的重视,激发他们在教学实践中的创新精神和实践热情,从而共同推动中学历史教学质量的提升。在撰写本书过程中,我们借鉴了大量教育学、历史学、心理学等相关领域的理论知识,并结合实际教学案例进行分析,力求做到理论与实践相结合,为高中历史教学提供有益的启示。

　　我们期待,这项研究能为我国高中历史教学带来新的活力,能够切实促进学生史料实证素养的提升，使他们在学习历史中更好地认识自我、理解世界。同时，我们也希望本书能够为广大高中生提供一个学习历史的新视角和方法，引导他们在学习中形成独立思考、勇于探索的精神风貌，为未来的成长和发展奠定坚实的基础。在历史的长河中，我们都是探索者、实践者。让我们携手并进，在高中历史教学中不断追求真理、探索未知，共同书写历史教育的辉煌篇章！

目　次

中学生史料实证素养的培养目标

要在教学中培养中学生的史料实证素养，首先要明确史料实证素养的培养目标。《普通高中历史课程标准（2017 年版 2020 年修订）》中将史料实证素养划分为四个水平（表 1-1），并根据这四个水平划分出四个质量水平（表 1-2）。其中质量水平 2 是所有学生在学习完《中外历史纲要》后应该达到的基本要求；而质量水平 4 则是针对选择历史学科的学生，是学业水平等级性考试的命题依据。史料实证素养的培养是长期的、渐进的过程，四个水平层层递进，针对不同的学生有着不同的要求。因此，笔者在充分解读史料实证素养内涵的基础上，结合素养水平以及质量水平，将史料实证素养的培养目标分为两大层次，分别面向参加历史学业合格考试和参加历史学业等级考试的学生，从而使教师能够针对不同的学生展开各有侧重的教学。

表 1-1　史料实证素养水平

水平	史料实证素养
1	能够区分史料的不同类型；在解答某一历史问题时，能够尝试从多种渠道获取与该问题相关的史料；能够从所获得的材料中提取有关的信息
2	能够认识不同类型的史料所具有的不同价值；明了史料在历史叙述中的基础作用；在对史事与现实问题进行论述的过程中，能够尝试运用史料作为证据论证自己的观点
3	在探究特定历史问题时，能够对史料进行整理和辨析；能够利用不同类型史料，对所探究的问题进行互证，形成对该问题更全面、丰富的解释

续表

水平	史料实证素养
4	能够比较、分析不同来源、不同观点的史料；能够在辨别史料作者意图的基础上利用史料；在对历史和现实问题进行独立探究的过程中，能够恰当地运用史料对所探究问题进行论述

表 1-2　史料实证素养质量水平

水平	史料实证素养质量水平
1	能够知道史料分为文献史料、图像史料、实物史料、口述史料等多种类型；能够在解答某一历史问题时，尝试从多种渠道获取与其有关的材料；能够从所获得的史料中提取有关的信息
2	能够认识不同类型的史料所具有的不同价值；能够掌握获取史料的基本方法；能够在对史事与现实问题进行论述的过程中，尝试运用史料作为证据论证自己的观点
3	能够在探究特定历史问题时，自主地搜集有关史料；能够对史料进行整理和辨析，并判断其价值；能够利用不同类型史料的长处，对所探究的问题进行互证
4	能够比较、分析不同来源、不同观点的史料，能够在辨别史料作者意图的基础上利用史料；在评述历史时，能够对材料进行适当的取舍；在对历史和现实问题进行探究的过程中，能够恰当地运用史料对所探究问题进行论述；能够符合规范地引用史料

◎ 第一节　指向史料实证素养水平 1-2 的培养目标

　　素养水平 1 明确了史料实证素养最基础的要求：区分史料的类型、知道获取史料的途径、从史料中提取信息。素养水平 2 的要求在素养水平 1 的基础上有所提高，即判断史料的价值、明了史料的作用并进行论证。素养水平 1 与素养水平 2 都侧重的是关于史料的搜集、提取等较基础的能力，适用于必修课程。基于对史料实证素养水平 1 和 2 的要求，培养目标划分如下。

一、明确史料的作用

这一培养目标整合了素养水平 1 中"在解答某一历史问题时，能够尝试从多种渠道获取与该问题相关的史料"以及素养水平 2 中"明了史料在历史叙述中的基础作用"的要求，可以阐述为在解答历史问题时，知道史料是研究历史的基础，明了史料是历史叙述的依据，具有"论从史出"的意识。

历史包罗万象，我们在历史教学中学习和了解的历史不过九牛一毛。在教学中，教师传授给学生的知识内容有限，要想解答历史问题，必须明了史料的作用。史料是连接过去与现在的桥梁，是形成问题、提炼论点、建构解释的基本材料。学生在面临史料构建的新情境，或面临知识盲区及遇到与所学知识相冲突的史料时，要秉承求真精神，言必有据，信而有证。坚持任何论点都是从史料中提炼出来的，而不是依据先定的概念或假设而来的。以 2020 年江苏省普通中学学业水平合格性考试第六题为例：

《宋史》记载，许唐"尝拥高赀（资产雄厚）于汴、洛间，见进士缀行而出，窃叹曰：生子当令如此！因不复行贾（经商）"，后其子中举，许唐说"成吾志矣"。这反映了宋朝（ ）

A. 科举制度影响较大 B. 商品经济趋向没落

C. 八股取士钳制思想 D. 弃儒就贾渐成潮流

这道题通过《宋史》中的相关记载，考查学生是否"明了史料在历史叙述中的基础作用"，能否从史料中提取有效信息作为历史叙述的依据。根据上述材料来看，资本雄厚的商人希望子孙入仕，说明科举制度的影响较大。从历史学科的学业评价中可以看出，当下的考试对历史素养的考查不再局限于历史事件特点鲜明的阶段，而常通过史料构建新的历史情境，来考查历史事件在任一时期的情况。的确，历史虽然很精彩，但波澜壮阔不是历史的常态，风平浪静或者暗流涌动才是。学生需要形成"论从史出"的证据意识，这才是学习历史的正确方法。"史论"与"史料"是双向的，只有使学生明了史料的作用并加以运用，从而既能以史料为依据得出历史结论，又能够运用史料证明自己的观点，如此，才能以不变应万变。

二、区分史料的类型

　　区分史料的类型是判断史料价值、辨析史料的基础。这一培养目标要求学生知道史料的基本类型以及划分依据，知道不同类型史料的价值，以期发挥不同类型史料的最大效用。史料内容庞杂，根据不同的标准，可划分为不同的类型。梁启超认为史料可以划分为在文字记录者与在文字记录以外者，后者又可以分为现存之实迹、传述之口碑、遗下之古物。在历史教学领域，首都师范大学张汉林教授根据史料的载体、留传方式、作者意图将史料分为三类即叙事类史料、非叙事类史料、基本史料。综合学界对于史料类型的划分，结合中学历史教学的实际情况以及历史学业合格考试和历史学业等级考试，笔者认为中学历史教学中，史料可以划分为以下几种类型：

　　1. 直接史料和间接史料

　　按照史料的留传方式，傅斯年将史料分为直接史料与间接史料。直接史料也称一手史料、原始史料，是由当事人根据自身经历或者同时代、离特定时代不久远的人记录下来的、未经中间人修改或省略或转写的史料，价值比较高。具体包括日记、档案等。间接史料又称二手史料、转手史料，在转手中还会出现三手史料、四手史料等。间接史料并非历史事件的亲历者写成，而是经过中间人修改或省略的史料。一般转手史料是对一手史料进行的诠释和解读，因此有可能在传抄过程中出现偏差，不能直接作为证据来还原历史。这类史料被广泛运用在历史教学中，也是历史材料题青睐的素材。

　　2. 文献、实物、口述、图像史料等

　　按照表现形式，中学历史课堂中常见的史料可以分为文献史料、实物史料、口述史料、图像史料、现代音像史料以及数字化史料。此六种是《普通高中历史课程标准（2017 年版 2020 年修订）》在选修课程"史料研读"中对史料进行的分类，而数字化史料是在新科技的背景下出现的史料类型。

　　文献史料不仅是史料中占比例最多的，也是教师在教学中最常用的一类史料。文献史料一般以文字形式记录，其类型多种多样，如以纸张为载体的官私史书、档案、日记、报纸、文章等以及以其他材质为载体的古文字类，如甲骨文、金文、碑铭、简牍等。除此之外，还包括后人依据史料对历史事件、历史人物进行评述写成的文献。文献史料是一般历史试题命题素材的主要来源。

实物史料是人类在过去的历史活动中留下的器物或者经历过的场所，包括器物、遗址、建筑物等。实物史料是历史的直接见证和历史知识的可靠来源，是我们能够直面过去的实物存在。在课堂上，一般需借助图片或者视频的形式对实物史料进行了解。课外可以从与学生生活相关的"老物什"入手，如家里长辈的勋章、书信等，了解其年代与背景，并与当下生活产生联系，赋予史料新的生命力。实物史料在考试中的考查并不多，主要侧重其一手史料的价值。

口述史料是口传或者由旁人搜集整理当事人的口述回忆而形成的史料，一般包括神话传说、回忆录等。其作用主要是能够在没有文字记载的情况下为探究历史提供依据。例如在先秦时期文字并不普及的情况下，口传成为一种流传方式。在近代，在了解慰安妇这一史实时，尽管日方对于强迫中国妇女充当慰安妇这一历史事实采取回避态度，但历史学者对当时受害并幸存下来的慰安妇进行调查采访，整理下来的视频和文字记录作为口述史料在指证日军暴行方面有一定的作用。此外，口述史料使历史细节更饱满，使学生更能身临其境地感受历史人物的情感，能够弥合文献史料所不能传达的"感同身受"。但是口述史料带有叙述人的主观意图以及整理人的后期编辑，使史料的信度受到一定的影响，在使用时应该加以辨别。

图像史料是一种可视化史料，是除了文献史料以外，在中学历史教学中使用频率较高的史料。图像史料反映的内容繁多，根据图像的来源，可将其分为原始性图像史料和再造性图像史料。原始性图像史料包括绘画、雕塑等实物史料的照片、历史地图等未经过加工的史料；再造性图像史料是指后人根据史料进行合理性想象而创造的史料，包括出于某种目的的历史漫画等。例如关于朱元璋的长相，民间流传着其几十种相貌，其中大部分都是后人想象出来的，也不乏出于政治目的而进行的创作。从价值上来看，再造性图像史料不如原始性图像史料。在考试中，常常通过图像史料考查学生观察图片、解读隐含信息的能力。

相比传统的手写、口述等记录历史的方式，音像史料借助录音、录像等现代信息技术手段，为研究近代的历史提供了更丰富的资料。现代音像史料属于现代社会，反映的是最近百年来的历史。在教学中，学生通过观看音像史料，减少了想象带来的偏差，可以身临其境地感受历史。

数字化史料是指被数字化或者以数据库形式展现的各种史料，是为了方便历史研究和教学，在对大量的史料进行整理的基础上，提取史料包含的信息并对其进行加工而得的史料。史料往往是碎片化的，因此针对特定的问题，需要从各种史料中整合有效信息。数字化史料通常以文字、表格、结构图、统计图的形式出现在历史课堂上，与其他史料相比，数字化史料能够将历史事件放在较长的叙事视野中，建构宏大的历史画面，使学生更能直观地了解历史发展的逻辑和规律。在历史考试中，数字化史料常以表格等形式来考查学生的能力。

因为史料本身就带有多重属性，所以以上关于史料的分类有重合之处。例如出土于陕西的西周中期青铜器大克鼎，从流传方式来看，属于原始史料，对于研究西周的文化等有着极高的价值；从载体来看，其本身属于实物史料，上面的铭文属于出土文献，是研究西周职官、礼仪等的重要文献史料；由于实际情况的限制，学生如不能现场观摩大克鼎，但可以观看大克鼎的图片，此类属于图像史料。

三、判断史料的价值

在面临特定的历史问题时，可采用的史料众多，但并非都有价值。区分史料的不同类型就是为了清楚不同史料的价值。根据特定的研究对象，多元地选取不同类型的史料，去粗取精，发挥史料的实用价值。

判断文献史料的价值时，应知道受材料、视角、方法、情感等主客观因素的限制，史学家的记载或论述不可能完整无缺地记录历史的真实情况，会存在偏差或错误。除了故意歪曲、篡改外，文献史料能够相对忠诚地记载历史的真实状况。在被后人解读的过程中，文献史料体现了不能随便加以解释和篡改的客观性。在判断实物史料的价值时，实物史料大多可以作为一手史料，弥补文献记载的空白。但是实物史料所反映的历史范围是有一定局限性的，其保存度受所在环境的限制，也取决于其本身的质量。此外，实物史料作为历史遗存，需要研究者的阐述解读，由此不可避免地掺入研究者的主观认知。判断图像史料、现代影音史料的价值时，要知道写实性的历史题材浓缩了创作者所处时代的历史认知与理解，有一定的主观性；图片、录像等只要经过处理、剪辑，就会降低其真实性和客观性，削弱其证史价值。除此之外，原始史料的价值高于非原始史料，实物史料的价值高于文献史料。这就要求学生学会根据不同史料的特点判断其价值，综合比对多种类型的史料、各种来源的史料，相互补充，以求最大限度地还原历史。

　　站在更高层次的史料实证的培养目标上来看，除了依据史料的类型来判断史料的价值，还应该辨别史料的真伪。求真务实的治学精神和科学严谨的研究态度，是培养学生史料实证素养的基本着眼点。不同史料对于同一历史事件有着不同的记载时，应该运用多种史料互证。史料如被辨析为虚假的，相对研究对象来说，其研究价值较低。但是从研究史料作者造假的动机来看，又有较高的价值。因此，这些判断标准都不是绝对的，而是随着研究对象的变化而变化的。在教学中要具体问题具体分析。

　　在历史试题中对史料价值的考查主要有两方面：一是指定史料类型的特征及价值如何，二是几种史料的价值比较。以 2017 新课标全国 II 卷高考 35 题为例，题目中指出《赫鲁晓夫回忆录》多次出版但是内容均有所不同，由此让学生分析回忆录的价值。回忆录是研究历史事件、历史人物的重要资料，有助于还原历史现场，丰富历史细节。但由于作者在回忆时受个人主观因素的影响，会对一些历史事实采取"有选择地"回避，或者出于某种原因篡改历史，这些都使回忆录在使用时要多加辨析。除此之外，20 世纪 70 年代后，《赫鲁晓夫回忆录》不同年代版本的内容不同，说明了在赫鲁晓夫去世以后，后人根据现实需要对其回忆录进行了修改。一般来说，对于历史事件的叙述，离其发生的年代越近就越接近真实。因此根据这道题考查的回忆录的价值，应该明确时代对历史叙述有影响。

四、了解获取史料的渠道

在明了史料的作用、区分史料的类型及价值后，学生应在面临历史问题时，尝试掌握从多渠道获取史料的方法。在当前历史课堂中，学生习惯接受由教师提供的史料，很少自己搜集史料。教师提供的史料多是为了讲解知识点，完成教学目标，易使学生先入为主，失去了探索历史真相的乐趣。因此，要培养学生从解答特定的历史问题到主动探究历史问题的意识，教师的示范使学生了解获取史料的多个途径，在模仿中逐渐掌握获取史料的方法，并在今后主动探究历史问题及遇到现实问题时能全面地获取资料。这一培养目标更侧重发展性、过程性的历史学习方法，在历史试题中的考查很少，但是在实际培养中，这一培养目标起着基础性作用。

五、提取史料中的信息

提取史料的信息是对史料进行进一步分析、辨别的基础，是史料实证素养培养的重要一环。学生在教师的示范下，逐步掌握提取信息的方法，最终能够独立、准确、完整地从史料中获取与特定历史问题相关的信息。在提取史料时首先要分清主次，选取与所探究的历史问题紧密相关的信息。其次，不仅要通过作者和出处理解史料的显性信息，还要挖掘史料的细节、隐性信息，能够清楚作者的态度、揣摩史料作者的意图。除此之外，还要关注史料的语境，不可断章取义，不过分解读、妄加揣摩，忠实于史料。以山东省2020年普通中学学业水平等级考试（模拟卷）第4题为例。

下表是有关太平天国时期妇女的部分史料。由此可以判断太平天国（　　）

太平天国时期关于妇女的部分史料

内容	出处
凡分田，照人口，不论男妇	《天朝田亩制度》

续表

内容	出处
妻道在三从，无违尔夫主	洪秀全《幼学诗》
当我们行走在（南京）街上时，沿途可以看到不少的女子……许多人骑着马，其余的人则是步行，大多数人都是天足	《慕维廉牧师的一封信》（1861 年）

A. 废除了封建土地所有制

B. 基本上实现了男女平等

C. 冲击了社会成员的固有角色定位

D. 打破了封建礼教对妇女的束缚

这道题通过提供三则有关太平天国时期妇女的史料，考查学生从史料中提取信息的能力。《天朝田亩制度》作为太平天国的纲领性文件，对于研究这一时期政权中所规定的男女地位有着重要价值。根据题干表格中"凡分田，照人口，不论男妇"可知太平天国政权在分田上主张男女平等。《慕维廉牧师的一封信》（1861 年）是外国人写的，结论及立场较为客观，所记述的现象反映了太平天国禁止妇女缠足。从洪秀全的《幼学诗》可以了解到以洪为代表的农民阶级依然受三纲五常的束缚，认为"妻道在三从，无违尔夫主"。因此，通过分析比较来源不同、观点不同的三则史料对太平天国时期女子社会地位的叙述，可以了解到尽管当时太平天国已经主张男女平等，女子也不再缠足，但这一政策只冲击了社会成员的固有角色定位，仍未能实现真正意义上的男女平等。

以上五点培养目标是在素养水平 1 与 2 的基础上整合而成。在面对历史问题时，学生应该明了史料的作用，区分史料的类型，判断史料的价值，了解获取史料的渠道，提取史料中的信息，并将其作为自己论证的依据。可以看出这五点培养目标侧重的都是对于史料的认识、获取、分析，是史料实证素养最基础的要求。而素养水平 3 与 4 的培养目标则更侧重实证精神的培养，是史料实证素养的更高层级的培养目标。

◎ 第二节　指向史料实证素养水平 3-4 的培养目标

史料实证素养水平 3 在史料运用方面对学生提出了进一步的要求，即对史料进行整理、辨析、互证。水平 4 与水平 1、水平 2、水平 3 最大的不同就是面临的问题对象不同。前三个水平都是针对特定的历史问题，而水平 4 探究的是历史问题和现实问题。求真求实的实证精神能够指导学生解决现实生活中的问题，实现培养该素养的现实意义。因此，水平 3 和水平 4 在水平 1 和水平 2 的基础上，进一步培养学生的实证精神和运用史料的能力，适用于必修课程和选修课程的教学。基于史料实证素养水平 3 和水平 4 的要求，划分为以下的培养目标。

一、整理、辨析史料

史料是不成体系的，对于某一历史问题的相关史料往往散见在各处。因此，要对搜集到的史料进行整理和辨析，去粗取精，将解答问题的思路逐渐清晰化。学生在教师的示范下掌握对史料进行再整理和辨析的方法，分析其证史价值，从史料中为自己的历史论述提供可靠证据。

关于史料的整理方法，结合中学生的认知特点，聂幼犁教授将其分为时间序列、空间坐标、图表格式、逻辑要素四种方法。首先，时间序列是历史学科的显著特征。在整理史料时，以时间为维度，将历史事件进行梳理，在清楚历史事件发生的时序后，才能结合时代背景寻找各个历史事件的前因后果以及其内在联系，从而解决历史问题。如在《中外历史纲要》上册中第 18 课《辛亥革命》的教学中，为使学生认识到武昌起义的成功不是一蹴而就的，教师可以引导学生以表格的形式根据时间序列整理出革命团体的成立和起义等内容（表 1-3）。通过分析，学生可以直观了解革命的进程，了解各民主革命团体的活动，意识到事物的发展不可能是一帆风顺的，感受革命党人的不懈努力以及数次起义积累的经验促成了武昌起义的成功。其次，历史是发生在特定空间下的事件。在历史教学中，有时以地图为主要形式整理史料。

例如在《中外历史纲要》上册第 13 课《清朝前中期的鼎盛与危机》的教学中，通过向学生呈现明、清时期的国家版图，观察、比较疆域的范围变化，体会统一多民族封建国家版图奠定的重要意义。此外，按照图表格式及逻辑要素对史料进行整理，也是常见的史料整理方法。

表 1-3　辛亥革命时期革命团体活动详情表

1894 年	兴中会在檀香山成立
1903 年	青年革命家邹容撰写的《革命军》出版，传播革命思想
1905 年	同盟会在日本东京成立。提出"驱除鞑虏，恢复中华，创立民国，平均地权"的革命纲领
1906 年	同盟会发动萍浏醴起义
1907 年	同盟会先后发动了黄冈起义、七女湖起义、防城起义、镇南关起义等
1908 年	同盟会策划了钦州起义、河口起义等
1911 年	广州黄花岗起义爆发

关于辨析史料，史学界也提出了诸多方法。结合中学历史教学的实际与学生的认知水平，可以分为以下几点。首先要看史料的来源和出处，虚假的史料往往查无证据。其次要看作者的真实意图，分析其立场，为史料的真实性与客观性提供参考。再次从史料的内容入手，如果该史料出现了超越其历史年代的信息，则为虚假史料。例如在对朱元璋的画像进行证实与辨伪时，有一副画像中朱元璋戴的帽子上有"帽正"，而"帽正"是清朝才出现的，因此这幅画像是清朝人根据文献记载或者想象画出来的，其作者受一定的时代背景和个人政治立场的影响，从而使史料的价值大打折扣。最后，针对某一历史问题时，本着孤证不立的原则充分利用不同史料进行互证，比较著名的是王国维先生的"二重证据法"。整理、辨析史料，就是为了去伪存真，对历史问题有更丰富、全面的解释。学生在整理和辨别史料的过程中形成证据意识，树立"论从史出"的史学观念。

二、运用史料进行实证

实证，是渗透在历史教学中的、最终应用于解决历史问题和现实问题的一种意识和精神，是史料实证素养的最高要求。在历史教学中，实证也是一种学习历史的方法。"实证"不只是包括"证实"，还包括"辨伪"。关于"实证"，重要的不仅是结果，过程也很重要。学生首先要具备实证意识，而后根据教师的示范进行模仿，从而渐渐培养出自主运用史料解决历史问题的意识。最终能够在面对历史和现实问题时，规范地引用史料作为证据，对所探究的问题进行论述。

史料实证素养的培养目标是根据史料实证的内涵、课程标准划分出的四个素养水平和四个质量水平。各个培养目标都是前后相因、层层递进的，前一培养目标的实现是后一培养目标实现的基础，不可割裂。史料实证素养的培养是一个长期的过程，通过各个培养目标递进式的培养，才能聚合成史料实证素养的整体培养目标。

基于史料实证素养评价下的
中学历史学习新挑战

　　2020 年，教育部考试中心发布《中国高考评价体系》和《中国高考评价体系说明》，该体系从高考的核心功能、考查内容、考查要求三个方面回答"为什么考、考什么、怎么考"的考试本源性问题，从而给出"培养什么人、怎样培养人、为谁培养人"这一教育根本问题在高考领域的答案。从更为实际的角度出发，高考评价体系也是未来高考内容和结果的风向标，高考评价体系要求高考内容要突出基础性、综合性、应用性、创新性，促进中学教学方式改革，助力发展素质教育，比如要求高考试题通过开放性、探究性情境的设计，达到学生创新意识和创新思维能力的考查和培养。

　　在高考改革稳步推进的同时，新课程、新教材也在全国中学逐步实施。新课程和新教材都是围绕《普通高中历史课程标准（2017 年版 2020 年修订）》开展的。未来同学们的合格性学考、等级性学考以及学考命题也以新课标为依据。可以说，无论是哪里的学生，只有吃透高考评价体系和新课标才能真正打通中学历史的"任督二脉"。本章就从这两个维度为同学们介绍学好历史的方法。

◎ 第一节　高考评价体系下中学历史学习新要求

一、中国高考评价体系总体解读

中国高考评价体系是深化新时代高考内容改革的基础工程、理论支撑和实践指南，对发展素质教育、推进教育公平、实现教育现代化、建设教育强国、办好人民满意的教育具有重要意义。在新高考背景下，为了更好地应对高考，必须要紧紧围绕"为什么考、考什么、怎么考"这一主题，结合"一核四层四翼"这一全新的教学评价体系，对传统的中学课堂教学策略和模式进行优化和调整。那么究竟什么是"一核四层四翼"呢？

中国高考评价体系明确了"一核""四层""四翼"的概念及其在素质教育发展中的内涵："一核"为考查目的，即"立德树人、服务选才、引导教学"，是对素质教育中高考核心功能的概括，回答"为什么考"的问题；"四层"为考查内容，即"核心价值、学科素养、关键能力、必备知识"，是素质教育目标在高考中提炼回答"考什么"的问题；"四翼"为考查要求，即"基础性、综合性、应用性、创新性"，是素质教育的评价维度在高考中的体现，回答"怎么考"的问题。中国高考评价体系梳理了各要素之间的逻辑关系，遵循正确的研究方向、目标和科学的路径、方法，创造性地提出高考命题理念从"知识立意""能力立意"向"价值引领、素养导向、能力为重、知识为基"转变的理论基础与方法论基础。中国高考评价体系是一个以价值为引领的、系统的、科学的、创新的评价体系，有助于在高考的各项工作中切实落实立德树人根本任务。

二、中国高考评价体系的历史学科解读

1. "一核"：高考的核心功能——历史学科考试的功能定位

同学们要知道高考是衔接基础教育与高等教育的关键环节，而高考科目如何设置、高考考查什么内容，既对高校培养和输送高素质、多样化人才起

着决定性作用，也对基础教育教学具有强大的导向作用。历史学是一切人文社会科学的基础，是落实立德树人根本任务的重要途径，在塑造学生人文素养、树立正确价值观、促进个人全面发展方面具有不可替代的作用。面对新时代、新要求，我们的新高考必须坚持以习近平新时代中国特色社会主义思想为指导，全面贯彻党的教育方针，落实立德树人根本任务，紧紧围绕"培养什么人、怎样培养人、为谁培养人"这一教育根本问题，全方位、系统化地回答"为什么考"的问题，明确"立德树人、服务选才、引导教学"的核心功能。

（1）立德树人-高考历史的根本任务

在当前教育环境中，立德树人作为教育的根本任务，它不仅是评价学生综合素质的重要标准，更是培养合格公民、传承中华民族优秀文化的重要途径。高考历史试题不仅考查学生对历史知识的掌握程度，更注重对学生价值观、道德观和人生观的引领。立德树人，意味着高中历史教学要关注学生的品德修养，培养他们良好的道德素质和社会责任感。通过历史教育，使学生深刻认识到国家的发展历程中，无数英雄人物为民族独立、人民解放和国家富强付出的巨大努力，从而激发他们的爱国情怀，树立正确的民族观、历史观。高考历史试题在命题过程中，紧紧围绕立德树人根本任务，旨在引导学生树立正确的人生观、价值观。试题涵盖了中华五千年文明史，从古至今，展现了我国历史的发展脉络。学生在解答试题的过程中，不仅能够丰富自己的历史知识，更能深刻领悟到中华民族的优秀传统和文化底蕴。总之，高考历史的根本任务在于立德树人，通过历史教育，培养学生的道德品质、文化素养和社会责任感，为我国未来的发展输送合格的建设者和可靠的接班人。

（2）服务选才——高考历史的基本功能

高考历史学科的考试就是通过科学设计试题，选拔符合国家和高等教育需要的优秀人才，要求优秀人才具备三个方面的条件：一是具有家国情怀、国际视野和社会主义核心价值观；二是具有必备知识、关键能力和学科素养；三是具有求真务实、学以致用的优秀品格和创新意识。

（3）引导教学——基础教育对高考历史的现实要求

新一轮高考改革更加强调育人功能，始终将促进中学学生健康成长成才作为改革的出发点和落脚点。历史学科考试主要立足于助力素质教育发展，培养合格的社会主义建设者和接班人。这就要聚焦立德树人教育根本任务，着力培养和发展同学们的必备知识、关键能力和学科素养，启发同学们自主学习和探究性学习，提高学习能力和创新能力，合理减轻中学生的学业负担，促进学生的全面发展，培养学生终身学习能力，促进人的持续发展。

2. "四层"：高考的考查内容——历史学科考查内容

高考评价体系将所考查的素质教育目标提炼为"核心价值、学科素养、关键能力、必备知识"四层内容，回答了高考"考什么"的问题。为了便于同学们理解，我们以司机开车类比：司机必须要了解道路安全法规、驾车基本理论、车辆基本构造等基本内容，这些属于必备知识；一个合格的司机，能够熟练开车上路，平安行驶，可以说具备了关键能力；一个高水平的司机，能够在复杂的路况中应对棘手问题，能够完成较为困难的驾驶任务，可以说具备了学科素养。下面，我们给同学们做一个详细解读。

（1）必备知识——高考历史考查中的核心知识

历史学科甄选必备知识的原则是有利于高考与课程标准的衔接，有利于高考与中学教学的对接，有利于考生整体把握历史知识体系。《普通高中历史课程标准（2017 年版 2020 年修订）》将课程内容分为中外历史纲要、国家制度与社会治理、经济与社会生活、文化交流与传播，这 4 个主题分别在必修课和选择性必修课中讲授。历史学科考试的知识体系对《普通高中历史课程标准（2017 年版 2020 年修订）》进行整合，按照逻辑体系进行分类，将分散在必修课和选择性必修课中相互衔接的内容组成有机的结构体系。如在政治体制部分，必修课内容中有我国不同历史时期政治制度的内容、特点等，选择性必修课内容中有政治体制各主要类型的产生和演变过程，历史学科考试将这些内容有机整合，组成完整的政治体制系列知识。

（2）关键能力——高考历史考查中的重点内容

高考历史重点考查学生所学知识的运用能力，强调独立思考、分析问题和解决问题、交流与合作等学生适应未来社会不断变化发展的至关重要的能力。根据高考评价体系的整体框架，结合《普通高中历史课程标准（2017 年版 2020 年修订）》提出的核心素养，历史学科考试内容改革提出获取和解读历史信息的能力、分析历史问题的能力和历史探究能力三项关键能力，其中，获取和解读历史信息的能力，要求学生能够对信息进行理解与辨识、概括与提炼、组织与运用；分析历史问题的能力，要求学生能够运用辩证唯物主义和历史唯物主义分析历史事物，运用历史思维和科学的方法分析和阐述历史事物；历史探究能力，要求学生能够发现和提出问题、论证问题，最终得出历史结论。

（3）学科素养——在高考历史考查中的导向作用

《普通高中历史课程标准（2017 年版 2020 年修订）》明确指出："历史课程要将培养和提高学生的历史学科核心素养作为目标，使学生通过历史课程的学习逐步形成具有历史学科特征的正确价值观、必备品格与关键能力。课程结构的设计、课程内容的选择、课程的实施等，都要始终贯穿发展学生历史学科核心素养这一任务。"历史学科素养包括唯物史观、时空观念、史料实证、历史解释、家国情怀五个方面。这五个方面是一个整体，诸素养在历史学科核心素养中有其各自的地位和作用，唯物史观是历史学科诸素养得以形成的理论保证；时空观念是诸素养中学科本质的体现，是历史学科有别于其他学科的重要特征；史料实证是诸素养得以形成的必要途径；历史解释是诸素养中对历史思维与表达能力的要求；家国情怀体现了诸素养中价值追求的目标。普通中学历史教育旨在通过诸素养的培育，以逐步形成具有历史学科特征的正确价值观念、必备品格和关键能力，达到立德树人的要求。

（4）核心价值——在高考历史考查中的引领作用

历史学科考试全面贯彻落实党的教育方针，加强对同学们进行理想信念、爱国主义、品德修养、奋斗精神、综合素质教育，引导学生树立正确的国家观、民族观，塑造学生健全的人格，形成正确的世界观、人生观，践行社会主义核心价值观；引导中学生增强对中华优秀传统文化、革命文化和社会主义先进文化的认同，树立新时代中国特色社会主义道路自信、理论自信、制度自信、文化自信；引导同学们开拓视野，认识历史发展规律，形成人类命运共同体意识；引导大家德智体美劳全面发展。

3."四翼"：高考的考查要求——历史学科考查要求

"四翼"是针对不同层面认知的考查难度上的要求，明确"基础性、综合性、应用性、创新性"四个方面的考查要求，主要回答的是高考"怎么考"的问题。我们可以简单理解为：基础知识一定要扎实，"只有根深方能叶茂"；以基础为前提，学会做到触类旁通、融会贯通，并尽可能地应用在生活中；要具有创新精神，只有懂得创新才能使我们在成功的道路上走得更远。历史学科考试根据学科特点，细化共同要求，制定学科化的考试要求，体现继承与发展的理念，体现鲜明的学科特点和时代性。我们以 2019 年全国高考卷文综 I 卷、II 卷、III 卷历史真题为例，来谈谈历史"基础性、综合性、应用性、创新性"四个方面的"四翼"考查要求。

（1）基础性——高考强调基础扎实

基础性考查学生对主干知识和基本理论的掌握程度，关注学生今后生活、学习和工作所必须具备的、不可或缺的知识、能力和素养。就历史学科而言，其试题注重考查中外历史上的重大历史事件、历史现象、文明成果、重要历史人物和历史发展线索，考查基础的学科方法、能力、素养。如：2019 年文科综合全国 I 卷第 45 题结合商鞅变法的历史知识，考查考生运用比较等方法分析历史问题的水平和基本能力；2019 年文科综合 II 卷第 46 题结合抗日战争和二战的相关知识，要求考生理解中国战区建立的原因和意义，强调了对主干知识和基本能力、素养的考查。

（2）综合性——高考强调融会贯通

综合性是指学生对必备知识与关键能力、学科素养、核心价值的融会贯通，体现在历史价值观与社会主义核心价值观的有机结合、历史知识体系的内部联系上，强调历史各分支内容的相互交叉与渗透，要求学生能够触类旁通、举一反三，能够综合运用历史学科的知识、理论和方法，从多角度、多层次观察、思考历史事物，发现问题、分析问题和解决问题。如 2019 年文科综合全国 II 卷第 31 题结合经济学相关知识分析改革开放史；第 33 题结合地理学知识，综合地图信息理解近代早期文化传播状况，考查考生综合运用不同学科知识解决问题的能力。

（3）应用性——高考强调学以致用

应用性是指运用必备知识、关键能力和学科素养去解决实际问题，发挥学科的应用价值。它包括运用历史学科的知识和能力发现问题、分析问题、解决问题；运用正确的价值观和方法论，总结历史经验教训，为现实提供有意义、有价值的借鉴；从现实出发，回溯历史、探究历史，形成对现实问题的正确认识，提高改造现实世界的能力。如 2019 年文科综合全国 I 卷第 46 题以第二次世界大战中的阿拉曼战役为素材，引导考生以史为鉴，珍惜和平。

（4）创新性——高考强调创新意识和创新思维

创新性是指创造性地运用知识和思维方法，发现新问题、得出新认识，运用创新思维，利用历史学知识和方法回应现实问题。如 2019 年文科综合全国 III 卷第 41 题，要求考生围绕《汤姆叔叔的小屋》在中国不同历史时期的翻译和改编情况，独立提出观点，并结合所学知识运用恰当方法进行论证，鼓励考生主动思考，强调见解的独到性。

4.“情境”：高考评价体系中的考查载体——历史学科考查载体

根据历史的学科特点和试题情境的复杂程度，历史学科试题情境可以分为简单情境、综合情境和复杂情境。简单情境是指对历史素材的基本理解，其材料信息构成单一，问题指向是显性的，方法和路径是再认再现的，作答指向是材料和已有知识的对应；综合情境是对素材的理解、分析、整合与论述，其材料的信息构成多样化，问题指向是显性和多维度的，方法和路径需要比较、概括和说明，作答指向需要叙述和论证；复杂情境是指对素材的解释、辨析、探究与实证，其材料的信息构成复杂，问题指向是多维度和多层级的，方法和路径需要分析和论证，作答指向需要理顺材料、观点，论述和历史价值观的有机统一。历史学科试题情境按照素材又可以分为四类：学习情境，指在历史学习中遇到的问题，包括史料、图表、历史叙述、史论等问题；生活情境，指在现实生活中遇到的与历史有关的问题，包括长辈的回忆、影视剧、名胜古迹中的问题等；社会情境，指对社会问题的历史考察，包括社会风俗的来源、引发国际争端的历史背景问题等；学术情境，指历史学术研究中的问题，包括历史学家对某一历史问题的多种看法等。

三、高考评价体系下的中学历史学习新要求

新高考评价体系下对中学历史的学习提出了新要求，在新的高考评价体系下，中学历史教学目标更为明确，强调对学生历史思维和历史价值观的培养。中学历史课程内容将更加注重历史概念、历史规律和历史逻辑的教授，以及历史事件的深度解读。此外，该评价体系鼓励教师运用多元化的教学策略，以提升学生的历史素养和综合能力。新高考评价体系对中学历史教学提出了更高层次的要求，旨在培养学生全面的历史观和批判性思维。在历史学科课程标准中特别强调培养学生的探究能力。

1. 获取和解读历史信息的能力

获取和解读历史信息是中学生学习历史必备的基本能力之一。这一能力即能发现、收集信息文字、图表、各种数据、画面、符号等信息，并对信息进行理解和阐释。包括辨识历史信息、提取有效信息和解读历史信息，这一思维过程当中还涉及判断信息的重要程度、真伪等，要运用概括、归纳和演绎等方法对素材所提供的信息进行提炼和整理。按照新课程标准编写的新教材，图文并茂，史料丰富，包含了最新的史学研究成果，是我们获取信息的主要来源。首先，课前应加强预习，认真阅读教材，了解基础知识、整体感知本课内容，并发现自己理解上的难点，带着问题进入课堂，积极参与课堂教学活动。其次，在课堂教学中，同学们通过对课前提示和教材及小标题的阅读，明确学习的重点和知识体系。自己要根据教材精心设计、思考一些问题，并从材料中最大限度地获取有效信息。最后，在学习完新课进行知识巩固的时候用好教材的课后习题。新教材每课的习题都有材料阅读与思考题，这既是对本课知识的巩固，也是对获取和解读历史信息能力的培养，学习任务完成以后必须要认真处理课后的习题。针对教材中的材料阅读与思考题，首先要阅读问题，然后根据问题的要求阅读材料，获取信息，归纳答案。我们明白教材是最好的历史材料，也是提高自己获取和解读信息能力的最好资

源，学习历史的方法是理解教材而不是死背教材，这样才能真正领悟历史这门课的真谛，体会其中的乐趣。历史知识不应该是孤立的结论，而应是丰富的史料，故在学习某一个知识点时，一定要联系史料，通过对历史信息的解读与分析得出正确的结论。因此，学生要认真研究新教材，学习新理念，注意搜集有关史料，要用心学习，认真思考，学好而不是背好历史知识。

2. 分析历史问题的能力

这一能力是指将历史问题分解为若干部分进行研究、认识的技能和本领。历史问题往往由不同要素和不同层次的多个方面构成，为了深刻认识问题本质，可以将各个要素、层次等在思维中暂时分割开来进行考察研究，搞清楚每个部分的性质、各部分之间的相互联系以及部分与整体的关系。借助分析能力，可以实现对问题由表及里、由浅入深的认识，从而把握历史问题的本质。历史问题分析能力的培养，对于我们的学习十分重要。初中时，学生年龄较小，还不具备完整的分析问题的能力，所以到了高中阶段分析问题的思路和方法的培养就显得非常重要了。兴趣是最好的老师，因而在学习过程中，我们应该培养浓厚的学习兴趣，激发自己的好奇心和求知欲，从而树立信心，消除学习上的障碍。同时在学习过程中应该重视运用史料，创设历史情景，激发学习历史的兴趣，激励主动学习的精神，由此营造积极思维的气氛。在学习中培养对史料的兴趣不是最终目的，而是要在此基础上学会动脑、动口、动手去分析解决史料中的历史问题。这种能力的形成不是一朝一夕能达到的，它需要一个长期的过程。因此，我们要学会处理史料，锻炼历史阐述和文字表达的能力，还应该立足于课本，以兴趣引路，激活思维，形成实际能力。

3. 历史探究能力

探究能力是 21 世纪人才的必备素质之一，对探究能力的培养是我国素质教育的一大任务。历史学科的探究能力作为探索、研究历史问题的一种综合能力，通常包括自主发现问题、收集资料和信息、建立假说、进行社会调查的能力、进行科学思维的能力等。高考试题对探究能力的考查，要求学生能够自主发现问题，综合运用历史知识与方法解决问题和独立提出历史观点。在养成自主探究和学习能力时应注意：要把握好初高中知识的衔接，转变原来的学习方法；要学会自主探究学习；要提高和培养我们的发散性思维；要不断创新我们的学习模式；要把课堂学习与课外活动结合起来，拓展思维空间，培养探究能力和创新能力；要根据教材内容，结合自身实际，不断增强学习效果。

四、基于高考评价体系的历史高考真题解析

为了加深同学们对新高考评价体系的理解和感悟，我们选取了近年来部分新高考历史的真题，让同学们真正了解高考到底"考什么"，即历史学科的考查内容。如前所述，根据历史的学科特点和试题情境的复杂程度，我们把所选的历史真题按照简单情境、综合情境和复杂情境三个方面进行了分类。

1. 简单情境

例题 1（2021 湖南卷·1）有学者对《诗经》风、雅、颂的时代与内容进行考察，其发现如下表所示：

	多数诗篇的形成时代	整体上对"天"的态度
《周颂》	西周初年	颂天
《大雅》	西周中期至西周晚期	疑天
《小雅》	西周晚期至东周初年	骂天
《国风》	西周末年至春秋中叶	不理天

据此可知，西周初年至春秋中叶（　　　）

A. 天子权威不断强化　　　　B. 天道观持续衰落

C. 人文意识逐渐增强　　　　D. 人性论走向成熟

［答案］C

必备知识：西周至春秋的时代特征、《诗经》、天道观、人性论。

关键能力：获取和解读信息的能力、分析历史问题的能力。

学科素养：时空观念、史料实证、历史解释。

题干信息：《诗经》作品内容从西周初年的"颂天"逐步演变为春秋中叶的"不理天"。

［解析］《诗经》包括风、雅、颂三部分，但这三部分形成的历史时期不同，其内容中对"天"的态度在逐步变化。《诗经》中对"天"的态度本质上反映的是古人对世界本原问题的追问，围绕着天人关系展开，属于"天道观"的范畴。天道观源于原始社会时期人们对自然界认识不足而形成的超自然力量的"天"，商朝将"天"人格化，将神权与王权紧密结合。西周灭商后提出"天命观"，一方面继续神化王权，论证西周政权的正统性，这样就形成了西周初年的"颂天"现象；另一方面主张敬德保民以顺应天命，这在一定程度上认识到了人的作用，使天的权威性下降，至春秋中叶先后形成"疑天""骂天""不理天"的现象，与此相对应的正是对人的认知水平的不断提升，即人文意识逐渐增强，故 C 项正确。

西周初年，宗法分封制确保周王的"天下共主"地位，但至春秋时期出现礼崩乐坏、诸侯争霸的现象，王权不断衰落，故 A 项错误，不符合史实。天道观是从天人关系上探求世界本原，对"天"态度变化的同时，对人的认知也在变化，材料中反映的只是"天道观"内涵的不断更新，不能说明"天道观"的衰落，故 B 项错误。人性论是指人的自然属性与社会属性，如人性本善和本恶，材料所述是人对天的态度变化，与人性论无关，故 D 项错误。

例题 2（2020 山东卷·2）先秦至西汉前期，山东东部地区得"鱼盐之利"，总体上是商业活跃的地方。西汉中期以后，这一地区的商人活动开始步入低谷。这是由于西汉政府（　　　　）

A. 重视关中地区经济发展　　　　B. 强化了经济控制

C. 开通了丝路贸易　　　　D. 以儒家义利观教化百姓

［答案］B

必备知识：西汉中期加强中央集权。

关键能力：获取和解读信息的能力、分析历史问题的能力。

学科素养：时空观念、史料实证、历史解释。

题干信息：先秦至西汉前期，山东东部地区商业活动总体活跃，西汉中期以后，商人活动开始陷入低谷。

［解析］春秋时期，管仲相齐时发展"鱼盐之利"，使山东东部地区商业

活跃，经济富裕。到汉武帝时，为了加强中央集权，在经济上采取了"盐铁官营"的措施，西汉政府垄断了重要资源，使山东东部地区商业发展陷入低谷，故 B 项符合题意。

政府重视关中地区经济，与山东东部地区商业发展陷入低谷没有必然的因果关系，故 A 项错误。西汉政府开通了丝路贸易有利于促进商业的发展，并非山东东部地区步入商业低谷的原因，故 C 项错误。儒家义利观强调的是先义后利，即追求利的时候，要把道义放在第一位，反对的是不讲道义的、不择手段的唯利是图。儒家的义利观，一方面在客观上有利于商业贸易的健康发展，另一方面，汉代儒学成为正统后，不仅仅影响山东地区，故 D 项错误。

例题 3（2021 浙江卷·25）历史人物评价常易引发讨论，如对商纣王、曹操、武则天等人，古今史家众说纷纭。尤其是新材料的发现会引发新一波的讨论，以曹操墓的发现为例，一时曾有"不堪寂寞，曹操出土"的说辞。如何正确看待和评价历史人物，是历史学习与研究的重要内容。下列历史人物评价标准和方法，合理的是（　　）

A. 知人论世，以当时当地大多数人的利益为评价标准

B. 与时俱进，以今日之价值标准全面衡量前人之是非

C. 察言观行，评价历史人物活动应侧重动机而非效果

D. 综合考量，看是否符合历史运动趋势推动社会进步

［答案］D

必备知识：中国古代重要历史人物、唯物史观基本原理、历史评价标准和方法。

关键能力：获取和解读信息的能力、分析历史问题的能力。

学科素养：唯物史观、时空观念、史料实证、历史解释。

题干信息：如何正确看待和评价历史人物。

［解析］人民群众创造了历史，但在历史发展过程中，确实有一些人对历史发展起到重要作用。科学评价这些历史人物是树立正确的历史观和方法论的重要表现。历史人物的产生总是以一定的社会历史条件为舞台，不能违

背经济基础性和历史客观规律，社会发展的总趋势也不会因他们而改变。承认这一点，就是坚持认识历史人物问题上的唯物论，同时，在肯定经济基础性和历史客观规律对社会发展的作用以及人民群众创造历史的伟大作用的前提下，必须充分认识到不同历史人物在社会历史上的不同作用。承认这一点，就是坚持认识历史人物问题上的辩证法。这也是我们正确评价历史人物的根本出发点。当然，评价历史人物还需要一些具体细化的原则，也就是说，评价历史人物必须综合考量其活动，看其是否符合历史运动趋势、能否推动社会进步，故 D 项正确。

人民群众创造历史是指人民群众不但创造了社会物质财富、精神财富，而且人民群众是社会变革的决定力量，所以对历史人物的评价要看其是否符合人民群众所决定的社会发展趋势，而不是看一时一地多数人或少数人的利益，故 A 项错误。历史人物的出现是为了满足一定社会时代的需要，其作用的发挥也受制于当时的社会历史条件。因此，评价历史人物也要把问题限定在一定的历史范围之内，将历史人物放在他们所处的社会历史环境中，坚持历史性原则，故 B 项错误。正确评价历史人物还要遵循辩证原则，深入探析历史人物活动造成的客观效果与其主观动机之间的关系。只有这样，才有可能避免对历史人物进行武断片面的评价，故 C 项错误。

2. 综合情境

例题 1（2021 广东卷·18）阅读材料，完成下列要求。（14 分）

材料一　关于英国工业革命对工人阶级的影响，以下两种观点颇具代表性。

观点一	强迫工人、儿童每天工作 16 小时，将工人挤入贫民窟里，降低了他们的生活水平，摧毁了传统的手工行业，剥夺了工人们的尊严，将他们扔进没有灵魂的工厂和城市
观点二	创造了许多充满机会的城市，给千百万人提供了工作，提高了他们的生活水平和教育程度，并给予他们较大的自由，使他们在政治上和文化上有更大的作用

——摘编自（美）克莱顿·罗伯茨等《英国史》

材料二　英国工人阶级的历史是从18世纪后半期，从蒸汽机和棉花加工机的发明开始的。大家知道，这些发明推动了产业革命，产业革命同时又引起了市民社会中的全面变革，而它的世界历史意义只是在现在才开始被认识清楚。

——摘编自恩格斯《英国工人阶级状况》（1845年）

（1）结合材料一和所学知识，分别指出两种观点有何局限，并就英国工业革命对工人阶级的影响谈谈你的看法。（8分）

（2）结合材料二和所学知识，运用唯物史观简述英国工业革命的历史意义。（6分）

必备知识：英国工业革命及其影响。

关键能力：获取和解读信息的能力、分析历史问题的能力、历史探究能力。

学科素养：唯物史观、时空观念、史料实证、历史解释。

题干信息：英国工业革命对工人阶级的影响和社会变革的不同观点。

关键信息获取、整理　①历史概念和时间信息：根据材料信息判断，这是指第一次工业革命，即从18世纪60年代至19世纪中期。②观点信息：本题涉及三个观点。材料一列举了两个观点，第一个观点说明了工业革命造成工人阶级的灾难；第二个观点突出了工业革命对工人阶级的积极影响。材料二从唯物史观的角度论述工业革命对社会变革的影响。18世纪60年代，英国开始了工业革命，实现了手工生产向机器生产、手工作坊和手工工场向工厂的飞跃；社会分裂为两大对立的阶级，即工业资产阶级和工业无产阶级；社会生活也发生一系列变化，世界的联系也更加紧密。

[解析]如何评价工业革命的影响，正确的方法是运用辩证唯物主义和历史唯物主义的观点，即运用全面的、发展的、辩证的方法，坚持具体事物具体分析，动机和效果相统一的原则，体现唯物史观的指导和阶级分析方法。

（1）要坚持全面、辩证分析问题的原则。材料一的两种观点都具有片面性，答题时两者相互对照即可。

（2）解题时先理解材料二中所体现的唯物史观，即生产力决定生产关系、经济基础决定上层建筑，然后运用以上原理，结合具体史实回答。同时还要运用辩证的原则，对答案进行完善。

[答案]（1）观点一：没有看到工业革命对社会各个方面发展的推动作用。（2分）

观点二：没有看到工业革命在导致社会贫富分化和环境污染等方面的消极影响。（2分）

看法：工业革命的发展使工人阶级队伍不断发展壮大，一定程度上提高了民众的教育水平和生活水平，但也导致社会贫富差距过大，造成工人阶级的贫困。（4分）

（2）意义：推动社会生产力的进步，使人类进入"蒸汽时代"；促使工业资产阶级和工业无产阶级成为社会两大对立阶级；促进了世界市场的初步形成；但工业革命也破坏了生态环境。（6分）

例题2（2021山东卷·17）（13分）阅读材料，回答问题。

"小英雄"

下图为清末儿童读物《启蒙画报》创刊号（1902年6月23日）刊发的《小英雄歌》。

附录：
《小英雄歌》（节选）
小英雄，慧且聪，
风姿豪迈天骨冲。
英雄本原有二事，
为子当孝臣当忠。
读书须知辨邪正，
圣经贤传相辉映。
……

小英雄，雄且英，
家之麟凤国之桢。
小英雄，休云小，
少不好学行将耄。
古人因文能见道，
今人开智宜阅报。
……

《小英雄歌》

提取材料信息，对画报塑造的"小英雄"形象加以阐释。（13分）

必备知识：近代民族危机与救亡图存、近代中国的思想解放和政治经济发展状况。

关键能力：获取和解读信息的能力、分析历史问题的能力、历史探究能力。

学科素养：唯物史观、时空观念、史料实证、历史解释、家国情怀。

题干信息：清末儿童读物《启蒙画报》刊发的《小英雄歌》。

关键信息获取、整理　①时间信息：清末、1902年。②文字信息：孝、忠、圣经贤传；慧且聪、好学、开智，雄且英，风姿豪迈；等等。③图片信息：火枪、地球仪、小英雄、启蒙、世界大同等。

[解析] 第一步，结合清末时局，提取有效信息。

第二步，对画报中塑造的"小英雄"形象加以阐释。（阐释思路："是什么、为什么、怎么看"）

首先，"是什么"，文字中介绍的小英雄，博古通今、聪慧好学，具有英雄气概；图片中火枪代表着小英雄要抵御外侮，小英雄英姿豪迈地立于中央，注视着地球仪等，代表其具有开眼看世界的"世界眼光"。通过分析得知，晚清画报塑造的"小英雄"是一种新国民的形象，具有以下品质：爱国救亡、奋发图强、博古通今、具有世界眼光。

其次，"为什么"，即画报塑造"小英雄"形象的时代背景是什么。

政治上，晚清时期的中国民族危机深重，救亡图存成为时代主题，所以小英雄具有爱国救亡、奋发图强、抵御外侮等形象。

经济上，民族资本主义初步发展，资产阶级和无产阶级力量壮大，推动了爱国救亡运动的发展。

思想上，这一时期西学东渐，外来先进思想文化传入，传播新思想的刊物纷纷出现，启发了民智，使得小英雄要博古通今、学习现代文化知识，且具有世界眼光，传统的"忠孝"思想也具有了"报效祖国"的理性含义。

教育上，晚清近代教育和留学教育的发展，培养了大批爱国知识分子，他们希望"小英雄"加强爱国主义道德修养，学习知识，将来能够担负起救亡图存的大任。

最后，对"小英雄"形象进行评价：画报塑造的"小英雄"形象，体现了晚清时期爱国知识分子对"新国民"形象的探索，体现了救亡图存的时代要求，是历史的进步。这一形象对今天少年儿童的爱国主义教育仍然有重要意义，我们也应该学习小英雄的优秀品质，报效祖国。

［答案］示例如下。

信息提取：清末、1902 年；画报；孝、忠、圣经贤传；慧且聪、好学、开智；雄且英，风姿豪迈；火枪、地球仪、小英雄、启蒙、世界大同；等等。（若从图中提取其他有效信息并加以阐释，言之有理，即可得分。）

形象阐释：晚清画报塑造的"小英雄"是一种"新国民"的形象，具有爱国救亡、奋发图强、博古通今、有世界眼光等品质。

画报塑造的"小英雄"形象是由晚清时期的时代背景决定的。

政治上，民族危机深重，救亡图存成为时代主题；经济上与阶级上，民族资本主义初步发展，资产阶级和无产阶级力量壮大；思想上，外来先进思想和科技的传入，启发了民智；教育上，晚清近代教育和留学教育的发展，培养了大批爱国主义知识分子。

画报塑造的"小英雄"形象，体现了晚清时期爱国主义知识分子对"新国民"形象的探索和救亡图存的时代要求，是历史的进步。在今天，对少年儿童进行爱国主义教育仍然有重要意义，我们也应该学习小英雄的优秀品质，报效祖国。

3. 复杂情境

例题 1（2021 山东卷·18）（17 分）阅读材料，回答问题。

英国在衰退吗？

有学者认为，1870—1910 年代的英国日渐走向衰退，英国真的在衰退吗？要研究这一问题，我们应该如何使用下面几则史料，它又会告诉我们什么？

材料一　有关英国工业生产的一组数据

甲：1873—1913 年英国工业生产情况统计表

	1873 年	1883 年	1893 年	1903 年	1913 年
工业产值占国民生产总值的比例/%	40	40	41	43	—
生铁产量/千吨	6671	8666	7089	9078	10425
粗钢产量/千吨	582	2040	2997	5115	7787
煤炭产量/百万吨	130	166	167	234	292

乙：1913年英、美、德电器产品占世界总额的比例

丙：1870—1913年英、美、法、德在世界工业生产中所占比例

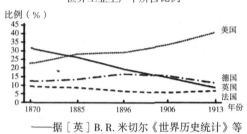

——据［英］B.R.米切尔《世界历史统计》等

材料二

案例：坎布里亚的兴衰

13—17世纪，坎布里亚一直是英国北部的纺织业重地，很早就利用水力进行生产。1780年代以后，坎布里亚使用水力纺纱机和水力织布机进行生产的工厂越来越多，19世纪中期，它的纺织业发展达到鼎盛，由于较少使用蒸汽动力，约自1870年代起，在内外的激烈竞争下，坎布里亚的坊织业逐渐走向衰弱，到20世纪初全面没落。

——【英】约翰·马歇尔《坎布里亚工业化的阶段》

材料三

欧洲孩童秀

伯特 - 托马期1919年作

（1）材料一这类史料对我们研究的问题是必需的吗？说明你的理由。（3分）

（2）材料一中的三则史料对英国经济状况的反映相互矛盾吗？请加以说明。（5分）

（3）把材料二作为研究问题的证据，使用时需要注意什么？（3分）

（4）材料三可以从怎样的视角拓展我们对问题的认识？（3分）

（5）考量历史上一个国家的兴衰，应坚持什么原则？说说你的看法。（3分）

必备知识：第二次工业革命及其影响。

关键能力：获取和解读信息的能力、分析历史问题的能力、历史探究能力。

学科素养：唯物史观、时空观念、史料实证、历史解释、家国情怀。

题干信息：1870—1910 年代（第二次工业革命时期），英国在衰退吗？

关键信息获取、整理　①时间信息：1870—1910 年代。②探究问题：英国在衰退吗？③材料一信息提取和整理：在 1873—1913 年英国的工业生产数值中，工业生产占国民生产总值的比例稳定在 40%－43%，仍有缓慢提升趋势；主要工业品生铁、粗钢、煤炭产量提升；电器产品代表第二次工业革命水平，1913 年，英国电器产品占世界总额的比例低于德国、美国，但仍在世界上占有优势；1870—1913 年，在世界工业生产总比例中英国持续下降，美国、德国相继超过英国，但英国仍居世界第三位。④材料二信息提取和整理：坎布里亚纺织业在第一次工业革命中兴起，但较少使用蒸汽动力，导致在第二次工业革命中衰落。⑤材料三信息提取和整理：材料三为一幅漫画，根据漫画中主体人物手持"威尔逊十四点计划"和漫画孩童所对应的国家（包括敌人），可判断时间为第一次世界大战后期，漫画主体人物代表美国，在漫画中定位为"评判员"，对欧洲国家的要求进行评判；在漫画中，英国被定为被美国评判的国家之一。

［解析］本题着重考查学生整理、辨析史料的能力，利用不同类型的史料对所探究的问题进行互证的能力。认识历史只能通过现存的史料，但史料必须经过辨析和整理，不同的史料反映历史真实的程度不同，决定了史料的价值；史料的使用必须遵循可靠性原则（以科学的态度和方法对史料进行判断、整理和运用，使之成为探究历史真相的确凿证据）、有价值原则（史料必须是众多材料中最有价值的部分）和充分性原则（须考虑不同证据之间的关联，建立坚实可靠的证据链）。

第（1）问考查史料的可靠性原则和充分性原则。提取材料一的信息并进行辨析、整理，可以判断 1870—1910 年代英国经济发展的方向和地位，得出英国是否衰落的结论。

第（2）问考查史料辨析的方法，即从不同的角度辨析史料，建立史料之间的关联，形成可靠的证据链。

第（3）问考查史料的充分性原则。材料二具有史料价值，但在使用时要考虑到"孤证不立"的原则，必须与其他史料相互印证，形成证据链。

第（4）问考查的是运用史料的历史解释能力，前提是提取史料的信息，并从中判断英国的国际地位。

第（5）问实际上是综合考查史料辨析、整理和历史解释的素养。答题时把前面进行逻辑分析的原则梳理出即可。

[答案]（1）是。

理由：史料从表格、饼状图、折线图三个方面反映英国的工业状况。体现出第二次工业革命对英国经济的推动作用，说明了工业部门在国民经济中占据重要地位。

（2）不矛盾。

说明：材料甲是传统工业方面英国有较大发展，材料乙是新兴工业方面英国所占比例；材料甲是英国自身工业发展，材料乙、丙是英国与世界其他国家工业生产的对比，因此不矛盾。

（3）注意：这则材料作为学术著作，有参考价值，但只是个案，孤证不立，需要与其他史料相互印证。

（4）从英国的角度来认识。漫画反映第一次世界大战后英国和其他国家一样，等着美国的评判，体现出英国政治地位的下降。

（5）原则：应坚持全面的原则。

看法：一个国家的兴衰是多种因素共同作用的结果，其既取决于这个国家的经济和政治等状况，也受国际因素的影响，因此我们要用全面的原则来进行考量。

◎ 第二节　新课标下历史学习的新内涵

面对新课程新教材，历史学科如何能学好呢？很多同学可能特别关心"学什么"的问题，比如新增了哪些内容，各个部分的要求和之前相比有什么不同等。其实新课标的核心是"学科核心素养"，无论是教材的内容还是考试的评价标准，都是围绕"学科核心素养"展开的，其地位和重要性不言而喻。

那么，如何具体地培养和提高历史学科的"学科核心素养"呢？这就需要我们在学习过程中，注重历史思维的锻炼，深化历史理解，提升历史探究和思辨的能力。同时，还需强化时空观念，理解历史发展的内在逻辑，形成正确的历史观念。在此基础上，通过批判性思维和创造性思维的培养，使学生在历史学习中能够形成独立思考和创新能力。

一、唯物史观——培养科学的历史观念史观

培养科学的历史观念史观是历史观的简称，指的是人们对社会历史的基本观点，是对历史的评判标准。史观对于历史学习有着至关重要的作用，就好比公式之于数学物理，语法之于语文英语。

1. 读懂《普通高中历史课程标准（2017 年版 2020 年修订）》指出的"唯物史观"内涵

（1）了解唯物史观的基本观点和方法，包括人类社会形态从低级到高级的发展，生产力和生产关系之间的辩证关系，经济基础和上层建筑之间的相互作用，人民群众在社会发展中的重要作用，等等；

（2）理解唯物史观是科学的历史观；

（3）能够正确认识人类历史发展的总趋势；

（4）能够将唯物史观运用于历史的学习与探究中，并将唯物史观作为认识和解决现实问题的指导思想。

唯物史观是揭示人类社会历史客观基础及发展规律的科学的历史观和方

法论，人类对历史的认识是由表及里、逐渐深化的，要透过历史的纷杂表象认识历史的本质，科学的历史观和方法论是非常重要的。唯物史观使历史学成为一门科学，只有运用唯物史观的立场、观点和方法，才能对历史有全面、客观的认识。在历史学科核心素养水平划分中，关于唯物史观素养的学业要求，设计了两个层次水平，如表2-1：

表2-1　关于唯物史观素养设计水平明细表

水平	唯物史观
水平1	能够了解和掌握唯物史观的基本观点和方法，理解唯物史观是科学的历
水平2	史观
水平3	能够将唯物史观运用于历史学习、探究中，并将其作为认识和解决现实
水平4	问题的指导思想

新课标要求学生了解社会发展动力及要素问题，认识社会发展的规律和趋势问题，主要包括：

（1）人类社会形态从低级到高级的发展

马克思主义认为，人类历史经历了不同生产方式的演变和由此引起的不同社会形态的更迭，即从原始社会、奴隶社会、封建社会、资本主义社会发展到共产主义社会。但要注意的是，五种社会形态是总趋势，不是全世界每个地区、每个民族都无一例外地按此顺序发展。

（2）生产力和生产关系之间的辩证关系

生产力：指人们从事物质生产的实践能力，具体地表现为人们的生产和工作的效率。

生产关系：指人们在物质资料的生产过程中形成的社会关系，是生产方式的社会形式，包括生产资料所有制的形式；人们在生产中的地位和相互关系；产品分配的形式；等等。其中，生产资料所有制的形式是最基本的，起决定作用的。

二者的辩证关系：生产力决定生产关系，生产关系反作用于生产力。

（3）经济基础和上层建筑之间的相互作用

经济基础：是由一定发展阶段的生产力所决定的占统治地位的生产关系的总和，是该社会的经济结构、经济制度。

上层建筑：是建立在一定的经济基础之上的各种制度、设施和意识形态的总和。

二者的辩证关系：经济基础决定上层建筑，上层建筑反映经济基础，并具有相对的独立性，对经济基础有反作用。

（4）人民群众在社会发展中的主要作用

历史发展的决定性力量归根结底就是人民群众，社会现象是在人的活动基础上发生的。

2. 基于素养读教材

根据新课标的规定，高一历史课程教材使用的是《中外历史纲要》（上、下册）。它以通史体例呈现，以大时序小专题的方式呈现，根据人类社会形态发展进行编排，引导学生进一步通过对相关史事的整体认识，深化对人类历史发展基本脉络的认识，提升学生的核心素养。

单元导语——依据唯物史观，概括单元主旨

《中外历史纲要》上下册共有 20 个单元，在每个单元的开头部分都有单元导语，单元导语包括"单元内容概括说明"和"历史学科核心素养具体要求"两个部分。

以《中外历史纲要》上册第一单元为例，本单元讲述的是从中国境内远古人类起源到东汉灭亡的历史，时间跨度大，涉及的社会形态多、概念多，时代背景也很复杂。教材中的第一单元有 4 课将秦和两汉的内容分为两课。单元导语的第一部分是依据课标要求，用简洁的语言，对早期中华文明，春秋战国时期的政治、社会及思想变动，秦汉大一统国家的建立与巩固三个专题所需了解的内容进行概括，分别说明了中国远古人类发现的重要意义、中华文明起源的特点及其代表性遗址、原始社会组织的演进与国家产生的路径、早期国家的基本特征、春秋战国时期社会多方面的变动、秦汉大一统国家建立与巩固的过程及其历史意义。第二部分是依据课标中关于历史学科核心素养培养的要求，对学生学习本单元所应达成的学习目标的说明。通过学习相关内容，确立辩证唯物主义和历史唯物主义观念，把握历史发展的基本规律，认识中华文明起源的特点、早期国家特征、政治变革和思想争鸣与社会经济发展、阶级关系变化间的逻辑关系、大一统国家形成的必然性以及经验教训。

正文部分——依据唯物史观，把握课程内容

《中外历史纲要》蕴含了丰富的唯物史观教学素材，是进行唯物史观学习的重要依托。但是教材容量大、知识点密集，比如《中外历史纲要》上册第1课"中华文明的起源与早期国家"包含有与考古学、人类学、史学、政治学等相关的概念近50个知识点。在学习中，我们不能陷入繁多的历史知识与概念中，而要寻找教材中的核心知识，通过核心知识确立唯物史观的学习目标。比如该课中，要从以元谋人和北京人为代表的旧石器时代的渔猎和采集业，以仰韶文化、大汶口文化、河姆渡文化为代表的新石器时代原始农业，以龙山文化、良渚文化为代表的"万邦"时代等核心知识中，认识到我国远古人类生产力发展水平的表现，以及由此带来的私有制、阶级、国家等一系列经济基础与上层建筑的变化，并认识到中华文明起源的特征。又如，在《中外历史纲要》下册第1课"文明的产生与早期发展"中，核心知识是世界古代文明产生、发展中的共性与个性。第一目"人类文明的产生"，要通过归纳人类文明产生的共性特点，认识"生产实践活动和实践能力决定论"基本原理；第二目"古代文明的多元特点"，要通过总结古代文明在不同的地理、历史条件影响下发展出来的政治、文化的多元特征，理解"人们自身的生活实践决定人们意识"的基本观点。

课后部分——依据唯物史观，理解材料情境

每课正文后的"问题探究"和"学习拓展"栏目的设问解决中，需要我们依托唯物史观的相关原理，提升分析问题、解决问题的能力。比如《中外历史纲要》上册第1课"中华文明的起源与早期国家"的"探究与拓展"栏目中，教材选用了《尚书》中"人无于水监，当于民监""惟王子子孙孙永保民"两句话，并要求学生分析材料所反映的思想观念及历史意义。材料中"敬天保民"的思想观念是我国古代政治思想的重要内容，反映了我国早期国家的特点。我们可以在唯物史观指导下进行历史解释，即认识这一思想是商周之际特定历史条件下的产物，从而理解社会存在决定社会意识这一唯物史观的基本观点；认识这一思想并用"民情可见"的观点解释天命，把天命理解为可以认识的客体，从而理解"敬天保民"思想具有朴素的唯物观。

3. 基于素养抓考点

在近年的高考试题中，关于唯物史观的考查，一般是给定材料，要求学生运用唯物史观中的某一原理对特定的历史现象进行解释。

唯物史观主要有如下考点。

第一，人类社会形态从低级到高级的发展。

具体而言，横向上，世界各地由孤立走向整体。新航路开辟以来，资本主义世界市场的形成、二战后资本主义世界经济体系的建立以及经济全球化趋势的加强等，学生需要对这些内容格外重视。纵向上，人类历经不同的社会形态，社会发展总体上呈上升态势。此处，尤其要注意中国古代春秋战国时期的社会制度变化、近代西方资本主义社会与苏联社会主义国家发展、中华人民共和国成立后由新民主主义社会向社会主义社会的演变等内容。

例题1（2022浙江高考·18）论及17世纪末的英国，有学者认为，"从表面看，政权似乎一点没变，国王依旧，英国仍然是个王国而不是共和国，国王仍然是国家元首……然而，实际权力结构却彻底发生了变化，国王和议会的权力互换了位置"。这一"变化"表现在（　　　）

A. 共和国变成了王国　　　　B. 责任内阁制形成

C. 议会权力高于王权　　　　D. 国王"统而不治"

此题考查唯物史观中"人类社会形态从低级到高级的发展"这一原理。根据所学可知，1689年英国通过《权利法案》，确立了君主立宪制，虽然保留了国王，但议会权力高于王权，王权受到制约，故C项正确。

第二，生产力和生产关系之间的辩证关系。

生产力决定生产关系，生产关系要适应生产力的发展。所以，在经济发展的过程中，各国要依据国情适时调整生产关系以适应生产力的发展。与此相关的考点有：春秋战国时期井田制的瓦解与封建土地私有制的确立、三大改造、"大跃进"与人民公社化运动、"八字方针"与国民经济的调整、我国新时期经济体制的改革、家庭联产承包责任制的完善、工业革命时期的自由资本主义经济、第二次工业革命时期的垄断资本主义经济、罗斯福新政、二战后国家垄断资本主义的发展、20 世纪 70 年代西方经济"滞胀"和之后的"混合经济"、苏联（俄）不同时期的经济政策。

例题 2（2019 海南高考·12）1963—1965 年，中国农业总产值平均年增长约 11%；轻工业产值从 404 亿元增加到 703 亿元；燃料、原材料工业建设的步伐加快。上述变化反映了（　　）

A. 经济所有制结构发生重大改变

B. 国民经济调整取得了显著成就

C. 合作化运动促进了生产力发展

D. 计划经济体制的弊端逐步解决

此题考查唯物史观中"生产力和生产关系之间的辩证关系"这一原理。1953 年至 1962 年的"一五"计划和"二五"计划，迫于国防建设和实现社会主义工业化的目标，重点发展重工业，农业和轻工业则发展缓慢，造成了农轻重比例的严重失调。1958 年开始的"大跃进"和人民公社化运动、1959 年至 1961 年的三年困难时期给农村生活造成了极大的破坏。1960 年冬天开始，党中央实行"调整、巩固、充实、提高"的方针，至 1962 年，国民经济基本恢复，才出现材料中农业和轻工业的发展。故本题选 B 项。

第三，经济基础和上层建筑之间的相互作用。

经济基础决定上层建筑，而上层建筑反作用于经济基础。高考试题对前者考查较多。例如，商鞅变法中对政治制度的变革，两宋、明清时期商业的发展与商人社会地位的提高、社会等级观念的松动。另外，古代雅典民主制度的建立、1832 年英国议会制度改革的背景等亦可说明这一原理。

例题 3（2019 江苏高考·5）有学者认为，"传统上人们对贫穷抱有道德中立的认知"，但明朝晚期，"人们越来越怀疑贫穷是短视和懒惰的结果"。出现这种现象的主要原因是（　　）

A. 新兴资产阶级追求财富和物质享受

B. 商品经济发展导致社会价值观变化

C. 贫富分化和道德沦丧现象日益严重

D. 反正统思想成为当时社会主流思想

此题考查唯物史观中"经济基础决定上层建筑"这一原理。从题干的文字可以直接解读出道德观念或者价值观念属于思想层面，再结合明朝晚期商品经济进一步发展的史实和唯物史观"经济基础决定上层建筑"的理论，可以直接选出 B 选项。

第四，人民群众在社会发展中的主要作用。

马克思主义认为，人民群众是历史的创造者和推动者。所以，在分析历史问题时，我们要看到人民群众在历史发展进程中的作用。例如，在古代历史中，广大劳动人民扮演了重要角色，而近现代以来，革命的成功与经济建设所取得的伟大成就都离不开无数人民群众的支持。

例题 4（2021 湖北高考·8）沁源围困战是抗战时期中国共产党在敌后战场领导的一场战役。太岳《新华日报》社论曾评价："沁源不是靠飞机大炮打下来的，它是靠八万老百姓和正规军、游击队、民兵的一致团结，经过长期围困与最后的围攻斗争，而将敌人赶走的。"这表明（　　）

A."工农武装割据"局面形成

B. 抗日根据地彻底摆脱了国民党的影响

C. 敌后战场牵制了日军主力

D. 人民群众是影响战争结果的重要因素

此题考查唯物史观中"人民群众是历史的创造者和推动者"这一原理。"是靠八万老百姓和正规军、游击队、民兵的一致团结，经过长期围困与最后的围攻斗争，而将敌人赶走的"体现了人民群众在沁源围困战中的积极作用，由此可知人民群众才是影响战争结果的重要因素，这符合"人民群众是历史的创造者"这一理论，因此 D 项正确。

第五，能够史论结合、实事求是地论述历史与现实问题。

"学业质量水平 2"中"能够理解唯物史观是科学的历史观"和"学业质量水平 4"中"能够史论结合、实事求是地论述历史与现实问题"这两项能力要求较高，大多在高考主观题里面隐性考查了这些要求，尤其是小论文形式的题目。

例题 5（2021 北京高考·19）（9 分）"自写真"

15—17 世纪，伴随着中、西方社会的变化，传统绘画有了新突破。中国古代自画像称为"自写真"，最早记载于《后汉书》。宋元始有零星作品传世，但多将人物融入山水背景或群像中。明清时期，部分士人挣脱"无我"枷锁，画中人物也从背景中独立出来。画家借助像赞、题记表达自我。苏州人沈周的自画像呈现了眼睛、额头、皱纹和老年斑等更为个性的面部特征。绍兴人徐渭在自画像上写道，"吾年十岁手植青藤""流光荏苒，两鬓如霜""合作此图，寿藤亦寿吾"。江南画家唐寅、陈洪绶等也有自画像传世。

西方在古希腊罗马时期出现少量自画像。15 世纪以来，意大利人热衷于古典文化，并效法古罗马人定制艺术品以获得不朽荣誉，自画像作为一个独立门类发展起来。画家多在宗教、历史等场景中插入自己的形象。威尼斯人改进了制镜技术，阿尔伯蒂的《论绘画》分析了数学、几何学与绘画的关系，推动了自画像写实风格的发展。画中人物脱离场景，独立呈现。丢勒、提香等人绘制了多幅自画像。丢勒在自画像上写道："我，丢勒，在 28 岁时用永不褪色的颜料画下了我自己。" 16、17 世纪后，欧洲出现自画像收藏热潮，伦勃朗一人就创作了 70 余幅自画像，莱奥波尔多·德·美第奇则收藏了 79 幅自画像。

阅读材料，提取信息，结合所学，阐释 15—17 世纪自画像的发展所折射出的中、西方时代特征。要求：信息提取充分，史论结合，逻辑清晰。（9 分）

本题目主要考查"一定时期的文化是特定时期政治、经济的反映"这一唯物史观。在作答本题目时，首先要明确"时代特征"，即中、西方自画像的发展都折射出商品经济发展和自我意识的觉醒；在进行具体阐释时，我们要把在 15—17 世纪，中国和西方在自画像方面所出现的新变化进行明确。对中国而言，明清时期，自画像数量增多，写实风格明显，画中人物独立呈现，画家追求表达自我；对西方而言，15—17 世纪的西方，自画像数量增加，出现自画像收藏热潮，画中人物独立呈现，写实风格突出，借助签名强调自我；

再结合当时中国和西方在社会方面所出现的新面貌与材料中所述的新变化之间的联系进行具体阐释。对中国而言，这（材料中的新变化）折射出明清商品经济发展，江南地区经济发达，市民工商业者经济实力增强，出现了冲破传统束缚、追求个性发展的社会思潮；对西方而言，这与制镜技术和绘画理论进步密切相关，折射出意大利等地工商业城市兴起，新兴的资产阶级经济实力增长及文艺复兴时的思想解放，肯定人的价值的时代特征。

二、时空观念——培养观察与分析的思维方式

人类历史上任何一个历史事件，其构成都有三个基本要素：人、时间、空间。"时间"是一个比较抽象的概念，是物质的运动，变化的连续性、顺序性的表现。一般来说，"时间"是事件过程长短和发生顺序的度量。历史的时间概念不是孤立的数字，而是隐含了历史事件和历史现象相关联的逻辑顺序、因果联系和实际内涵，相连的时间概念和历史现象又构成一定的历史脉络。

历史学科上的"空间"一般指某个历史事件或者历史现象发生的具体地点或者地理环境、社会环境等，每个空间都含有丰富的内容。历史时间和历史空间是相互依存、相互联系的。

1. 帮你读懂素养

历史的时空观念是在特定的时间联系和空间联系中对事物进行观察、分析的意识和思维方式。任何历史事物都是在特定的、具体的时间和空间条件下发生的，只有在特定的时空框架当中，才可能对史事有准确的理解。

时空观念，应该说是最具历史学科特征的观念之一。《普通高中历史课程标准（2017年版2020年修订）》对时空观念提出了五点具体要求：

（1）知道特定的史事是与特定的时间和空间相联系的；

（2）知道划分历史时间与空间的多种方式，并能够运用这些方式叙述过去；

（3）能够按照时间顺序和空间要素，建构历史事件、历史人物、历史现象之间的相互关联；

（4）能够在不同的时空框架下对史事作出合理解释；

（5）在认识现实社会时，能够将认识的对象置于具体的时空条件下进行考察。

上述五点要求，既有认识层面的要求，即同学们应如何认识历史，又有运用层面的要求，即同学们能够做什么。

从认识层面上讲，时空观念包括两个基本观念：

一是时序观念，就是要将历史事物放在历史发展的长河中进行观察和认识，观察和认识历史发展的全过程，辨明它在每一个发展阶段上有什么新特点，寻找前一过程转变为后一过程的原因。史学产生之后，人们就把时间脉络认同为历史的基本特征。人类社会在时间长河中由于各个阶段的特征不同，也呈现出一些具有特定时间内涵的时代指称，如先秦史、秦汉史、魏晋南北朝史、隋唐五代史、辽宋金元史、明清史、民国史等，或中国古代史、近代史、现代史等，这些划分由此也具有特定的时间内涵和历史意义。我们所说的历史上的发展、变化、延续、曲折、倒退等，可以说都是在历史的时序观念下对历史的认识。

二是空间观念，就是要了解历史所发生的地点、区域、范围等，这涉及历史上人类活动的场所和舞台。通过具体的空间定位，进而观察历史发展过程中的各个方面、它们之间的相互关系及其总的特点。随着人们视野的拓展，历史的演进存在着空间上的多样性和多维性。这种多样性又随着人类的各种制度建构而表现出不同的形式，比如国家、区域和世界等空间概念。从历史、地理的角度进行认识，还可以发现错综复杂的历史现象本身存在的横向或纵向的联系，以及个别与整体、局部与全局的联系。

从运用层面上讲，时空观念要使同学们不仅能正确地认识历史，还要能运用其来分析和解释历史，通过学习历史，同学们要能够运用各种时间术语描述过去，能够按照时间顺序和地理因素，建构历史事件、历史人物、历史现象之间的相互关联性，理解历史上的变迁、延续、发展、进步等方面的意义，能够将认识的对象置于具体的时空条件下进行考察和分析并对史事作出合理的解释，进而认识现实社会。

新课标中指出，"时空观念是诸素养中学科本质的体现"。由此可见，其地位之重要。"唯物史观、史料实证、历史解释、家国情怀"四大素养的运用都需要以时空观念为基础。

如果运用史料进行学习时，史料本身就是一种历史知识，其中必然有时间空间的体现。对史料的解读也必然需要时空观念的支撑，比如某段史料讲解的是关于资产阶级制度的建立，我们知道西方国家资产阶级制度建立和发展的程度都不一样，如果没有相应的时间空间，那么该如何去判断到底是哪个国家？其发展程度如何？

在历史学习中谈及家国情怀时，家国情怀是在学习某个历史事件或者历史现象后升华得出的情感，但是此时同学们接收到的历史知识是零散的，何谈升华情感呢？并且在不同的时空下，体现出的家国情怀是不一样的。比如学习鸦片战争后，就可以谈及"落后就得挨打，唯有不断进步才能保证国家的富强、民族的独立"，但是学了抗日战争后，谈及的是"中国人民不畏牺牲，英勇抗击外来侵略，体现了大无畏的爱国主义情感"。这都体现了时空观念是学习的基础。

对于唯物史观和历史解释也是如此，唯物史观揭示了人类社会发展的诸多规律，但是这些规律是从一个个历史事件或者历史现象中升华得出的，自然离不开时空观念的支撑。因此，在历史学习中，历史学科其他素养的达成离不开时空观念的指导，同学们历史思维能力以及其他能力的培养也离不开时空观念的支撑。

2. 基于素养读教材

《普通高中历史课程标准（2017年版2020年修订）》和2019年统编版新教材把培养和提高学生历史学科核心素养作为主要目标。时空观念作为历史学科核心素养之一，既是中学历史学习的基础，又是历史学科本质的体现。随着新教材在全国逐步推广使用，时空观念素养的培育在教科书中的地位自然十分突显。

统编版中学历史新教材共五册，《中外历史纲要》以通史的模式编写中外历史的发展过程，选择性必修教材则是在必修的基础上以专题史模式，使学生从政治、经济、文化三个角度了解人类历史的发展。

教材中反映的时空观念特点：

第一，按照历史时序编排呈现，古今贯通、历史脉络清晰。

《中外历史纲要》上下册以时空观念为线索，按照通史模式描述中外历史进程。大通史模式之下又分为诸多阶段、诸多地区，将时空观念体现得非常透彻。《中外历史纲要》上下两册内容，由中国古代史、中国近代史、中国现代史和世界古代史、世界近现代史构成，编写采取详今略古的原则。中国古代史的内容分成 4 个单元共 14 课，中国近代史的内容有 4 个单元共 10 课，中国现代史有 3 个单元共 6 课，另加一个活动课，总共 31 课。世界史的内容总共 23 课。以小时段为中心，分别介绍政治、经济、思想文化等方面的发展情况。利用此大通史原则叙事，有利于展现历史的脉络。这样的设计，使学生能够在不同的时空框架下理解历史的演进，从而形成历史的整体发展观。

统编版选择性必修教材在编纂时，采取了时序性与专题性相结合的编纂策略，其中各专题内容以并列形式编排。例如，在《经济与社会生活》这一选择性必修教材中，共设立六个专题，每个专题独立展现其内容。尽管这些专题之间具有密不可分的内在联系，但并未呈现出经济活动和社会生活发展的纵向逻辑脉络。具体而言，各单元内容以历史发展的时间序列为依据进行组织，从而揭示了经济与社会活动的纵向发展轨迹。以第一单元"食物生产与社会生活"为例，该单元下分为三课："食物采集至食物生产的历史进程""新航路开辟与食物物种交流的影响""现代食物生产、储备及食品安全"，这三课内容贯穿了食物生产与社会生活史的连贯性，展现了整个领域的发展脉络，使学生得以洞察相关历史事件的演进。教材以专题形式展现，而专题内容则依据历史学的时间线索进行编排，各个单元内课程内容结合古今，呈现历史发展的纵向变迁。此种编纂模式实现了历史时空的连贯性，对于加强学生时空观念的培养具有积极效果。

第二，按照历史时序编排呈现，中外关联、内容涵盖广。统编版教材按照历史时序编排知识点，即所谓的通史模式，每个时段皆包括政治、经济、思想、文化等，其涵盖的内容增加了不少。对于每个历史知识点的讲解，统编版教材也更为详细。每课还设有"学习聚焦""史料阅读""学思之窗""历史纵横""思考点""探究与拓展"等栏目，对知识点进行补充说明，这无疑加大了内容的总量与知识点的涵盖面。《中外历史纲要》上下两册几乎每一课都需要梳理历史发展的基本脉络，了解历史发展的变迁因素，解释历史事件的发展进程。

新教材中各课目内容设置也以时空为线索。例如选择性必修教材《经济与社会生活》第一单元第一课"从食物采集到食物生产"，本课内容分为三目，即"人类早期的生产与生活""不同地区的食物生产与社会生活"和"生产关系的变化"。前两目分别从时序和空间两个角度叙述人类生产与社会生活，第三目概括了特定历史阶段生产关系的变化，保留了人教版对特定历史发展阶段相关特征的概述。各课目内容体现古今贯通、中外关联。如本课第二目"不同地区的食物生产与社会生活"，以西亚两河流域、非洲的尼罗河流域、南亚的印度河和恒河流域、中国的黄河和长江流域四个不同地区为例，叙述古代不同地区的食物生产及其对社会生活的影响。这种编写体例显然关注到了区域性历史与全球历史之间的关系，将中国史放到全球史中认识，有利于学生把握古今中外不同人群社会生活中相关史事的时间、空间联系，能够运用特定的时间和空间的术语对古今中外人们的生活或经济活动加以描述和概括，进一步理解历史发展的多样性，形成广阔的国际视野。统编版选择性必修教材编写体例呈现出古今贯通、中外关联的特点，有利于在中学历史教学中培养学生的时空观念，运用时空思维探索历史史实，建立历史联系，使学生能够更加清晰地了解历史发展脉络，构建完整的历史知识体系。

第三，采用历史地图与教材辅助系统相结合，培养时空思维能力。学生学习历史知识，首先要有强烈的时空意识，历史地图就是培养时空观念的重要依据和手段。新教材几乎每一课中都有历史地图，这可以很好地帮助学生构建空间观念。运用时空观念架构新教材，要特别关注每个历史阶段的基本特征。引导学生掌握阶段特征，有利于理解该阶段内其他历史知识，有助于学生自主学习。新教材中的辅助系统包括"思考点""学习聚焦""历史纵横""学思之窗""史料阅读"和"探究与拓展"六个栏目。历史地图与这六个栏目互相结合，有利于落实提升学生的核心素养。解读地图时会存在一定的困难，统编版教材在地图旁边配有与之相关的史料、思考问题和学习重点等，使学生能够主动挖掘大量的隐性知识。例如，在《清朝疆域图》旁边设有"思考点"栏目："为什么说清朝基本奠定了现代中国的版图？"通过对这个问题的思考，学生便会自主地观察清朝的疆域及边界线，并与现代中国地图进行比较。

统编版教材地图史料的选取大幅度增加，几乎每一课都选有相关地图，尤其是中国史部分几乎每课中的地图配备量都很充足。地图史料作为历史教材中常见的教学资源，不仅为新课标中的时空观念培养提供了材料，还直观地展示了中国疆域发展变化的过程。例如《中外历史纲要》上册中展示《唐朝前期疆域和边疆各族的分布图（669 年）》和《清朝形势图（1820年）》。一方面，体现了中国疆域从唐朝到清朝发展过程中版图不断扩大的动态过程，有助于学生理解中国疆域的历史发展过程。另一方面，从地图上可以看出清朝时期吐蕃、东北地区、南海诸岛、钓鱼岛在内的附属岛屿已经成为中国版图的一部分，体现了教材注重海疆问题及国土安全教育的特点。地图数量的增加，有助于学生学习历史时以地图为依托，落实课标，掌握中国疆域和培养时空观念的目标要求，并以地图为载体，融入国家统一、民族交融、地区开发等知识。再如《中外历史纲要》上册第 11 课《辽宋夏金元的经济、社会与文化》历史时间跨度较大，涉及辽宋夏金元几百年的历史，在此期间又出现若干政权并立与发展，经济、文化之间的交流与交融，社会出现变化。新教材选用《元朝运河、海运路线图》，用地图辅助教学，进一步说明元朝商品贸易的繁荣，商品远销海外；教材地图展示了经济重心南移的动态区域性，图史结合让学生对经济重心南移的史实形成一个比较清晰的概念。这样，从时间和空间两个维度来说明经济重心的南移，有利于培养学生的时空思维能力。

3. 基于素养抓考点

时空观念一方面是认知理解历史人物、现象的基础；另一方面是把握历史发展脉络，结合现实的必要条件。新课标对时空观念的内涵及要求学生学

习之后达成的表现做了描述，并按照从低到高划分为四个层级，如下表2-2
所示：

表2-2　时空观念水平表

水平	时空观念
水平1	能够辨识历史叙述中不同的时间与空间表达方式；能够理解它们的意义；在叙述个别史事时能够运用恰当的时间和空间表达方式
水平2	能够将某一史事定位在特定的时间和空间框架下；能够利用历史年表、历史地图等方式对相关史事加以描述；能够认识事物发生的来龙去脉，理解空间和环境因素对认识历史与现实的重要性
水平3	能够把握相关史事的时间、空间联系，并用特定的时间和空间术语对较长时段的史事加以概括和说明
水平4	在对历史和现实问题进行独立探究的过程中，能将其置于具体的时空框架下；能够选择恰当的时空尺度对其进行分析、综合、比较，在此基础上作出合理的论述

这种核心素养的水平划分，能够进一步指导学生们更好地进行学习，并
对应以下五个考查维度。

维度一：知道特定的史事是与特定的时间和空间相联的。

任何历史都是在特定的、具体的历史时间和地理条件下发生的，明晰历
史发生的具体时间和地理条件是准确认识历史的前提。同学们不仅要熟记大
事年表，识别历史地图中的相关信息，还要了解古今不同历法的换算、古今
地名的对照与区别等。

维度二：知道划分历史时间与空间的多种方式，并能运用这些方式叙述
过去。

划分历史时间没有固定的标准，历史分期不具有唯一性。其实不仅是时
间，空间也有不同的划分方式和标准。例如历史上的中原王朝除了拥有主权
很明确的正式行政区域以外，往往还有不少属国、藩国、羁縻单位等各种附
属的、接受监护的或自治的区域，王朝在这些区域之间的地位和作用千差万

别。古代中国的疆域类型是多样的，可分为正式行政区、军事驻防区、民族或地方自治区和其他特殊行政区等。所以根据当代主权标准来界定古代疆域的范围是不恰当的，还要参考历史文化观念。

维度三：能够按照时间顺序和空间要素，建构历史事件、历史人物、历史现象之间的相互关联。

通过自制图表，把历史事件、时间、地点、特点等进行分类归纳，尤其是绘制有关史事的历史地图或示意图，是培养历史时空素养的一种有效方法。正如历史地理学家房龙先生建议的那样：根据你自己对于事情将被如何处理的主意画出你自己的示意图，你将永远无法忘怀。

维度四：能够在不同的时空框架下对史事作出合理解释。

维度五：在认识现实社会时，能够将认识的对象置于具体的时空条件下进行考察。

历史是过去与现在之间的连续对话，对现实问题的历史观照和历史问题的现实思考，是学生历史素养水平的体现。朱光潜先生说："过去史在我的现时思想活动中才能复苏，才获得它的历史性。所以一切历史都必是现时史……着重历史的现时性，其实就是着重历史与生活的连贯。"而要真正实现这种"连贯"，就必须把认识的对象置于具体的时空条件下进行"历史的"考察，尤其要宏观而长时段地思考历史与现实的联系，汲取历史的经验和教训，思索现实与未来，这也是时空观念素养的最高维度。

目前，高考试卷中考查时空观念的试题非常多，考查的角度也呈现出多样化特点。有些试题虽不是直接或主要考查时空观念，但如果无法准确解读时间信息或空间信息，势必影响对主体史实的判断。因此，培养和增强同学们的时空观念不仅是历史学习的需要，也是备战高考的重点。

时空观念在高考选择题中出现的频次较高。历史上关于纪年的方法比较多，如考古学上的绝对年代纪年法、干支纪年法、年号纪年法，而最近几年的全国卷高考历史题大多采用公元纪年。因此，考生需要掌握公元纪年的有关知识，也要注意民国纪年。一定要掌握好一些重要的时间点和历史事件，最好用时间数轴的方法做出大事年表，对一些特定的时间概念进行强化记忆。

解答题目时，首先要挖掘题目中显性或隐性的时间信息，给材料一个相对准确的时间定位，在提取时间信息时一般可以从题干中的文字、图表的名称以及一些专用的名词，如地名、机构等信息来判断；其次要根据所学知识为题目构建宏观的时代背景；然后要全面、准确、充分地解读历史地图，仔细观察地图信息内容，比如地图的名称、图例和标记、地图中的关键地名等；最后根据题干的要求、题目的信息、历史阶段特征和其他历史认知做出准确选择。关于时空观念的考查方式主要有以下两种：

第一种，材料采用历史年表、年代尺等方式，按时序性表达，基本表达方式有年代、朝代、世纪等。

例题 1（2019 全国Ⅲ卷·31）下图是 1953 年创作的年画。该作品（　　　）

A. 继承了中国传统文人画作的基本风格

B. 描绘了农民参与社会主义生产的场景

C. 体现了"双百"方针提倡的创作精神

D. 倡导了适应国家建设需要的社会新风

《数他劳动强》

［答案］D

［解析］材料所给的具体时间即 1953 年，首先可把 B、C 两项排除。其

原因："双百"方针是 1956 年提出的，中国进入社会主义的时间是 1956 年底。传统文人画的特点注重诗意，也就是"画中有诗""诗画一体"。把 A 项排除。

第二种，材料中显示特定概念。比如：新民主主义革命、国民大革命、陕甘宁边区、土地革命、地理大发现时期等，需要考生熟练掌握这些特定概念的起止时间。

例题 2（2017 全国 I 卷·30）陕甘宁边区政府在一份文件中讲到："政府的各种政策，应当根据各阶级的共同利害出发。凡是只对一阶级有利，对另一阶级有害的便不能作为政策决定的根据……现在则工人、农民、地主、资本家，都是平等的有权利。"这一精神的贯彻（　　　）

A. 推动了土地革命的顺利开展

B. 适应了民族战争新形势的需要

C. 巩固了国民革命的社会基础

D. 壮大了反抗国民党政府的力量

［答案］B

［解析］陕甘宁边区政府是一个特定概念，时间为 1937—1950 期间；土地革命的狭义概念是国共十年对峙时期（1927—1937 年），把 A 项排除。国民革命是从 1924—1927 年，C 项也不符合题意。反抗国民党统治主要是两个时期，一是国共十年对峙时期，二是解放战争时期，D 项与材料所显示的时间不符合。

高考非选择题中对时空观念的把握要求更高。

对于时间判读、时间划分类题目一般结合材料进行宏观把握，找到一个合适的切入点，也就是转折点。如题目问的是对某一历史事物进行阶段划分，这时要看材料中历史事物的发展历程，只要中间发生了大的转折，就立即锁定时间，这就是切入点，也就是转折点。划分历史阶段时要注意整体与部分的关系，按照统一的标准和尺度进行划分，注意小阶段内的相对稳定性和小阶段之间的差异性；在进行解题时要注意题目中的关键信息，尤其注意在这些信息中隐藏着的时间信息，综合表层信息和隐藏信息，按照题目要求作答即可。

例题3（2020山东卷·19）咖啡馆的历史，既是一部经济史，也是一部社会史。阅读材料，回答问题。

材料　1652年，伦敦出现了英国第一家咖啡馆。

17世纪中后期，咖啡馆在英国扎下了根。在当时伦敦任何一家宾客盈门的咖啡馆里，常见的场景是：各色人等汇集于此，抽烟、读报，谈论商业和贸易，传播小道消息，争论国家大事，评判王室显贵的品行举止。

18世纪中叶以后，伦敦的咖啡馆出现了新的变化。辉格党人愿意光顾"斯米纳"等咖啡馆，托利党人则经常聚会于"怀特"等咖啡馆，经纪人喜欢聚集于"乔纳森"咖啡馆，法律界人士集中于骑士团圣殿附近的咖啡馆。寻常百姓逐渐成为咖啡馆社交场所的边缘化群体。19世纪40年代前后，满足贫穷工人需要的咖啡摊应运而生。

除咖啡外，茶也是英国重要的饮品之一。1606年前后，茶第一次作为商品进口到欧洲。1658年9月23日，伦敦报纸上第一次出现了茶的广告。不久，茶逐渐走进英国咖啡馆，但直到17世纪末，饮茶在英国仍然是一个新鲜事物。18世纪英国的茶叶需求量以惊人的速度增长，英国人对茶的热爱超过了其他任何主要的西方国家。在整个18世纪，咖啡馆都是提供茶饮料的主要场所。

——摘编自（英）马克曼·艾利斯《咖啡馆的文化史》等

（1）编写一幕发生在17世纪伦敦咖啡馆内的人物对话场景。（要求：先写出对话主题，主题要紧扣英国当时政治或经济领域的重大事件；对话内容要围绕主题展开，观点明确；对话过程完整，逻辑清晰。）

（2）结合英国咖啡馆的变化，说明咖啡馆的历史是一部"经济史"。

山东卷第19题近代英国咖啡馆的变迁，从不同角度考查了时空观念。通过英国不同时期咖啡馆的变迁，再现英国资产阶级革命后的社会情景，紧扣英国当时政治或经济领域的重大事件，考查学生对英国资产阶级革命后的政治、经济、文化生活的理解和认识，考查学生运用时空观念等方法正确解读历史信息，提升学生对历史现象、历史事件作出合理正确解释的能力。学生运用史料分析问题时，要根据材料中提及的时间、空间信息，将问题定位在特定的历史时空坐标上，这就需要学生具备基本的时空观念。紧扣17—18世纪，在这一时期，英国发生的政治、经济领域的大事件主要有：英国资产阶级革命、光荣革命、荷兰威廉三世入主英国、《权利法案》的颁布、君主立宪制形成、英国的对外殖民扩张、重商主义政策、颁布《航海条例》等，可从其中任选一个事件进行论述。咖啡的传入是伴随着新航路开辟、欧洲国家对外殖民扩张进行的，反映了欧洲资本主义的发展和资本主义世界市场雏形的出现；咖啡馆内的消费人群也表明咖啡逐渐成为英国社会各阶层的普通饮品，来自东方的茶叶也逐渐成为咖啡馆提供的饮料之一，说明当时英国社会人民生活水平的逐步提高，而这种变化则是与工业革命的开展、资本主义世界市场的形成是分不开的。所以说英国咖啡馆的历史实际上就是一部"经济史"。

从咖啡馆的变化与世界经济发展联系的角度看：随着欧洲国家海外贸易发展和对外殖民扩张，世界市场逐渐形成和扩大，世界各地的经济联系和交流加强，茶叶进入英国咖啡馆并且销量不断增加，饮茶从一个新鲜事物逐渐变成了英国人日常生活的一部分。从咖啡馆的变化与英国国内经济发展联系的角度看：随着工业革命的进行，英国社会阶层出现新的分化，咖啡馆逐渐由开放的、面向各阶层的消费场所发展为专门化的、面向特定阶层或群体的消费场所。

三、史料实证——培养科学的推理论证精神

什么是史料？史料是人类社会在发展过程中遗留下来的历史文化遗产。简单地说，即"历史资料"或"历史材料"，是研究和学习历史的基本素材。了解史料是通向历史认识的桥梁，是重现并叙述历史的主要依据，是学习和研究历史的基础资源和参考佐证。

什么是实证？意为确凿的证据。在历史教学活动中，重视史料学习，培养学生搜集整理史料、鉴别史料、运用史料等方面的能力，以达到通过史料来认识和解释历史现象以及揭示历史真相的目标。

1. 帮你读懂素养

《普通高中历史课程标准（2017 年版 2020 年修订）》指出，"史料实证"的内涵为：

（1）知道史料是通往历史认识的桥梁，了解史料的多种类型，掌握搜集史料的途径与方法；

（2）能够通过对史料的辨析和对史料作者意图的认知，判断史料的真伪和价值，并在此过程中增强实证意识；

（3）能够从史料中提取有效信息，作为历史叙述的可靠证据，并据此提出自己的历史认识；

（4）能够以实证精神对待历史与现实问题。

史料实证需要依据史料来推理历史和论证历史，以更好地理解和学习历史事实，它是五个素养中最能体现历史学科性质的素养，是历史学习的特有思维品质。从长远看，它可以帮助学生树立一种实事求是的正确思维方式和逻辑推理能力（见表2-3）。

表2-3　史料实证水平表

水平	史料实证
水平1	能够区分史料的不同类型；在解答某一历史问题时，能够尝试从多种渠道获取与该问题相关的史料；能够从所获得的材料中提取有关的信息
水平2	能够认识不同类型的史料所具有的不同价值；明了史料在历史叙述中的基础作用；在对史事与现实问题进行论述的过程中，能够尝试运用史料作为证据论证自己的观点
水平3	在探究特定历史问题时，能够对史料进行整理和辨析；能够利用不同类型史料，对所探究的问题进行互证，形成对该问题更全面、丰富的解释
水平4	能够比较、分析不同来源、不同观点的史料；能够在辨别史料作者意图的基础上利用史料；在对历史和现实问题进行独立探究的过程中，能够恰当地运用史料对所探究问题进行论述

新课标将"史料实证"素养从低到高划分为四个层次水平的内容。教师

要深入研究史料实证素养各水平的具体描述，把握每个水平对学生的具体要求，如水平 1 中要求"区分""获取""提取"，水平 2 中要求"认识""明了""论证"，水平 3 中要求"整理""辨析""互证"，水平 4 中要求"比较"与"分析""辨别""利用""独立探究""论述"。在此基础上，通过学生的具体表现，判断和提升学生的素养水平。整体上看，四个水平层次之间存在一种层层递进的关系，水平 1、2 为基础能力，水平 3、4 为较高能力，要将四个水平层次融会贯通，才能为学生今后的终身学习奠定基础。在教学目标的设计中，要合理设计史料实证素养的水平，必修课程侧重水平 1、2，选择性必修课程侧重水平 3、4。

中学生在历史学习中，首先应该能区分史料的类型（文字史料、图像史料、实物史料和口述史料等）并加以分类整理，知道史料的性质（原始史料和二手史料）并分辨其研究价值；其次可以从多种渠道获得史料，比如可以查阅典籍、考察历史遗址、参观博物馆、采访当事人等；再次学生能够在唯物史观的指导下，对收集到的史料进行考证和筛选；最后在史料准确无误的基础上，综合运用多种史料多重印证、互证结论，形成自己的历史认识。教学中，教师要选择典型的适当的史料，还要精心设计既能引发学生探究欲望，又能促进学生思维发展的问题，更要引导学生在史料阅读与问题探究中学会质疑并提出自己的观点。

2. 基于素养读教材

《普通高中历史课程标准（2017 年版 2020 年修订）》和 2019 年统编版新教材把培养和提高学生历史学科核心素养作为主要目标。随着新教材在全国逐步推广使用，史料实证素养的培育在教科书中的地位自然十分突显。统编版新教材史料内容数量充足、分布广、类型丰富，引用规范、原始史料选取得当。主要分为文字史料与图表史料两类，新教材中史料分布在每课的各部分：导言、正文（附有学思之窗、历史纵横、史料阅读三个资料性栏目）、课后（问题探究、学习拓展）都有大量史料，这些史料是学生能够接触历史真相的主要途径。

导言部分——引入多元史料，创设历史情境。激发学生学习兴趣的导言部分，大多都是文字史料配上一幅图片史料。比如《中外历史纲要》上册第10课《辽夏金元的统治》一课中，导言设有《契丹人引马图》壁画，体现契丹人的游牧生活方式，该图片在色彩与审美方面都符合学生的心理认知特点，再加上一段官方文字史料的叙述，以及宋神宗对辽和西夏强盛的评价。图文配合使用后特别具有情景性，用于课前导入是非常合适的，留有悬念以激发学生探索的欲望。

《中外历史纲要》上册第11课《辽宋夏金元的经济、社会与文化》一课中有原始图片《夫妻对坐宴饮图》和北宋学者沈括在《梦溪笔谈》中的文字史料。教师可以指导学生观察这幅图片，结合沈括在《梦溪笔谈》中对唐宋的评价，获取重要信息：从图中可以观察出夫妇对桌而坐，家中陈设俱全，桌上有茶具，旁有侍女侍奉，可知其家庭较为富裕。再结合沈括对其评价，间接反映了宋人的生活与消费水平比较高。由此，激发学生了解宋朝社会经济、社会生活面貌的欲望。突出图片史料的运用，立足史料巧设情境，把学生带入当时的历史场景中，让学生对宋朝社会有一个新的认识；并结合文字史料中沈括的评价，对宋朝的积贫积弱产生疑惑，从而激发学生探究历史的欲望。提炼出图片中的核心历史信息，并与新知识的学习形成连接，为教学内容的展开做好铺垫。

正文部分——精选典型史料，佐证教材内容，提高史料实证素养的证据意识。新版统编中学历史教材中资料性栏目内容丰富，主要包括"历史纵横""史料阅读"以及"学思之窗"。这些史料大多数来自较权威的正史记载，或者其他历史典籍、文学作品等，选材多样，可信度较高。它们穿插在正文周边，具有补充更细节的史料信息、突破重难点知识、佐证正文中的结论观点等作用。每条史料都规范标注作者和出处信息，有助于让学生"明了史料在历史叙述中的基础作用"，便于学生按图索骥，利用教材给出的史料来源，"尝试从多种渠道获取与该问题相关的史料"，并从获得的史料中提取有关信息，以更加深入地认识和思考相关的历史问题。这也是史料实证素养水平1和水平2要求学生通过历史学习所要掌握的基本能力。

《中外历史纲要》上册第14课《明至清中叶的经济与文化》一课，为直观突显出清朝经济繁荣展示《盛世滋生图》（局部），图中几条商铺街，有两层楼房的商铺，有酒肆、茶馆、旅馆，人来人往、万家烟火，这证明当时商品经济比较发达。教师可以带领学生由浅入深地挖掘隐藏在其背后的历史信息，即明清时期商业在发展与流通的过程中形成地域性的商帮，当时有著名的"徽商"和"晋商"。在"史料阅读"中，学生可以通过明末顾炎武编纂的《肇域志》获取徽商勤劳、节俭、诚信经商的信息。同时商品经济的繁荣，促进手工业的发展，清朝时期江南地区已有资本主义萌芽。"历史纵横"中，《明神宗实录》和蒋以化《西台漫纪》卷 4 两则史料的补充，更证实了 17 世纪初苏州丝织业中出现了自由雇佣关系，也就是资本主义萌芽的出现。经济的发展促使当时人们的思想和社会风貌也开始发生变化，由此进入明清思想文化的发展学习中，根据"历史纵横"补充的明清大型典籍的编纂资料，认识到明清出现了几部总结性科技著作。再通过引入"学思之窗"《徐光启集》卷 2《刻〈几何原本〉序》，帮助学生理解中西方科技的不同特点和明清中西文化交流有利于促进中华文化走向世界的重要意义。这一课学习中，教师先引领学生阅读教材，找到已经形成的结论性观点，通过呈现栏目中类型各异的丰富史料进行具体补充论证，学生在阅读和分析史料的同时养成证据意识和实证的态度。

课后部分——通过搜集多则史料解决问题探究和学习拓展中的难题，强化史料实证素养的实践能力。每课正文后的"问题探究"和"学习拓展"栏目中也提供了诸多史料，并设置了相关的问题，以启发学生的思考。《中外历史纲要》下册第 7 课《全球联系的初步建立与世界格局的演变》一课，文末设置有"问题探究"，引入两段马克思《资本论》史料，引导学生思考新航路开辟和早期殖民扩张对当时西欧资本主义原始积累的作用。两段史料从正反两面来说明开辟新航路和早期殖民扩张带来的双重影响。为了突破这一问题，学生可以在课后自主搜集更多的积极和消极的双面史料信息来印证双面观点，以加深对这一问题的理解。在这个过程中，训练学生多渠道获取相关史料的能力，体会史料在历史叙述中的作用，并在辨别史料的基础上，运用史料建构自己的历史叙述。

教材中"学习拓展"要求学生自主查找资料，搜集各类史料，了解新航路开辟对亚洲国家的巨大影响。可以以中国明清时期为例，立足书本史料和结合搜集到的相关史料理解"明清与世界的变化是同步的，是世界变化的一部分"。比如利用新教材中的图片史料《马尼拉大帆船》及其说明性文字，可以分析中国明清时期的重大变化是否与新航路开辟有关。关于中国明清时期白银货币化、资本积累、商帮，可以以徽商发展的相关历史为一个切入点，开启以点带面的学习，最终全面认识新航路开辟给亚洲国家经济、外交、思想、文化、生活带来的改变。新教材中每个环节配备的史料都可以实现知识的内化，都可以让我们感受到史料实证的能力要求无处不在。通过新教材中的史料调动学生自主寻找、分析辨别、独立探究的兴趣，进一步强化史料实证的训练实践。

3. 基于素养抓考点

高考历史学科越来越强调对学生史料实证素养的考查，此方面在高考试卷命题中所占的比重也越来越大。注重创设"新情境"和运用"新材料"，鼓励学生灵活运用所学知识分析和解决问题，在史料的选择上，有文献史料、数据表格、学者观点等多种形式，既强调能力立意，更强调素养立意。从提问方式来看，选择题通常采用"据此可知""由此可知""史料表明"等词语，非选择题则通常采用"根据材料并结合所学知识""从材料中提取信息自拟论题，并就所拟论题进行阐释、指出、概括、说明"等表述方式。这些形式和设问要求我们要深入解读新课标中关于史料实证的四个水平层次的内容，才能有的放矢地精准备考。

结合对近三年高考题的统计，对史料实证的考查有以下几种主要类型：

第一，考查对史料的基础认知。

高考试题中考查学生区分不同类型史料并从中获取有效信息的题型最常见，即水平 1 要求的"区分史料的不同类型"和水平 3"对史料进行整理和辨析"的能力。这是对史料实证素养基础能力的要求。

按呈现形式，可分为文献、实物、口述史料；按记载者的意图，可将史料分为有意史料（官方组织编写的史书和成文的历史著述、公开的报道等）

和无意史料（官方遗留下来的文件档案及其私人信件、日记等）。不仅要求学生区分不同类型的史料，还要求学生认识不同类型史料具有的不同价值，即水平2要求的"能够认识不同类型的史料所具有的不同价值"，水平4要求的"能够比较、分析不同来源、不同观点的史料"。一般来说，实物史料强于文献史料，一手史料要比二手史料更可信，无意史料强于有意史料。

例题1（2020全国卷Ⅰ·25）下图为唐代著名画家阎立本的《步辇图》，描绘了唐太宗李世民接见吐蕃使臣的情景。该作品体现了（　　）

A. 西域风情与中土文化的交汇

B. 文人意趣与市井风情的杂糅

C. 艺术审美与史料价值的统一

D. 现实主义与浪漫主义的融合

此题中，该作品描绘了唐太宗李世民接见吐蕃使臣的情景。可以根据研究主题判断史料的真伪和多种价值。阎立本的《步辇图》是唐朝人物画的代表作，是实物史料，具有艺术审美价值，同时也是研究唐朝民族关系的重要一手史料，具有重要的史料价值，故选C项。这体现了水平2的考查要求。

例题2（2020全国卷Ⅱ·25）敦煌莫高窟61号洞中的唐代壁画"五台山图"中有一座"大佛光之寺"，梁思成、林徽因按图索骥，在山西五台山地区发现了其实物——佛光寺。这一事例说明此类壁画（　　）

敦煌壁画中的"大佛光之寺"　　　　　　　　五台山佛光寺

A. 创作源于艺术想象

B. 能完整还原历史真实

C. 可与文化遗存互证

D. 价值来自学者的发掘

关于五台山的佛光寺，既有敦煌莫高窟中的唐代壁画的史料证明，也有梁思成、林徽因在山西五台山地区发现的实物史料的证明，二者彼此之间相互印证，证明了历史的真实性。本题直接考查学生对不同类型史料的价值判断，认识不同类型史料之间的互证。故选 C 项。这体现了水平 3 考查的辨析价值、运用史料的基础要求。

此外，史料价值需要综合多种因素来判断，要思考作者的意图、立场、时代观念、所处社会环境和史料本身的特点等，带着批判性的眼光甄别历史问题，才能理解多重因素，使得史料具有不同价值。

第二，考查史料，提取并分析有效信息。

高考选择题几乎每题都涉及提取史料信息。从史料中最大限度地获取信息并进行合理解读，是还原历史真相的基础。主要分为两种：一是凭借基本的阅读能力就能提取的表层信息，二是运用背景知识对现有信息进行加工推理后解读出的深层信息。获取表层信息就是审题的过程，学生首先要清楚有什么条件、解决什么问题，再按题干的关键词、提示语作答，难度不大。挖掘深层信息是判断、归纳、概括、比较、分析史料并联系所学推理出结论的过程。要迁移并联系所学，难度加大，试题中也常出现。

例题3（2020山东卷·18）（14分）阅读材料，回答问题。

一个村支书的工作笔记

（苏寺村是中国北方的一个山区村落。以下内容节选自该村原村党支部书记的工作笔记。）

81年12月12日1天

召开两委扩大会议

会议开始由祁凤元汇报了县委召开农业责任制代表会议和真理问题补课会的精神。赵桂枝传达了公社党委当前工作安排……

82年3月23日1天

讨论记录：

……（4）当前几项工作时间如何安排？……2. 抓致富：两委队长如何本人富，在（再）代（带）那（哪）一户的规划搞出来。3. 责任制与端正党风……

83年3月3日1天

召开两委扩大会议

……会议首先由公社武书记讲关于"开展五讲四美三热爱的文明礼貌月"活动的意见和公社安排。大队如何制定措施。致富户和文明户怎么确定和召开座谈会。

84年4月12日半天

召开两委扩大会议

会议由老冯同志传达了"乡党委、乡政府就建村（村民委员会）实施方案"……

讨论记录：（1）建村领导小组怎么成立？组长：张明德；副组长：冯青山；成员：姜合、崔玉海、张玉林。

——摘自华东师范大学中国当代史研究中心《一个村支书的工作笔记》

提取材料信息，说明上述材料对研究20世纪80年代中国农村改革有哪些史料价值。

本题引用一位农村党支部书记的私人工作日记作为史料，突显了其在历史研究中的价值，可信度高，史料价值更大。作为亲历者，村党支部书记的记载可以作为一手史料使用，这对研究 20 世纪 80 年代农村改革的内容具有很大价值。提取材料信息"公社""大队""乡政府""建村"等，可知撤社建乡、村民自治的所学史实，可用于研究 20 世纪 80 年代农村基层政权建设和民主建设，说明其历史价值；提取材料信息"真理问题补课会""端正党风""开展五讲四美三热爱的文明礼貌月活动""致富户和文明户怎么确定"，结合所学史实可用于研究 20 世纪 80 年代农村改革中社会主义精神文明建设和党的建设，说明其历史价值。最后可得出结论：工作笔记反映了 20 世纪 80 年代农村改革在政治、经济、思想等方面的情况，体现了农村改革开放后社会变迁的缩影。本题重视考查史料价值，注重学生提取史料信息和辨别史料价值并最终形成自己的历史结论，充分地考查了水平 1 "能够从所获得的材料中提取有关的信息"、水平 3 "在探究特定历史问题时，能够对史料进行整理和辨析"的能力。

第三，考查史料，分析推导出历史结论的能力。

例题 4（2021 全国甲卷·7）

表1 1931—1934 年中国钢铁业情况表 （单位：吨）

年份	铁砂产量	铁砂及生铁输出量	钢铁消费量	钢铁输入量
1931	1840279	831652	804000	557625
1932	1839212	758441	404000	430655
1933	1903466	992521	694000	525673
1934	2135031	864107	770000	617726

根据表 1 可知，当时（　　　）

A. 中国民族工业失去发展空间

B. 民族企业规模日益萎缩

C. 国民政府实业政策无甚成效

D. 中国工业基础薄弱落后

表中数据来自 1935 年《中国矿业纪要》的第五次调查数据。1931—1934

年我国在钢铁业发展中，钢铁制成品消费量的绝大部分要依靠进口，而作为原料的铁砂产量和铁砂及生铁输出量却很大，由此推断出我国沦为西方的原料产地和商品倾销市场，钢铁工业基础薄弱。

例题 5（2020 全国 I 卷·28）1876 年，英国传教士在上海创办的《格致汇编》设有"互相问答"栏目，其中大多问题是从读者的兴趣、关注点出发的。各类问题所占比例如表 1 所示。

表 1　《格致汇编》"互相问答"栏目各类问题所占比例

应用科学、各种技术	自然常识	基础科学	奇异和其他问题
42.5%	22.8%	17.5%	17.2%

据此可知，当时（　　）

A. 中体西用思想的传播受到了抑制

B. 中外交汇促进维新思想深入发展

C. 西学传播适应了兴办实业的需求

D. 崇尚科学成为了社会的主流思潮

该数据表格属于经过整理的史料，理解起来难度不大，学生只要描绘出根据数字变化而显示的趋势即可。数据中经对比发现，应用科学和技术所占比重最大，这些应用科学技术与近代企业的兴办有着密切的联系，因此才会有很多人提出相关的问题。这说明西学的大量传播迎合了当时中国人引进西方先进技术设备、兴办洋务实业的需求。

例题 6（2019 全国 I 卷·29）1915—1918 年，《新青年》中"革命""科学""平等""民主"等词出现频次大体相当；1919—1922 年，"民主"出现次数不到"科学"的 1/10，不及"革命"的 1/20。这种变化可说明（　　）

A. 新文化运动主流思想发生转变

B. 国民革命运动受到民众普遍拥护

C. 资本主义政体模式被知识界否定

D. 中国社会主要矛盾发生改变

从数据中发现不同时期的重要词汇出现频次的变化。1919 年后,《新青年》中"民主"出现的频次下降,而"革命"出现的频次明显提高,结合所学可知新文化运动前期的主流思想是民主和科学,而五四运动后马克思主义在中国的广泛传播,使中国多了一条社会主义道路的选择,因而"革命"一词较多。最终得出结论:新文化运动前后期主流思想的变化引起统计数据的重大变化。故选 A。

数量分析是历史学研究的有效方法,也是历史学科史料实证素养的具体体现之一,故成为高考出题常用的方法。以这三道例题为代表,高考中数据史料考查了学生有效解读信息,调动、运用所学知识推断出历史结论的能力。由此可以看出,大多数真题通过各种形式隐性问题考查了学生史料实证素养能力。

第四,考查运用史料论证历史观点和构建历史叙述的能力。

史料实证水平 2 中"认识不同类型史料所具有的不同价值""运用史料作为论据论证自己的观点"和水平 4 中"运用史料对所探究的问题进行论述"这两项的能力要求较高,大多在高考主观题里面隐性考查这些要求,尤其是小论文的题目。

例题 7(2020 全国 I 卷·42)阅读材料,完成下列要求。(12 分)

关于宋代历史,海内外学者著述颇丰,叙述各有侧重,如《儒家统治的时代:宋的转型》《中国思想与宗教的奔流:宋朝》《宋史:文治昌盛与武功弱势》等,这些书名反映了作者对时代特征的理解。

结合所学知识,就中国古代某一历史时期,自拟一个能够反映其时代特征的书名,并运用具体史实予以论证。(要求:论证充分,史实准确,表述清晰。)

本题为开放性试题,主要是分析各时代的特征,并结合中国古代史的其他相关史实加以论述。首先,考查学生获取有效史料信息的能力,测试学生能否从中获得自己的认识;其次,要求学生依据自己的观点,独立探索历史问题,寻找相关史实和恰当地运用史料来进行论证或对探究的问题进行论述;最后,论证时要做到有理有据,论从史出,史论结合。本题主要考查学生对文字史料的分析能力，训练学生提出观点、论证观点、阐释观点，并运用史料构建历史叙述的能力。

小论文题需要学生阅读材料，提取有效信息，并进行延伸处理（或指出历史现象进行评述，或提取观点予以说明，或自拟论题予以论证，等等）。处理的形式不固定，或有效利用并处理材料，或准确地拟出论题，或指出现象，体现的正是学生史料实证及其他诸素养的综合能力，这需要学生对所学知识或历史史实能够准确掌握并能规范表述，同时能够准确地表述观点，这需要学生有扎实的基础知识和严谨的历史表达能力。

高考题多次要求学生运用史实论证的能力。史论结合、论证充分，准确把握所论证观点涉及的历史事件，全面多角度分析作答，这也是史料实证核心素养的根本要求。

四、历史解释——培养科学的评判能力

什么是历史？历史究竟是客观的，还是主观的？应该说，历史具有二重性。它既是客观的，也有主观性。一切过去的事情，或已发生的事情，都已成为历史。它是客观存在的，谁也改变不了的。但把这些发生的事情记录下来，或叙述出来，也是历史。在叙述历史事件的过程中，不可避免地带有叙述者自己的主观认识。所以，我们今天所说的历史，大多是人们所记述的历史，包括历史教科书。这样的历史，具有客观和主观的双重性。

什么是历史解释？历史解释是指以史料为依据，对历史事物进行理性分析和客观评判的态度、能力与方法。人们通过多种不同的方式描述和解释过去，通过对史料的搜集、整理和辨析，辩证、客观地理解历史，不仅要将其描述出来，还要揭示其表象背后的深层因果关系。通过对历史的探究，不断接近历史真实。

1. 帮你读懂素养

《普通高中历史课程标准（2017 年版 2020 年修订）》指出"历史解释"的内涵为：

（1）区分历史叙述中的史实与解释，知道对同一历史事物会有不同解

释，并能对各种历史解释加以辨析和价值判断；

（2）能够客观论述历史事件、历史人物和历史现象，有理有据地表达自己的看法；

（3）能够认识历史解释的重要性，学会从历史表象中发现问题，对历史事物之间的因果关系作出解释；

（4）能够客观评判现实社会生活中的问题。

学会历史解释，是历史学习的一个较高要求，是检验学生是否具有历史学科核心素养的综合表现。历史学科诸素养中关于运用的要求，都可视为历史解释。唯物史观教学要求能够将唯物史观运用于历史的学习与探究中，并将唯物史观作为认识和解决现实问题的指导思想，这就是历史解释。时空观念素养要求能够在不同的时空框架下对史事作出合理解释，这也是历史解释的要求。史料实证素养中关于实证过程的要求，实际上就是历史解释的过程。历史解释要以唯物史观为指导，要有时空观念，要有实证精神。所以历史解释（见表2-4）是我们历史学习的一个较高要求，也是历史学科要培养的关键能力所在。

表2-4　历史解释水平表

水平	历史解释
水平1	能够辨别教科书和教学中的历史解释；能够发现这些历史解释与以往所知历史解释的异同；能够对所学内容中的历史结论加以分析
水平2	能够选择、组织和运用相关材料并使用相关历史术语，对个别或系列史事提出自己的解释；能够在历史叙述中将史实描述与历史解释结合起来；能够尝试从历史的角度解释现实问题
水平3	能够分辨不同的历史解释；尝试从来源、性质和目的等多方面，说明导致这些不同解释的原因并加以评析
水平4	在独立探究历史问题时，能够在尽可能占有史料的基础上，尝试验证以往的说法或提出新的解释

新课标将"历史解释"素养从低到高划分为四级层次水平内容。培养学

生历史解释这一核心素养，其重要意义在于学生能够将对史事的记忆提升到历史认识的高度，更好地感悟、体验、明了历史上发生的各类情况，理解历史上的变化与延续、继承与发展、动机与效果、内因与外因、偶然与必然、局部与全局等方面的关联；能够用归纳、概括、比较等思维方法分析历史事物；能够科学地解释历史事物，认识事物本质；能够全面、客观评价历史人物、历史事件以及历史现象；能够发现和论证历史问题，独立提出自己的观点。

2. 基于素养读教材

所有历史叙述在本质上都是对历史的解释，即便是对基本事实的陈述也包含了陈述者的主观认识。统编新教材是人们所记述的历史，也是学生提升历史解释素养能力的重要依托。基于新课标，我们从描述历史事物、理解历史事物和揭示因果关系三个方面来了解"历史解释"在教材中的渗透。

第一，描述历史事物。从新课标对"历史解释"的解释中可以看出，历史解释的第一项任务，就是确定历史事物。离开了历史事物和对历史事物的陈述，历史解释者就无法展开论说，无法形成解释，所以说，确定和描述历史事物的工作，不仅属于历史解释的范畴，而且是一切历史解释的基础。

例如，关于明朝政治体制的变化，《中外历史纲要》上册有如下表述：明太祖为加强皇权，废除了自秦以来一直实行的宰相制度，并且严令子孙永远不许设立宰相。这一举措对以后五百余年的政治制度产生了深远影响。

这一段表述的核心主题是废除"宰相制度"，描述的核心历史事物也是"宰相制度"。

第二，理解历史事物。理解是历史解释的前提，理解的过程是建构历史解释的关键。理解首先是一种意向和态度，一种与前人平等对话、为前人设身处地、将过去的人和事置于具体的环境中看待的方式。

例如，关于"清末新政"，《中外历史纲要》上册有如下表述：1901年初，遭受重挫的清政府也试图通过"新政"进行"自救"。在官制、军事、商业、教育等方面进行了一系列改革。"新政"的内容与戊戌维新时期所颁布的改革举措颇多相似，但更为广泛深入。由于政权掌握在腐败无能的权贵手中，清政府不可能为中国找到真正的出路。

编者对"清末新政"的理解有如下几个方面：（1）当时处于《辛丑条约》签订后的半殖民地半封建社会时代，"遭受挫折"的清政府不是一味地继续保守、反动，排斥一切进步因素，而是"与时俱进"，主动推行了"改革"；（2）认同"新政"的资产阶级性质（"颇多相似"），并且进一步认为其措施内容优于"戊戌变法"；（3）肯定清政府推行改革的诚意；（4）分析了"新政"失败的原因。

在这里，编者进入过去的时空结构（半殖民地半封建社会），在对前人（清政府）境遇（遭受挫折）抱有同情的基础上，将自己所具备的现代经验（资本主义和近代化）与关于过去的知识（"新政"）很好地结合起来，形成一种了解过去的人和事的有效能力。当然，"同情"并不是"同意"，"了解"也不意味着"认可"，事实上，清末"新政"由于政策的"支离""拖沓"和一些官员的"敷衍"，没有取得太大进展，但从政策的内容和推行的效果来看，"新政"一定程度上推动了中国社会的现代化，也为辛亥革命的兴起准备了一些条件，这是应该肯定的，不能因为这是清政府推行的、结果又是失败的，就视之为"假维新""伪变法"。编者在对"清末新政"的理解分析中，很好地保持了当事人的立场和研究者的身份之间的平衡，即在理解中将自己想象成当时那段历史的参与者，而在解释时，又超越了历史参与者的立场，站在中性的立场来立论（既肯定其积极因素也不回避失败结局与局限性）。

第三，揭示因果关系。从形式上说，一种历史解释主要体现为不同事实之间的关联，只有找出并陈述不同事实之间的实际关联，才能建构有效的历史解释。这种关联，既可以是因果关联，也可以是相互平行的关联，还可以是不断连续发展的趋势。

例如，关于"陆王心学"，《中外历史纲要》上册有如下表述：明朝中期，王守仁在南宋陆九渊思想的基础上，提出一套以"致良知"为核心的理论，形成陆王心学。"良知"就是隐藏在每个人心中的"天理"，往往被私欲遮蔽，需要重新被发现、扩充和践行，这样就可以达到圣贤境界。陆王心学强调主观能动性，激励人们奋发立志；而以自己的内心为准则，又隐含一定的平等和叛逆色彩。陆王心学带有主观唯心主义倾向。在此基础上，明朝后期以李贽为代表的一些思想家提倡个性自由，蔑视权威和教条，甚至否定传统伦理道德标准，在社会上引起了很大震动。

教材编者对"陆王心学"的解释非常丰富，不仅充分肯定了其对后世的积极意义，而且还重视其与李贽思想的因果关联，从而建构起了宋明时期前后连贯的完整思想体系。

3. 基于素养抓考点

新课标指出，历史解释素养是以史料为依据，对历史事物进行理性分析和客观评判的态度、能力与方法。依照课程目标对历史解释素养的表述，可将历史解释素养水平划分为水平1、水平2、水平3和水平4共四个级别。纵观近年的高考试题，历史解释素养考查了唯物史观、时空观念、史料实证三个素养的内在意识与外显行为的综合素养。

第一，基于历史解释水平1的认识。历史解释水平1要求"能够辨别教科书和教学中的历史解释；能够发现这些历史解释与以往所知历史解释的异同；能够对所学内容中的历史结论加以分析"。针对水平1，学生需要运用多种方法理解历史，包括比较、归纳、推理、移情、想象等，能够对所学重要史事的基本情况作出有条理的、清晰的描述，能够阐述史事发生的前因后果。

例题1（2019新课标全国Ⅰ卷·24）据学者考订，商朝产生了17代30位王，多为兄终弟及；而西周产生了11代12位王。这反映出（　　）

A. 禅让制度的长期影响

B. 王位继承方式的变化

C. 君主寿命的时代差异

D. 血缘纽带关系的弱化

依据题干，我们了解到商朝王位继承制主要是兄终弟及制，并且通过所学知识可知，西周是按照宗法制原则的嫡长子继承制，故选B。所以这道题目考查水平1的"能够辨别教科书和教学中的历史解释""能够对所学内容中的历史结论加以分析"这两个层次的能力。

例题 2（2019 新课标全国 I 卷·28）

川沙县部分名人简历表

黄彬	国学生，干练有才，上海招商局创办时，章程皆其手订
朱纯祖	监生，幼时孤苦伶仃，学习米业，中年创设朱丽记花米行
姚光第	南邑生员，感于地方贫瘠日甚，就其家设机器轧棉厂

上表是 19 世纪末 20 世纪初毗邻上海的川沙县部分名人的简历，说明当时国内（　　）

A. 科举取士转向选拔实务人才

B. 传统社会结构受到冲击

C. 儒家的义利观念被抛弃

D. 新式工业在经济中居于主导

通过题目提供给我们的三个人的简历表，不难发现，当时川沙县以这三位为代表的部分名人参与了工商业的经营活动。这说明当时传统士农工商的等级观念被打破，强调士农工商分立的社会结构被冲击，出现了和我们教科书上的历代封建统治者所推行的重农抑商政策相反的历史解释。故选 B。因此本题属于水平 1 中要求的"能够发现这些历史解释与以往所知历史解释的异同"。

第二，基于历史解释水平 2 的认识。历史解释水平 2 要求"能够选择、组织和运用相关材料并使用相关历史术语，对个别或系列史事提出自己的解释；能够在历史叙述中将史实描述与历史解释结合起来；能够尝试从历史的角度解释现实问题"。针对水平 2，学生要在平时的学习中学会使用历史学科术语和"论从史出"的技能，并且在面对现实社会与生活中的问题时，能够用全面、客观、辩证、发展的眼光加以看待和评判，通过对历史经验的借鉴，为现实问题提供经验和教训。

例题 3（2019 新课标全国 II 卷·41）阅读材料，完成下列要求。

材料一　清康熙时解除海禁，在广东、福建、浙江、江苏设立四处海关，管理对外贸易。海关设置后即制定税则，不分进出口，往来贸易统一征税，包括正税和杂税，税率总计10%左右。乾隆时期对浙海关税率提高两倍，试图"寓禁于征"，但效果不显著，之后实行粤海关一口通商。

——摘编自韦庆远、叶显恩主编《清代全史》等

材料二　1843年，《五口通商章程及海关税则》规定，进出口货物按值百抽五交纳关税，根据这个税则，一些主要进口货物的税率较原来粤海关实征的税率大幅降低，出口税率一般也比过去降低。此后，列强利用协定关税权，一再压低中国进口税率，使其长期低于出口税率。

——摘编自许涤新、吴承明主编《中国资本主义发展史》等

材料三　1950年，政务院确立改造海关的基本方针，海关税则"必须保护国家生产，必须保护国内生产品与外国商品竞争"。在海关税率方面，根据国家经济情况和国内需要予以调整，"使其较能适合于发展国内生产保护国内工业的要求"。同年，中国对外贸易出现了70余年来未有的出超。

——摘编自武力主编《中华人民共和国经济史》等

问题1：根据材料一、二并结合所学知识，概括清代海关税率的变化，并简析其原因。

学生在回答本题时需要使用鸦片战争、协定关税、海关主权和倾销商品等专业术语，历史专业术语的使用可以精确、清晰地表达历史概念。故该问主要指向水平2要求的"能够选择、组织和运用相关材料并使用相关历史术语，对个别或系列史事提出自己的解释"和"能够在历史叙述中将史实描述与历史解释结合起来"两个层次。

问题2：根据材料三并结合所学知识，简析1950年中国海关税率调整的特征和意义。

本题希望学生借助材料三阐述1950年中国海关税率调整的特征和意义，如维护国家的关税主权，有利于结束外贸入超局面；保护本国民族经济，有利于国民经济的恢复与发展。这对我国进一步深化改革开放和应对中美贸易战都有重要的现实意义。这属于水平2要求的"能够尝试从历史的角度解释现实问题"。

第三，基于历史解释水平 3 的认识。历史解释水平 3 要求"能够分辨不同的历史解释；尝试从来源、性质和目的等多方面，说明导致这些不同解释的原因并加以评析"。针对水平 3，学生需要不断关注史学动态，理解不断出现的历史解释的原因和目的，学会运用批判的眼光，更加全面地看待历史问题。

例题 4（2019 新课标全国Ⅲ卷·41）阅读材料，完成下列要求。

材料　《汤姆叔叔的小屋》描写了美国内战前奴隶制下黑人奴隶的悲惨命运。主人公黑奴汤姆是一位虔诚的基督教徒，逆来顺受，受尽折磨而死。该书是第一部被翻译成中文的美国小说，并被多次搬上话剧舞台。

表 1　《汤姆叔叔的小屋》翻译与改动的部分情况

《黑奴吁天录》（1901 年译）	译者称"非代黑奴吁也"，鉴于"为奴之势逼及吾种""为振作志气，爱国保种之一助"；删除了原著中部分宗教思想较浓的内容，增加反映孔孟思想的内容
话剧《黑奴吁天录》（中国留日学生改编，1907 年）	黑人奴隶奋起反抗奴隶主的残暴统治，为了独立和自由，手持长枪与奴隶主殊死搏斗，最后胜利出逃
话剧《黑奴恨》（1961 年上演）	突出汤姆的阶级觉悟，最后一幕安排他因反抗而遭受火刑，临死前发表痛斥殖民者罪行和鼓舞被压迫者抛弃幻想、争取民族解放斗争的演说

——据陈白尘、董健主编《中国现代戏剧史稿》等

问题：从材料中提出一个论题，结合所学知识，加以论述。（要求：论题明确，持论有据，表述清晰。）

《汤姆叔叔的小屋》描写了美国南北战争前奴隶制下黑人奴隶的悲惨命运，通过这则材料，我们发现，不同时期为这本书添加、删改了不同的内容，由此可以得出观点：一定时期的文学作品是一定时期政治经济的反映，然后以材料中不同时期对"《汤姆叔叔的小屋》翻译与改动的部分情况"的史实为论据进行论证即可。

第四，基于历史解释水平 4 的认识。

历史解释水平4要求"在独立探究历史问题时，能够在尽可能占有史料的基础上，尝试验证以往的说法或提出新的解释"。针对水平4，学生要在唯物史观的指导下，利用多元史料，独立探究，对以往的假说进行验证或是提出新的解释，使学科任务的难度、复杂性上升到最高级，从而达到创新的高度。

例题5（2019新课标全国Ⅱ卷·42）阅读材料，完成下列要求。

材料

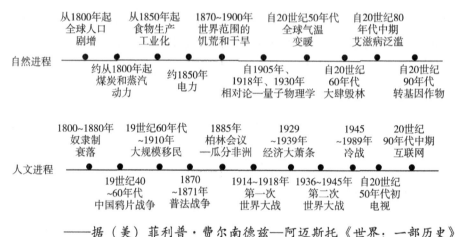

——据（美）菲利普·费尔南德兹—阿迈斯托《世界：一部历史》

（注："自然进程"是指人与自然的互动；"人文进程"是指文明与文明、人群与人群的相互作用和影响。）

有史以来，人们试图以各种方式认识历史。材料反映了一位学者对19和20世纪世界历史的认识，对此认识提出你自己的见解（赞成、质疑、修改皆可），并说明理由。（要求：见解明确，持论有据，表述清晰。）

首先，分析材料内容，明确自己的观点，如"赞成'从自然进程的角度认识人类历史的发展'"，"质疑'从人文进程的角度认识人类历史'"，"修改'在人文进程中增加1991年苏联解体'"等内容；其次，从材料中找出相关信息并结合所学知识论证自己的观点，如"在和平与发展的主题背景下，共同构建人类命运共同体"；最后，总结升华观点，完成论证。

五、家国情怀——历史学科核心素养价值追求的目标

家国情怀是学习和探究历史应具有的人文追求与社会责任。通过历史学习，学生能够从历史的角度认识中国的国情，形成对祖国的认同感和正确的国家观；能够认识中华民族多元一体的历史发展趋势，形成对中华民族的认同感和正确的民族观，具有民族自信心和自豪感；能够了解并认同中华优秀传统文化、革命文化、社会主义先进文化，认识中华文明的历史价值和现实意义；能够树立正确的文化观，尊重和包容人类文明成果，拓展国际视野，形成开放的世界意识；能够传承民族气节，崇尚英雄气概，感悟历史人物无私无畏的奋斗精神，形成正确的世界观、人生观和价值观。

家国情怀素养强调通过历史学习培养学生的国家认同、文化自信和民族责任感，同时注重引导学生形成开放包容的全球视野，理解人类文明的多样性与共同价值。它是历史学科育人功能的核心体现，旨在帮助学生树立家国一体的价值观，增强社会责任感和历史使命感。

1. 帮你读懂素养

《普通高中历史课程标准（2017 年版 2020 年修订）》要求把培养和提高学生的历史学科核心素养作为目标。在当下的中学历史课程教学改革中，倡导以立德树人为根本任务，以核心素养为实现途径，家国情怀是其中的重要一环。

在新课标中，"家国情怀"素养主要包括以下要求：

（1）国家认同与爱国精神。培养对中华民族的认同感和对祖国的热爱，增强民族自信心与自豪感，形成维护国家利益的意识。

（2）传承中华优秀传统文化。理解并弘扬中华优秀传统文化、革命文化和社会主义先进文化，认识其历史价值与现实意义。

（3）维护国家统一与民族团结。树立国家统一和民族团结的意识，尊重各民族的历史与文化，反对分裂，促进共同发展。

（4）尊重多元文化与包容意识。理解和尊重不同民族、地区、国家的文化传统，倡导文化多样性，促进文明交流互鉴。

（5）国际视野与人类命运共同体。具备全球视野，关注人类共同命运，理解国际合作的重要性，培养开放包容的胸怀。

（6）社会责任与历史使命感。树立社会责任感和历史担当意识，以史为鉴，积极参与社会建设，服务于国家与民族的发展。

从新课标要求出发，我们可以把家国情怀素养目标概括为三个维度：

（1）个人视野——树立正确的世界观、人生观和价值观，形成积极进取的人生态度，塑造健全的人格；

（2）国家视野——树立正确的国家观、政治观、文化观与民族观，对祖国、中华民族和优秀传统文化的认同；

（3）国际视野——不仅弘扬中华民族的民族精神，还具有广阔的世界意识。

新课标对家国情怀素养作了两个层次的要求，低层次的要求为："能够具有对家乡、民族、国家的认同感，理解并认同社会主义核心价值观和中华优秀传统文化，具有对祖国和人民的深情大爱；能够理解和尊重世界各国优秀文化传统。"在此基础上进一步提出了高层次的要求："能够把握中华民族多元一体的发展趋势，以及世界历史发展的进步历程，形成正确的世界观、人生观、价值观和历史观；能够表现出对历史的反思，从历史中汲取教训，更全面、客观地认识历史和现实社会问题；能够将历史学习所得与家乡、民族和国家的发展繁荣结合起来，立志为新时代中国特色社会主义建设、中华民族伟大复兴作出自己的贡献。"通过对家国情怀素养的研究，拓展学生的历史思维，引导学生学会从历史的角度去认识国情和本民族的发展历程，能够用历史的思维去分析社会问题，促进学生个人、国家和民族的长足发展。

总体来看，与其他素养相比，课程目标中对家国情怀目标的阐述所占篇幅最多，可见新课程对家国情怀素养的重视。家国情怀也是所有素养中的最高层级，是提升历史课程价值观教育的主旨所在。

2. 基于素养读教材

随着统编版中学历史教材逐步推广使用和《普通高中历史课程标准（2017 年版 2020 年修订）》逐步亮相，以及新课程改革的深入开展，历史学科的育人功能要立足现实，以教科书和中学历史课程为载体和媒介，多元体现有关家国情怀的内容，更好地落实立德树人的任务。从宏观上看，统编版新教材《中外历史纲要》上下册和选择性必修三册专题史共同构成中学历史的整体结构，特别是《中外历史纲要》上下册按照时序梳理中国史和世界史的发展线索，引导中学生构建知识框架。

《中外历史纲要》上册，其中中国古代史分为 4 个单元，近代史 4 个单元，现代史 3 个单元。中国古代史从多民族统一国家的形成、发展、辉煌到明清时期面临挑战，并加入中华民族起源、国家疆域演变、民族交融等重大问题，呈现出中华民族整体发展的历史，在同一时间维度展现出多彩的历史画面；中国近代史从晚清时期遭受列强侵略到经历救亡图存开展辛亥革命、抗日战争、解放战争，再到中国共产党最终领导新民主主义革命取得胜利；中国现代史从中华人民共和国成立、曲折探索到开辟中国特色社会主义道路，铸就中国梦，实现中华族伟大复兴。学生通过系统学习中国历史，认识中华文明的悠久历史和辉煌成就，积累中华文化底蕴。

《中外历史纲要》下册，其从上古和中古时期开始呈现早期各地文明产生的多样性和特殊性，到近代世界史上欧洲成为霸主的重大事件线索关联及对世界格局的影响，再到 20 世纪以后西方霸权逐渐衰落，民族解放运动的兴起和社会主义苏联的建立与发展，出现由两极发展为多极化的世界格局，对这些内容都进行了详细讲解。学生通过世界史的学习认识人类历史发展的基本趋势，展现人类在历史上创造的文明成果，认识到中国史是世界史的组成部分，并明确不同时期中国在世界上的地位，从而具有广阔的国际视野和胸怀。

对于如何培养学生的家国情怀，教师在日常教学中需从以下几个方面着手。

第一，充分利用教材德育资源，抓住历史细节，深化家国情怀的感悟。

统编教材知识面广，能够让学生真正了解自己国家的历史及文化，传递了国家记忆和民族精神，有利于培养学生的家国情怀。比如了解近代中国遭受西方侵略的苦难历程，有利于激发学生关注民族命运的家国情怀。

《中外历史纲要》上册第15课《两次鸦片战争》中，"历史纵横"栏目介绍了面对帝国主义的侵略，各地民众进行的抵抗活动；"学习拓展"栏目展示了三元里人民抗英斗争的史料；课文正文中介绍了中国仁人志士的觉醒，他们用自己的方式为国家的未来探索道路，在自己的领域为国家前途努力着，教材多方面展示了当中华民族陷于危难之时，人民群众所表现出的爱国情怀。

《中外历史纲要》上册第16、17、18课主要介绍了农民阶级、地主阶级、资产阶级为探索中国出路所作的努力，强调对相关英雄人物的介绍。如正文部分介绍以秋瑾等为代表的革命党人的贡献，有利于弘扬英雄精神，激发奋进力量；"史料阅读"栏目中林觉民的《与妻书》体现了革命党人视死如归的革命精神；"历史纵横"栏目对四川保路运动作出阐释，体现了四川人民的爱国热情。

《中外历史纲要》下册第三单元的内容，包括第6课"全球航路的开辟"和第7课"全球联系的初步建立与世界格局的演变"两课的内容。重点理解新航路开辟的影响，引导学生学会从不同的角度分析全球新航路开辟对不同国家的影响，在全球史观下培养学生的国际意识。探讨郑和下西洋和新航路开辟的不同影响，认识我国航海业衰落的原因，总结近代落后的经验教训，培养学生民族危机意识，号召青年奋起直追，如此，未来国家的发展才能走在世界的前列。通过大航海时代历史知识的学习，着重培养学生的全局眼光和国际视野。

第二，借助新教材"探究与拓展"启发思维，拓展家国情怀教育的广度和深度。

例如，在教授中国古代史时，教材中的"探究与拓展"环节可通过深入解析历史人物的家国情怀，如文天祥的《过零丁洋》诗歌，让学生领略到家国情怀的深刻内涵与时代价值。在"探究与拓展"环节中，引入"丝绸之路"的历史案例，让学生深入理解家国互动的历史脉络，进而引发学生对现代国家发展战略的思考，实现家国情怀教育的深层次渗透。在历史教学中，教材中关于抗日战争的内容，可以引导学生深入了解抗战英雄的英勇事迹，感受他们的爱国情怀，同时，通过对比分析我国在抗战中的战略战术与国际地位的变化，进一步培养学生的民族自豪感和国际视野。

在此基础上，教师可以引导学生深入分析历史事件背后的家国情怀，以培养学生的历史责任感和使命感。同时，通过对比不同历史时期的国家发展和民族精神，进一步激发学生的爱国热情。此外，将家庭教育与国家教育相结合，强化学生家国情怀的内化与实践。

第三，围绕主题开展历史活动课，加深对家国情怀的认识和感悟。

《中外历史纲要》上册第28课"改革开放和社会主义现代化建设的巨大成就"，先发动学生开展社会调查、围绕生活中的切身体会，对改革开放和社会主义现代化建设带来的身边的变化进行全方位了解、交流讨论；再结合所学知识和相关材料探讨个人对中国特色社会主义进入新时代重大意义的理解。这样，学生会对改革开放和社会主义现代化建设认识得更深刻，也会更加坚定改革的信念和树立坚持社会主义道路的自信。以"家国情怀与统一多民族国家的演进"为主题开展历史活动课，通过个人学习、小组合作等形式了解统一多民族国家的演进，加深对家国情怀的认识和感悟，有利于学生民族自豪感、国家认同感和社会责任感的形成。

《中外历史纲要》下册第23课"和平发展合作共赢的时代潮流"，基于教材的"探究与拓展"，搜集"一带一路"的资料，介绍其实施情况和重要意义。从这个切口入手，让学生去谈中国和世界的并行发展，并体会从世界的角度观察中国，从而加深对中国发展普遍性和独特性的理解；从中国的角度观察世界，也会发现世界史有不同的面貌，从而认识到中国史和世界史之间不可分割、紧密相连的关系。然后，开展以"放眼世界，推动构建人类命运共同体"为主题的活动课，谈谈个人对构建人类命运共同体的认识和理解，加深学生对构建人类命运共同体内涵的理解，并树立开阔的世界意识。

3. 基于素养抓考点

历史学科有天然的育人功能，家国情怀最能发挥这个作用，并直接呼应"立德树人"的重大任务。学生具备家国情怀，才能以赤子之心面对社会和国家，并自觉投身于民族复兴的伟大征程中去。近几年的高考试题，把家国情怀素养放在非常重要的位置上，通过题目来考查，更是对家国情怀的再塑造。通过作答高考题进一步增强对国家、民族的认同感，自然达成为社会主义事业选择合格接班人的高考育人目标。

近五年全国卷对家国情怀的考查较为稳定，整体上略呈上升趋势，说明高考对家国情怀的重视程度在增加。新课标将家国情怀核心素养划分为两个水平层次，因不能准确量化评价，划分较为粗略。家国情怀素养水平1、2即第一个水平层次，强调认识层面的等级较低，高考题多是通过具体的历史事件生成对国家和民族的认可，以小切口生成大情怀。家国情怀素养水平3、4即第二个水平层次，强调认识层面的等级较高，通过把握中华民族的发展趋势和世界历史发展的进步历程形成正确的世界观、人生观、价值观和历史观；反思历史、全面客观认识历史和现实问题；等等，均在高考题中有隐性考查。

下面根据近五年高考题列举重要的考查方向如下：

第一，弘扬中华优秀传统文化，形成正确的文化观，树立文化自信。

关于考查传统文化方面的高考题目很多，此处只列举部分具有代表性的真题。

例题1（2021全国乙卷·27）明清时期，"善书"在民间广为流行，这类书籍多由士绅编撰，内容侧重倡导忠孝友悌、济急救危、受辱不怨，戒饬攻讦宗亲、凌逼孤寡等，以奉劝世人"诸恶莫作，众善奉行"。"善书"的流行（　　　）

A. 确立了理学思想的主导地位

B. 强化了社会主流的价值观

C. 阻碍了官方意识形态的推广

D. 冲击了儒家经典的神圣性

此题考查明清儒家思想的积极作用。材料中"忠孝友悌"，反映出理学的进步作用，对应了弘扬传统文化的热点，引导学生建立文化自信。故选B。

例题2（2019全国Ⅰ卷·42）阅读材料，完成下列要求。

材料　凡读本书请先具下列诸信念：

一、当信任何一国之国民，尤其是自称知识在水平线以上之国民，对其本国已往历史，应该略有所知。

二、所谓对其本国历史略有所知者，尤必附随一种对其本国已往历史之温情与敬意。

三、所谓对其本国已往历史有一种温情与敬意者，至少不会对其本国已往历史抱一种偏激的虚无主义，亦至少不会感到现在我们是站在已往历史最高之顶点，而将我们当身种种罪恶与弱点，一切诿卸于古人。

四、当信每一国家必待其国民备具上列诸条件者比数渐多，其国家乃再有向前发展之希望。

——钱穆《国史大纲》（1940）

评析材料中的观点（任意一点或整体），得出结论。（要求：结论不能重复材料中观点，持论有据，论证充分，表达清晰。）

本题通过对钱穆先生《国史大纲》中观点的考查，意在厚植学生的爱国主义情怀。钱穆先生在著《国史大纲》时，正值抗日战争时期。中华民族正面临最深重的民族危机，通过向国民呼吁对中华民族历史的"温情与敬意"，钱穆先生表达了他对祖国深情的爱和强烈的忧患意识。通过这样的方式设问，启发学生要树立高度的文化自信，发自内心地热爱本国历史。"温情与敬意"体现的是一种厚重的、充满敬畏的历史责任感。教师在教学过程中要引导学生树立正确的历史观念，这是在当代中学生发展过程中必须要加以强调的，对实现中华民族伟大复兴有重要意义。

第二，通过对"四史"考查，加强对国家、民族的认同，坚定社会主义道路自信。

例题3（2021广东卷·19）关于历史课程标准的研制，新中国成立前也进行过一些探索。阅读材料，完成下列要求。（12分）

材料 第一 目标

（壹）研求中国民族之演进；特别说明其历史上之光荣，及近代所受列强侵略之经过与其原因，以激发学生民族复兴之思想，且培养其自信自觉发扬光大之精神。

（贰）叙述中国文化演进之概况；特别说明其对于世界文化之贡献，使学生明了吾先民伟大之事迹，以养成其高尚之志趣，与自强不息之精神。

（叁）叙述各国历史之概况，说明其文化之特点，以培养学生世界的常识，并特别注意国际现势之由来，与吾国所处之地位，以唤醒学生在本国民族运动上责任的自觉。

（肆）叙述中外各时代文化之变迁；应特别说明现代政治制度，及经济状况之由来，以确立学生对于民权主义、民生主义之信念。

——《初级中学历史课程标准》（1932 年颁行）

评析上述材料所示历史课程的目标。（说明：运用具体史实，对材料所示历史课程目标的一点或整体展开评析。要求观点明确、史论结合、表述清晰，不能重复材料。）

本题全面考查了学生的历史知识获取能力、历史思维能力、历史探究能力和历史表达能力，突出考查了家国情怀等综合核心素养。通过提供特定时期的《初级中学历史课程标准》（1932 年颁行）这一新史料情境，要求学生从该课程标准产生的时代背景、内容、影响中确立自己的观点，是对中华优秀传统文化及中华民族伟大复兴等知识的再现与运用，有助于考查学生在新情境下解决问题的能力，检测和评价学生的历史学科核心素养水平。本题重视引导考生学习列强侵华历史，培养考生民族自强精神，通过学习民族优秀传统文化，正确认识民族自觉和民族自信，同时结合经济危机、日本侵华的社会现实，培养考生的国家意识。

历史课程目标中要求研究中华民族之演进和叙述中国文化演进之概况，要求学生能够说明中华民族的光荣传统和近代遭受的列强侵略的史实，能够说明中国文化对世界文化的贡献。了解中华民族的伟大事迹，其目的在于激发学生民族复兴的意识和自信自觉的精神，培养学生高尚的志向和自强不息的精神。课程目标要求学生了解世界各国的常识，注意国际局势，能够叙述中外各时代文化的变迁，目的在于培养学生的责任心。中华人民共和国成立前的历史课程目标，注重中华民族演进历程，特别说明中华文明的光荣历史以及近代所受侵略，从而激发学生的民族复兴意识，培养学生的家国情怀。鸦片战争后，中国被迫开放通商口岸，开始沦为半殖民地半封建社会。甲午中日战争之后，列强掀起瓜分中国的狂潮，民族危机不断加深。以康有为、梁启超为代表的资产阶级维新派反对封建专制，起到了思想启蒙的作用。抗日战争是近代以来中国人民反侵略战争的第一次完全胜利，它大大提高了中国的国际地位，为新民主主义革命胜利奠基，推动了中华民族伟大复兴的进程。可见，历史课程目标的设置，使学生在了解历史演进历程的同时，也促使学生进一步拥护中国共产党，认同中华人民共和国和中华民族，从而坚定"四个自信"，培养学生的家国情怀。

第三，通过呈现国家重大事件，将个人命运与国家命运相结合，树立正确的世界观、人生观、价值观。

例题4（2020 全国Ⅲ卷·42）阅读材料，完成下列要求。（12分）

材料　表1摘自1995年7—8月对江苏昆山、浙江乐清的部分农民进行的调查统计，调查对象中近60%为18~35岁的青壮年。

表1　1995年7~8月对江苏昆山、浙江乐清部分农民的调查统计　（单位:%）

选择意向明确的统计结果				
你是否同意以下说法	很赞同	比较赞同	说不准	不太赞同	很不赞同
农民的孩子应以种田为本	2.9	4.3	8.2	23.0	61.1
父母在，不远游	7.2	15.1	21.8	34.9	20.8
改革虽然有风险，但比吃大锅饭强	45.4	29.2	17.5	5.0	2.6
富贵贫贱是命定的	6.8	11.2	15.4	25.1	41.2
重新选择职业意向明确的统计结果				
	经商	去乡镇企业工作	读书上大学	去大城市打工	继续种田
如果有机会重作选择，你将选择	35.2	14.1	31.8	2.7	8.5

——据周晓虹《传统与变迁》

根据材料并结合所学知识，就材料整体或其中任意一点拟定一个论题，并予以阐述。（要求：论题明确，持论有据，论证充分，表达清晰。）

本题以社会大转型时期江浙部分农民的职业意向为切入点，以调查数据为资料，考查改革开放以来中国农村和农民自身发生的巨大变化，"去乡镇企业工作"这一选择联系改革开放和农村经济体制改革的知识点；"经商"与中共十四大社会主义市场经济的目标确立相关；"读书上大学"与"科教兴国"战略及社会主义现代化建设的知识点相关。启示学生关注社会和现实，树立正确的人生观和价值观。

第四，通过展现世界其他国家或地区的重大史实，拓宽国际视野，树立世界意识。

例题5（2020 全国Ⅲ卷·34）下图为西方绘画作品《第一步》，其代表的绘画流派（　　）

A. 注重内心的"自我感受"

B. 强化了直观印象的作用

C. 强调素描的准确性

D. 追求画面严整和谐

本题材料呈现的是较为抽象的现代主义绘画作品，按照东方的审美看待西方的现代主义艺术，可能在理念和欣赏角度上有冲突，但如果从其产生的背景以及西方艺术的特点与理念来欣赏，则能感悟到其特有的艺术魅力，而在这个过程中形成的是对其他国家优秀文化的尊重和理解，是具有更大格局的家国情怀。

《第一步》

例题6（2020 全国Ⅲ卷·35）1964 年，主要由亚非拉国家组成的七十七国集团成立。在 1975—2006 年联合国决议中，围绕着裁军和国际安全议题，七十七国集团成员的意见基本一致。这种状况（　　）

A. 确立了世界多极化的格局

B. 维护了发展中国家的共同利益

C. 遏制了战后全世界范围内的军备竞赛

D. 改变了发达国家主导国际政治的局面

本题在考查广度上有扩展，在考查深度上有延伸。通过介绍七十七国集团拓展学生历史视野，并启发学生全面认识和分析问题，在更高层次上对深刻、复杂的问题进行全局把握，引发学生对历史进行反思，理解并关心人类前途命运。积极引导学生正确看待世界形势，除了了解具体的史实，更应充满人文情怀并关注现实问题，以服务于国家强盛、民族自强和人类社会的进步为使命。

无论是"古今"还是"中外"，最终都需要落脚到对国家、民族历史发展进程的认同上，树立理论自信、道路自信，增强社会责任感等，这是家国情怀核心素养的基本内容。

本章总结《中国高考评价体系》和《中国高考评价体系说明》，明确了高考"一核、四层、四翼"的评价体系，系统回答了"为何考、考什么、怎么考"的问题，亦明晰了以高考改革促进教育教学改革的方向。历史新课标强调"关键能力、正确价值观及必备品格"，具体来说，就是要求学生具备时空观念、历史解释、唯物史观、家国情怀及史料实证等核心素养，学生只有掌握了这些核心素养，中学历史学习中的核心素养培养任务才能达标。在新体系下，学好历史需要做好以下三项工作。

（一）突出"五育并举"，遵循高考评价体系

教育是国之大计、党之大计。习近平总书记在 2018 年全国教育大会上发表重要讲话，强调"培养德智体美劳全面发展的社会主义建设者和接班人，加快推进教育现代化、建设教育强国、办好人民满意的教育"，以一系列深刻论述，对新时代教育工作进行全面部署。教育部考试中心公布《中国高考评价体系》，采用"一核、四层、四翼"的高考评价体系框架，突出"立德树人、服务选材、引导教学"的核心功能，将考查的目标凝练为"核心价值""学科素养""关键能力""必备知识"四层考查内容，体现"基础性、综合性、应用性、创新性"的考查要求。加之中学历史教育在公民教育中具有重要作用，学生在历史课堂上学到的知识能够影响他们的个人选择、态度和价值观。因此，在历史学习中我们要培养爱国主义情怀、以人民为中心的发展思想、法治意识，要拥有正确的世界观和方法论、奋斗精神、责任担当

及健康意识和劳动精神等，同时努力提升信息获取、知识整合、研究探索、操作运用、语言表达、科学思维、人文思维、创新思维等综合品质，并将审美能力和修养、健康观念和意识、劳动精神和实践与历史相结合，突出素质教育，实现社会主义核心价值观的要求。

（二）联系历史时代特征，理性关注社会问题

近年来的高考试题突出历史学科的时代性，关注社会变迁、历史发展及现实联系，要求考生在一定的现实与历史情境中运用历史思维，并观照和回应现实问题，实现"立德树人""以史为鉴""学以致用"等功能。在学习中，学生要在准确认识理解历史的基础上，关注中外历史的时代特征及其与现实社会的联系，重视当今中国和世界的热点、焦点问题，将时政热点与历史主干知识紧密相连，把握社会发展的规律和趋势，体现历史学科的时代性和历史教学的现实意义。

（三）注重学科主干知识，强化核心素质培养

核心素养不仅是一个多维度的复杂结构，是知识、能力和态度等的统一体，同时也是 21 世纪人才培养的标准，是新的人才培养质量观。高考试题命题坚持体现基础性原则，突出学科主干知识和基本能力、方法，同时通过创设新的历史情境、采用新材料考查考生的历史核心素养，以及综合运用所学知识分析问题、解决问题的能力。因此，学生应突出关键主干知识的学习，加强对基础知识的理解和整体建构，正确运用唯物史观，培养时空观念，掌握史料实证的方法，提高历史解释的能力，树立家国情怀。

中学历史教学中史料实证素养的评价研究

◎ 第一节　研究目的、意义和价值

一、研究目的

1. 教育部提出了"素质教育"的教育理念，强调学生综合素质的培养。在历史学科教学中，史料实证素养是学生综合素质培养的重要方面之一。课程标准要求历史学科教学要注重学生的史料实证素养的培养，强调历史学科的科学性、客观性和系统性。中学历史教学中史料实证素养的评价在当前的教育政策背景下受到了越来越多的重视，其研究是当前国家政策要求，也是热点问题，教师应该在教学中注重培养学生的史料实证素养，以提高学生的历史学科素养和综合素质。

2. 在当前的中学教育改革中，历史学科的教学改革也是其中一个重要的方向。历史学科作为一门人文社会科学，其核心任务是通过史料实证来还原历史事实，帮助学生理解历史进程和历史变迁。因此，史料实证素养成了历史学科教学改革的一个重要内容。

3. 山东省自 2020 年新高考实施以来，对中学生"史料实证"素养的考查一直是高考高频考点，山东省域内中学历史教学愈发重视对学生史料实证核心素养的培育。为了落实新高考政策，学校、教师需要积极改善教学现状。

4. 目前关于中学历史五大核心素养的评价方法还不十分完备，且中学历史五大核心素养评价只有原则而评价标准还没有细化，评价标准不够明确。由于教师受传统惯性影响和束缚，评价方式过于单一，对学生史料实证素养评价缺乏个性化和差异化。基于此，探索构建一套科学、合理且具有针对性的史料实证素养评价体系，以满足不同学生的学习需求和特点，实现对学生史料实证素养的个性化和差异化评价。为教师的教学提供有价值的反馈和指导，从而提高中学历史教学的质量和效果，培养学生的历史思维能力和史料实证素养。

二、研究意义和价值

1. 有利于学生史料实证素养的评价更加具体化、实践化、可操作化。

2. 有利于打破历史教学中教师的惯性，从而更好地指导和帮助学生提高史料实证素养。

3. 有利于教师在中学历史教学史料实证素养上积极进行个性化、差异性评价，从而构建多元评价体系。

◎ 第二节　国内外研究现状分析

一、国外研究综述

早在中世纪的欧洲，就出现了学业评价，其具有检验学生学习效果以及甄选人才的功能。二十世纪二三十年代，受到课程理论代表人物泰勒等的影响，学业评价被确定为是一种检验目标完成度的方法，这也是学业评价初次具有与教学之间的交互性的时期。此后在 20 世纪 80 年代末，美国教育评价专家古巴和林肯对教育评价的发展线索作出思路的厘清，将评价史划分为测试、描述、判断、构建四个时期，并提出了第四代评价理论，首次提出除了学生毕业成绩之外的"价值多元"理论，倡导多元化评价。自此以后，欧美各国在教育评价上的发展逐渐转向全面评价，并取得丰硕成果。主要集中在以下几个方面：

第一，史料实证素养的内涵和评价。国外学者对史料实证素养的内涵和评价指标进行了较为深入的探讨，提出了一些具有参考价值的理论框架和评价指标体系。

第二，史料实证素养的培养。国外学者和教育工作者对史料实证素养的培养进行了一些实践尝试，包括课程设置、教学方法、评价方式等方面，取得了一些积极成果。

第三，史料实证素养的实践应用。一些历史学科教学实践案例中，国外学者已经开始重视史料实证素养的培养，通过实践活动和项目研究，提高学生的史料实证素养。

第四，史料素养教育的国际视野。一些国外学者对史料素养教育的研究和实践进行了深入探讨，提出了一些值得借鉴的思路和方法。

总体来说，国外对于史料实证素养的研究相对较早，研究成果也比较丰富，但仍存在一些问题和挑战，比如，如何将史料实证素养纳入历史学科的教学体系中，等等。

二、国内研究综述

国内对于史料实证素养的研究起步较晚，但在近年来逐渐受到关注。

姚德贵等在《核心素养下的"史料实证"到"历史解释"的嬗变素养培养》中指出，新课改提出的历史学科五个核心素养是完成立德树人历史教学的核心任务的途径，五个素养中，史料实证和历史解释尤为重要，而且要做到由"史料实证"到"历史解释"的嬗变与升华。这既是当今世界历史教学趋势的推动，也是新课标、高中学业水平考试的客观要求。在实施中，既要重视单元前言的作用，也要重视研读、践行课标内容要求，更要在掌握可靠史料的基础上做到历史解释；同时，也要辨析多种历史解释，揭示其因果关系，培养学生理性分析、客观评价历史的能力；而且，在践行中始终做到以学生为主体。①

郑林在《在历史探究的过程中培养史料实证素养》中指出，在搜集史料环节，初中和高中都要求学生了解史料，只是量的要求有差别：初中是了解主要类型②。掌握搜集史料的途径则有质的差别，初中要求从多种渠道获取信息，没有强调史料，而高中则明确要求掌握搜集史料的途径和方法。在整理辨析史料环节，初中只要求能识读史料，高中则要求能判断史料的真伪和价值。在运用环节，初中要求根据可信史料对历史进行论述，高中的要求更为精准，要从史料中提取有效信息作为历史叙述的可靠证据，并能提出自己的历史认识。另外，初高中都强调了证据意识，初中是"初步形成"，高中则要以实证精神对待历史与现实问题。在高中历史学业质量中，将史料实证划分为四个水平，内容大体和课程目标一样，有些内容说得更具体一些。特别是在水平3，增加了"能够利用不同类型史料的长处，对所探究的问题进行互证"。这也属于史料运用环节的技能。

陈伟奇在《例谈史料实证素养培养路径探析》中指出，引导学生探究史料的价值，这是培养学生思辨能力的目标，也是本课课标的要求，所以教材在"课后活动"中再次设置比较古老传说和真实历史之间的区别和联系的题目，目的就是培养学生多维度的审辨史料能力。③ 在以核心素养培养为目标的背景下，教师要通过多种渠道引导学生学会辨别史料，对史料进行实证，提升学生对史料的占有和分析能力，引导学生在辨别史料的过程中提升思辨意识和思维层级。史料实证素养培养的主阵地在课堂，教学设计中一定要渗透对学生这方面能力的培养，以达到史论结合，论从史出的证据意识。

上述学者观点，主要集中在以下几个方面：

第一，史料实证素养的内涵和评价。国内学者对史料实证素养的内涵和评价指标进行了初步探讨，但尚未形成统一的理论框架和评价体系。

---

① 姚德贵、郝万清、马婷：《核心素养下的"史料实证"到"历史解释"的嬗变素养培养》，《中国教育学刊》2024年第S1期。

② 郑林：《在历史探究的过程中培养史料实证素养》，《历史教学》（上半月刊）2024年第17期，第47页。

③ 陈伟奇：《例谈史料实证素养培养路径探析》，《中学历史教学参考》2024年第4期，第34页。

第二，史料实证素养的培养。国内学者和教育工作者对史料实证素养的培养进行了一些尝试，包括课程设置、教学方法、评价方式等方面，但缺乏系统性的研究。

第三，史料实证素养的实践应用。一些历史学科教学实践案例中，已经开始重视史料实证素养的培养，通过实践活动和项目研究，提高学生的史料实证素养。

第四，史料实证素养教育的国内视野。一些国内学者对史料实证素养教育的研究和实践进行了深入探讨，提出了一些值得借鉴的思路和方法。

总体来说，国内对于史料实证素养的研究还处于起步阶段，需要进一步加强理论探讨和实践探索，以推动史料实证素养的全面发展。

◎ 第三节　核心概念、研究内容和框架

一、核心概念

1. 史料实证素养：指学生在历史学科中，通过对历史事件和历史现象进行实证研究，获取、分析和评价史料信息的能力和素养。包括学生能否准确地识别、评估和利用史料，区分史料的来源、可靠性和权威性，并能够对史料进行分析和解释的史料鉴别能力。学生是否能够有效地收集和整理史料，包括通过图书馆、博物馆、档案馆等渠道搜集史料，以及使用互联网等现代信息技术获取史料的能力。

2. 评价研究：评价研究包括评价对象、评价指标、评价方法、评价标准、评价结果等方面。评价对象是指被评价的事物、现象、行为、政策等，需要明确评价对象的范围和内容。评价指标是评价对象的具体表现，是评价研究中的关键要素，需要根据评价对象的特点和评价目的来选择合适的指标。评价方法是评价研究中的核心环节，包括定量评价和定性评价两种方法。定

量评价通常采用统计学方法，如问卷调查、实验研究等；定性评价则采用深度访谈、案例分析等方法。评价标准是评价指标的量化标准，是评价结果的客观依据，需要根据评价指标的特点和实际情况来制定。评价结果需要进行解释和应用，将评价结果与实际情况进行比较，为决策提供参考。

二、研究内容

1. 采取问卷调查法进行调研，以中学历史教学中史料实证素养的评价为主题，进行调查研究，发现中学历史教学史料实证素养的评价中教师和学生均存在的问题。

2. 通过调查研究，查阅文献，针对发现的具体问题，形成一个基本的政策依据和原理。依据新时代中学历史五大核心素养要求和新课标新高考的要求，对当前中学历史教学中史料实证素养的评价进行深入反思，并设计新的可操作、可推广的评价理念。

3. 利用案例研究法、实践研究法，反复实证、研究设计各种形式的题目，要求学生运用史料实证解释历史事件、分析历史变迁的原因和影响等。结合学生学习历史过程中构建定量与定性相结合的过程性评价方式，进行个性化差异性评价。

4. 将对构建的中学历史教学中史料实证素养的评价模式进行策略完善、规范、深入总结和推广。

三、研究框架

1. 探索让中学历史教学中史料实证素养评价政策和方法标准进一步细化的方法，使中学历史教学中史料实证素养的评价方式具有可操作性、可实施性、可推广性，从而更具有实用性，使史料实证素养的评价方式和教学理念相结合，针对性提高学生思维能力水平、核心素养水平。

2. 本课题研究旨在真正转变教师改革创新观念，进行创新性教学改革，改变教师的教学方式，培养并树立中学历史教学中关于史料实证素养评价方面的创造性思维，培养具备教学革新专业素养的教师人才，开发教师教研能力，形成积极的学习氛围；提高学校教育、教学水平，充分调动师生两方面的积极性，从而推动历史教育工作不断向前发展，形成教育特色。

3. 探索中学历史教学中史料实证素养评价的具体方法，注重个性化评价和差异性评价，积极探索中学历史教学史料实证素养评价的新研究模式实施路径；促进学生身心健康发展，通过信息技术手段以及结合学生档案袋来记录学生学习路径，提高史料实证素养评价形式的趣味性，从而激发学生学习历史的兴趣。

◎ 第四节　研究思路与研究方法

一、研究思路

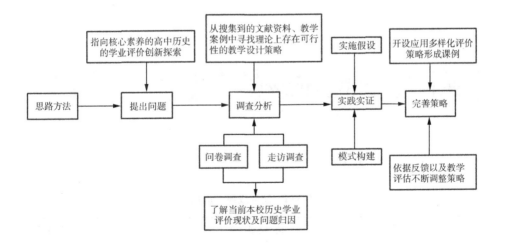

二、研究方法

1. 文献资料法：通过搜寻网络资源与纸质文献等方式，查阅相关的理论研究和实践成果，以及中学历史教学评价设计创新策略等，拓展本课题的研究思路。

2. 调查研究法：可以对本校的教师和学生进行问卷调查，还可以与其他学校联合，通过走访调查等方式，发现当前中学生掌握史料实证素养能力的现状以及存在的问题。

3. 案例研究法：在研究过程中，收集典型的案例进行分析研究，进一步归纳、检验、完善研究的成效，形成可操作性强的实施策略和完备的理论成果，并从中挖掘和提炼科学有效的举措，及时予以推广。

4. 实践研究法：通过开设中学生史料实证素养的评价与指导研究的中学历史"实验课"，写出每节实验课的评价设计方案，并在课堂教学过程中记录问题和难点，就学生的反馈信息进行实验—反思—总结—改进—再实验—再反思，从实践中发现问题、总结问题。

5. 经验总结法：在课题研究的结题阶段，通过归纳和总结研究成果和经验，为学校的可持续发展积淀宝贵的精神财富，为今后的研究和实践提供指导和借鉴。

◎ 第五节　研究成果与创新之处

一、研究成果（见表3-1）

表3-1　研究成果一览表

序号	完成时间	成 果 名 称	成果形式	责任人
1	2023年7月	《历史学科核心素养研究综述》	研究报告	王志胜
2	2023年9月	《史料实证素养的评价研究——国内外研究现状分析》	专题讲座	王志胜
3	2023年11月	《深度教学：史料实证素养导向的历史教学实践调查报告》	调查报告	王志胜

续表

序号	完成时间	成 果 名 称	成果形式	责任人
4	2024 年 9 月	《中学生史料实证素养的评价与指导研究》	案例汇编	全体成员
5	2024 年 10 月	《中学生史料实证素养的评价与指导研究》的反思总结	经验总结	王志胜
6	2024 年 11 月	《在深度教学中培养学生的历史史料实证核心素养》	论文	全体成员
7	2024 年 12 月	《基于史料实证核心素养下的历史深度教学》	观摩课	王志胜
8	2025 年 4 月	《中学生史料实证素养的评价与指导研究》课题研究报告（预期成果）	结题报告	王志胜
9	2025 年 6 月	《深度教学："史料实证核心素养"时代教学变革的方向》（预期成果）	经验总结	王志胜

二、创新之处

1. 本课题研究深入探讨史料实证素养的方法和评价标准，对中学历史学科教学阶段的改革和创新具有重要的理论意义。

2. 进一步将中学历史教学中史料实证素养的评价标准进行细化并使其具有可操作性、可推广性。

3. 为历史学科教学提供有效的史料实证素养培养途径和方法，促进学生的历史学习和思考能力的提升，同时也有助于推进历史学科教学的改革和创新。

4. 在中学历史教学中史料实证素养的评价方法上构建了多维度的评价框架，不仅关注学生的史料实证素养的学科知识水平评价，还着重考查史料实证素养的评价历史思维能力和核心素养。

5. 本课题注重个性化评价反馈的重要性，强调应根据学生的具体情况提供个性化的建议和指导。

◎ 第六节　研究进度安排

一、准备阶段（2023.07—2023.10）

1. 明确课题目标，即中学生史料实证素养的评价与指导研究。

2. 通过访谈、调查问卷等形式，了解当前中学生史料实证素养的评价与开展现状及存在的问题。

3. 组织人员收集文献资料，深入研究现有的文献资料与研究成果，制订课题研究计划。

4. 总结资料，编写课题开题报告与课题研究方案。

二、实施阶段（2023.10—2025.01）

1. 落实课题组人员分工，明确人员责任，确定不同人员工作任务的完成时限。

2. 做好课题资料信息的整合工作，设计多样化的评价策略并展开研究，同时做好记录工作。

3. 在为期一个学期的教学任务完成后，对学生在本学期历史学习当中的表现情况、兴趣程度、关键能力提升等方面进行统计，形成课题报告，撰写研究论文，形成书面材料。

三、总结阶段（2025.02—2025.07）

1. 整理课题原始材料和研究材料，汇总整理课题的资料与数据。

2. 收集研究成果，召开专题会议进行研究，形成全面系统的研究成果。

3. 撰写结题报告。

◎ 第七节　研究组织分工

1. 项目负责人王志胜老师负责整个研究项目的策划、组织、协调和管理，包括研究计划的制订、进度的控制、研究成果的评估等。

2. 文献综述负责人刘斌、贾文言老师负责对相关文献进行梳理和整合，包括国内外相关研究的调研、文献资料的收集、整理和分析等。

3. 实证研究负责人张红、徐晓明老师负责设计实证研究方案，实施研究方案，并对实证研究结果进行分析和讨论。

4. 评价指标体系负责人随丽丽、张全杰老师负责设计中学生史料实证素养评价指标体系，并对其进行评价和验证。

5. 数据分析负责人李贻娴、丁健老师负责制定中学生史料实证素养指导方案，并进行教学实践。

6. 论文撰写负责人任国强、王志胜、郭建新老师负责撰写研究报告和论文，并对文献综述和实证研究结果进行整理和总结。

◎ 第八节　研究保障措施

1. 资金保障：青岛市城阳第一高级中学和课题组成员保障研究项目的经费投入，包括研究设备、场地，人员补贴、差旅费等费用的支出。

2. 设备保障：青岛市城阳第一高级中学保障研究过程中所需要的设备和技术支持，包括计算机、网络、问卷调查软件、数据统计软件等。

3. 数据保障：青岛市城阳第一高级中学和课题组成员保障研究过程中所产生的数据的安全性和完整性，采取相应的数据备份、存储和保护措施，确保数据的可靠性和可用性。

4. 人员保障：该课题组成员现均为山东省师范高校师生或中学历史教学

的骨干成员，具有多年的教育教学实践和教育科学研究能力，是学校的中间力量，有精力、有能力完成该课题的各项工作要求。

5. 时间保障：课题组全体成员具有保障研究项目的时间进度和质量的水平，研究时间充裕，且制定了详细的时间计划和进度安排，能确保研究任务按时完成。

6. 知识产权保护：课题组积极保护研究成果的知识产权，对研究成果实施专利申请、著作权登记等保护措施，确保研究成果的知识产权不受侵犯。

7. 安全保障：课题组为保障研究过程的安全进行风险控制，制定了相应的安全管理措施和应急预案，确保研究过程的安全和稳定。

新高考背景下中学生史料实证素养培养的方法

　　随着新一轮考试招生制度改革的全面推行，历史新课程标准中"学科核心素养"的培养成为历史教学的重要任务，尤其是"史料实证"这一核心素养的考查在高考中占的比重也越来越大。依据课程标准规定，适应高考改革的方向，在历史学科的教学中加强史料教学是新形势下的必然选择。

◎ 第一节　中学生史料实证核心素养实证能力的培养

一、培养学生掌握史料分析的方法

　　在历史学科的学习过程和核心素养全面培养中，更应侧重于史料知识的获得。要在既有的知识基础之上，对"史料"有一个透彻的理解，并由此培养学生在面对试题时，可以灵活判断史料的重点内容，提取有价值的信息的能力。因此，"史料实证"素养培养还是要依靠具体可靠的史料来进行，这便要求学生掌握史料的分析方法。史料分析能力的培养可通过一般方法来进行：首先，注意史料的积累，不仅如此，还要从积累的史料中分清层次，对史料进行分层研究，培养学生发现问题、提出问题、分析问题、解决问题的能力。其次，通过历史分析方法来探寻历史活动的发展。根据历史时间发展的顺序，对历史史料进行排列，对史料进行"去伪存真"，作出历史的判断，从而揭示历史规律。最后，可以运用比较分析方法进行多种形式展现，如图片、时间轴、图表等。在运用比较分析法时可采用以时空为序，同样也可采用同类事件的比较，从不同的角度对历史发展活动进行分析，寻找异同点，从而接近历史的真相。

二、培养学生提取史料价值的能力

"史料实证"核心素养的培养需要分清"史料"和"历史"之间的关系，根据历史学科学习的特殊性，学生需时常与大量的史料打交道，在面对纷繁的史料时，学生需要具备提取史料价值的能力。以"史料"为依据，进而深层次认识历史发展趋势，抓住历史发展本质。具备提取史料价值的能力应做到：第一，教师要引导学生自主搜集历史史料，以了解历史，探寻历史发展规律。第二，将搜集的史料按照价值较大和价值不大进行分类。面对一则史料时，应对其价值进行定位，判断这则史料所讲述的是哪一时期的历史，之后再寻找不同时期对同一事件记载的史料进行价值对比，比如古代及近代时期的学者对王安石及其变法的评价就有着不同的看法。

明清时期王夫之说："夷考宋政之乱，自神宗始。神宗之以兴怨于天下、贻讥于后世者，非有奢淫暴虐之行，唯上之求治也已亟，下之言治者已烦尔。"近代对王安石变法的评价出现了大变化，面对西方帝国主义的侵略，近代有识之士认识到变法势在必行，急欲变法而"富国强兵"。正处于亟须变革时期的梁启超，在两千多年的封建体制背景下，一改前人对王安石变法的评价，并肯定其变法的进步性。梁启超说："其所设施之事功，适应于时代之要求而救其弊，其良法美意，往往传诸今日莫之能废。"在此梁启超强调王安石变法符合时代需求，许多政策理念具有超越时代的生命力。由此而见，梁启超对王安石变法的评价很高。

上述评论均围绕着"王安石变法"展开，从以上史料中可以提出的有效信息"是身处于不同时期、站在不同立场的学者们对王安石变法的评价不同"。这些学者的评价内容给我们提供了重要的史料价值信息，但面对客观存在的历史事实，史料总免不了会掺入一些笔者的主观意识。就王安石变法的例子而言，学生在面对史料时，应注意史料背后（作者）的立场、时代观念、社会环境等对历史记载产生的重大影响。因此，同一事件可在众多史料中进行比较分析，再提取史料的价值，形成历史意识，以便能客观地叙述历史事件，还原历史真实。

三、培养学生判断史料真伪的能力

历史学科有其独有的特征即不能进行直接的接触。因而，在学习历史知识的过程中，后人依靠古人留下来的大量史料，尽可能地利用其还原历史。因此，新课标在对"史料"的处理利用这一方面，给中学生提出了甄别史料真伪能力的要求。众所周知，还原历史的最佳做法是挖掘出第一手史料，原始材料往往记录着当时的人和事等活动情况。然而很多情况下，原始材料经过长时间的流传，也出现了很多诸如繁杂的第二亦或第三手史料，这些史料大多是经过改编或以传抄的形式流传下来的，故而会与当时的历史事实出现偏差。因此，对史料真伪的判别，是现今中学生应具有的核心素养能力之一。

对某一方面的历史事件进行史料上的甄别，可以运用不同类型史料进行相互论证。在这点上，王国维先生开创的"二重证据法"很具有代表性。

四、培养学生对史料的质疑精神

为培养史料甄别真伪能力，中学生应具有对史料的质疑精神。如王国维先生曾经说过："而疑古之过，乃并尧、舜、禹之人物而亦疑之，其于怀疑之态度及批评之精神不无可取。"面对教材、著作、专家评说等，要树立"求真"精神，敢于质疑这些所谓佐证历史的资料。以林则徐关于禁烟事件的态度为例，给出两则材料：

材料 1　林则徐奏上说："鸦片流毒于天下，则为害甚巨，法当从严。若犹泄泄视之，是使数十年后，中原几无可以御敌之兵，且无可以充饷之银。"

材料 2　1847 年 2 月，林则徐给文海的信中建议过："鄙意亦以内地栽种罂粟，于世无妨。所恨者，内地之民嗜洋烟而不嗜土烟。……但恐此等食烟之人，未必回心向内耳。"

由材料 1 可知，林则徐是近代不可多得的具有远见卓识的人，从材料中可以看出他知晓鸦片流毒的危害很大，并从军事和经济层面对其论证，故而坚定禁烟决心，这也是中学历史教材中所提到的"虎门销烟"事件，教材关于"虎门销烟"的编写主要是歌颂了林则徐禁烟的伟大创举，肯定了其忧国忧民、积极进取的精神，这个创举也得到了广大人民大众的肯定，至今还为人津津乐道。

而材料 2 展现出林则徐此时与之前"虎门销烟"时的态度相比，其对鸦片的态度开始有了不同的变化。"虎门销烟"成功后，林则徐被革职查办，禁烟也就不了了之。从材料可知，当时的民众青睐洋烟（鸦片），土烟受到忽视。直到 1847 年，林则徐将学习西方国家种植罂粟的想法告知文海，但这态度的转变，说到底是林则徐针对当时积贫积弱的国情需要而采取的增加税收的手段，其最终也不过是为了封建统治者服务。但这种迹象不得不使我们质疑：林则徐对鸦片的态度真的是我们在教材中学到的那样吗？还原了历史真相吗？他这一作法是否还有什么其他内在原因呢？

由上述两则材料分析可知，"史料"在历史学科的学习中的确有十分重要的地位，但要注意所谓的"本本主义"，如需让史料成为载体去接近历史真实，则必须仔细分辨史料的真伪，让学生对历史人物有一个全面的评价。

总而言之，尊重历史发展的客观性。在碎片化知识的学习中，学会搜集相对应的史料，并将史实补充完整，用史料说话，培养史料意识，通过史料来发现历史的真相，从而培养学生"以史为据，论从史出"的实证精神。

◎ 第二节　中学生史料实证核心素养培养的方法

基于对中学生"史料实证"能力的培养，再来着重研究中学生的"史料实证"核心素养的培养，这是一个循序渐进的过程，因而提出"史料实证"核心素养的策略研究方案，具体方案如下。

一、中学历史教学课堂史料类型的选用

关于"史料的定义"，梁启超先生提道："史料者何？过去人类思想行事所留之痕迹，有证据传留至今日者也。"史料的范围相当广泛，包括历史所遗留下的直接材料，也包括后期人们所著述的材料。

史料的类型有很多，就其表现形式分类就有实物、文献、口述等。另外，对于考古工作者而言，他们习惯性地将出土的实物史料作为第一手史料，除此之外，还有二手或是三手史料等，一般而言，一手史料比二手史料价值更高。

学生需具备从众多史料中辨别出原始史料的能力，故而在中学历史课堂的教学中对史料类型的选用要慎之又慎，以便学生能力的培养。第一，善于运用教材之中的史料。在历史教材中有"学思之窗""历史纵横"及地图等补充内容，教师应首选这部分史料进行教学，以便充分利用这部分史料。第二，着重分析原始史料和二手史料，选择教学所需要的史料。教师在历史课堂中往往会面对史料剩余的情况，过多地追求了量的积累，而忽略了质的提升。每一具体的历史事件都有着数不胜数的史料可进行佐证，因此，面对纷繁的史料，在历史课堂中应注重史料选择的有效性和代表性。同时还应注意选用的史料要符合中学生的能力特征，把握史料的难易程度，保证中学生能读懂且能理解史料内容。第三，从多角度搜集史料，使史料所展示的历史事件具有全面性。一般来说，历史事件的发生及发展过程不只是单面性的，一则史料只能代表一种观点，多则史料可能会从中发现不同的观点，从而有利于历史研究中对历史事件或人物的客观评价。如对曹操的人物评价中，许劭："子治世之能臣，乱世之奸雄。"裴松之："历观古今书籍所载，贪残虐烈无道之臣，于操为甚。"王沈："太祖御军三十余年，手不舍书。书则讲武策，夜则思经传。登高必赋，及造新诗，被之管弦，皆成乐章。"

从这几段史料可以看出，史学家们对曹操有着不同的评价：许劭相对中肯，肯定了曹操的才华，也指出了曹操的奸猾形象；而裴松之对曹操的评价

与许劭截然不同，认为曹操是极其贪残虐烈的；与前面二人不同的是，王沈对曹操是多加称赞的，认为曹操计谋无双，重视人才，勤勉好学，文学才华出众等。由此看来，对史料的选用还是比较讲究的。

二、中学课堂史料的获取途径及史料的搜集运用

"史料实证"核心素养还要求学生具有自主搜集、识别史料的能力。可靠的史料积累得越多，才会越接近历史的真相，因而中学历史课堂培养学生史料的获取及运用能力均是"史料实证"核心素养培养的关键。

获取史料的途径主要有以下几种：（一）从考古出土的实物中获得。（二）从图书馆收藏的图书中获得。（三）从省市博物馆及各个地方的档案馆中获得。（四）利用互联网获得影像资料（纪录片）。除此之外，中学历史教材和教学参考书也提供了丰富的史料。

因互联网技术的发展和普及，现今历史学科的课堂教学中，教师为学生提供的大量史料一般来自互联网。在传统课堂中，教师是主体，现如今的课堂提倡"以学生为主体，教师为主导"。为此，教师和学生的角色地位在教学活动中应随之改变。历史学科因其学科地位，得不到应有的的重视，大多数学生只是为了应付考试。在面对史料试题时，只是随意挑选文字的关键部分，并没有注意历史学科素养与史料的内在联系。因而，面对诸多方面的问题，将搜集的大量史料进行合理的运用，成为中学生"史料实证"核心素养培养的关键。

"史料实证"核心素养的培养，应合理运用史料：第一，合理利用教材所配套的地图。历史学科注重时空性，因古代地图和现在的地图有着很大的差别，故地图的解读对于学生来说具有一定难度，而在历史课堂中，教师利用现代多媒体技术将地图展现给学生，体现了教学的直观性原则。比如，在讲授"全球航路的开辟"一课时，可以将迪亚士、达伽马、哥伦布、麦哲伦等人的航行路线地图直观展示出来，方便学生对地图（史料）进行解读，同时也培养了学生地图解读的能力。第二，把握史料的难易程度，层层设问。中学历史教学中对"史料"的解读最为基础，但面对难以把握的史料内容

时，教师在教学中应根据史料所表达的历史事件进行设问，吸引学生的注意力。第三，采用实地考察法，让学生直接接触历史。比如在讲授抗日战争时期的历史时，教师可以有意识地指导学生去抗日纪念馆、博物馆、图书馆、档案馆等场所自主探寻历史发展轨迹，从而在亲身体验中对历史事件进行了解与分析，以培养学生的史料解读能力。第四，选择趣味性史料。历史史料的丰富性为教师的选择提供了方便，比如在讲"祖国统一大业"这一课时，可以将《七子之歌》和"邓小平会见英国撒切尔夫人"的影像资料放在课堂教学中，一方面激起学生的兴趣，另一方面也为学生展示历史史料的多样性。当然，就这一课而言，在运用以上材料之外，还需结合其他具体的文献史料，如用《告台湾同胞书》《关于香港问题的联合声明》等文件进行佐证，将史料与现实结合起来，还原历史事件真实性的同时还培养了学生的历史观。

史料的搜集和运用还需注意以下几点：注意学生的接受能力、史料分类后的比较分析能力；合理处理史料和教材之间的关系；注意史料的科学性；等等。史料的搜集运用要求学生在教师科学合理的教学指导下，能总结归纳史料，从而生成对事件新的认识，这有利于学生对史料处理能力的提升，因而具备对史料实证的探究和批判精神，最终达到对"史料实证"核心素养的培养。

三、以高考试题为例分析史料实证核心素养培养

新一轮的考试招生制度改革对考试命题提出新的要求，山东省 2020 年举行了第一次选考和学考，这次考试在教育体制上具有里程碑的意义。此次考试命题立意充分体现出新课标要求对学科素养的考查。山东省中学考试招生体制改革试点的成功，为其他省（区、市）面对新一轮考试体制的备考提供经验。由此可见，学科素养的培养不仅是当今的热议话题，更是适应新高考的必然趋势。本课题旨在以历史学科素养中的"史料实证"核心素养为中心，结合高考试题，进而探索"史料实证"核心素养培养的方法及其重要性。

例 1（2016 天津卷 I·2）

右图是北宋纸币铜版拓片，其上文字为："除四川外，许于诸路州县公

私从便……流转行使。"这一铜版（　　）

①证实了宋代纸币的发行

②反映了宋代的印刷技术

③是纸币交子的文物材料

④是商品经济发展的见证

A.①②③　　　　B.①②④

C.①③④　　　　D.②③④

本题考查学生的史料实证意识。从题目中给出的铜板上的史料内容可知，宋代印刷技术的发展和纸币的发行史实；同时在给出的史料基础上，可进一步发现新的信息：纸币的出现在一定程度上表明宋代商品经济的发展。总之，研究宋代纸币交子，最直接且最有利的证据便是实物史料。故本题最终选择的答案为B。

例2（2017年4月浙江选考·加试题26题）

20世纪60年代，有学者发表《由王谢墓志出土论到兰亭序的真伪》，从文章和书迹两方面否定《兰亭序》是王羲之所作。后有人发表《兰亭序的真伪驳议》表示不同意见。对此该学者又写了《驳议的商讨》以作回应。毛泽东当年对此形式颇表赞同。这种讨论方式说明（　　）

A. 对历史真实性的追求重于对历史的价值判断是史学家的使命

B. 学术争论以澄清事实为鹄的，并不承载还原历史真相的责任

C. 历史学家应像其他社会科学一样提倡百家争鸣，而非定于一论

D. 历史的价值判断往往导致历史学家对历史事实的倾向性选择

例2主要围绕着《兰亭序》是否为王羲之所作展开，同一时期的学者却对此事有着不同的观点，并为此相互提出证据回应。从题干内容可知，学者们对已有的史料进行辨析，并运用这些史料努力还原历史的真相，且就自己的观点进行交流，这不仅表明了"论从史出，史由证来"的实事求是精神，也体现了学者们敢于对"史料"的权威性进行质疑的批判精神。

傅斯年先生曾有言，历史学即史料学。此话认可了在历史学科中"史料"的重要性，意味着高考真题对"史料实证"的考查是不可或缺的。上

面两个例题，足以让我们明白培养"史料实证"核心素养的重要性。面对浩如烟海的史料，在日常的历史学习中，学生既要学会区分原始史料和二手史料，更需了解史料的类型及获得途径，最重要的一点便是学会甄别史料的真伪和价值，根据史料所提供的信息解读自己的认识，提高自己的历史意识，培养"论从史出，史由证来"的实证精神。

四、根据"史料实证"等级标准设立分层培养目标

《普通高中历史课程标准（2017 年版 2020 年修订）》的内容明确指出了中学生对"史料实证"核心素养培养的要求，并将要求分成四个等级（见表 4-1）。

表 4-1　史料实证水平

水平	史料实证
水平 1	能够区分史料的不同类型；在解答某一历史问题时，能够尝试从多种渠道获取与该问题相关的史料；能够从所获得的材料中提取有关的信息
水平 2	能够认识不同类型的史料所具有的不同价值；明了史料在历史叙述中的基础作用；在对史事与现实问题进行论述的过程中，能够尝试运用史料作为证据论证自己的观点
水平 3	在探究特定历史问题时，能够对史料进行整理和辨析；能够利用不同类型史料，对所探究的问题进行互证，形成对该问题更全面、丰富的解释
水平 4	能够比较、分析不同来源、不同观点的史料；能够在辨别史料作者意图的基础上利用史料；在对历史和现实问题进行独立探究的过程中，能够恰当地运用史料对所探究问题进行论述

根据等级分层内容可以得知，高考改革对历史课程作出了相应的改革要求，对中学生在历史核心素养中"史料实证"素养的学习提出了挑战。当前历史教学在史料实证素养的培养上还存在诸多的现实问题，在这些问题的基础上，如何利用等级分层来制定培养目标以实现"史料实证"的培养，这对教师而言，是契机也是挑战。

高中三年的学习是一个系统性的整体，每个年级的学生受不同的家庭教育以及自身智力因素的影响，会有一定的差异性。因此在史料教学目标的制

定上，应注意层次性和渐进性的统一，其目的是让学生在史料学习中稳扎稳打，脚踏实地。

（一）以"史料实证"等级目标为依据对低年级学生实证精神的培养

低年级学生与高年级的学生相比，其智力发展不够成熟，对问题的看法和格局不如高年级段的学生。因而，对于低年级学生的培养，在具体等级分层中，应以水平1和水平2为教学目标。也就是说，可以重点培养学生的阅读和概括能力及简单的分析综合能力。简而言之，就是培养学生了解史料类型、分析和运用史料的能力。

根据水平1所列出的要求，学生应掌握的最基础内容为：史料类型的分辨、史料的获取途径、提取史料的相关信息等。这也就是说，在学生基础参差不齐的情况下，水平1的内容是恰巧十分符合低年级学生的学习情况的。对于教师如何帮助学生达到要求，前文已经详述，这里不再赘述。

根据水平2所列出的要求，相对于水平1而言，水平2主要是引导学生分析材料内容，并从材料给予的信息中表达出自己的观点。关于"史料实证"核心素养在中学阶段的培养，分析史料是运用史料的关键，是史料价值体现的出发点。在这一基础上，认识不同史料所拥有的不同价值，并运用恰当的史料来论证自己的观点。

结合水平1和水平2的标准要求，以2013年重庆文综卷和2012年新课标全国文综卷的主观题为例，引导学生提取史料的相关信息，以及认识不同史料所具有的不同价值。

例1（2013重庆卷·14）　新疆是中国领土不可分割的一部分。阅读材料，回答问题。（节选）

材料一　到了19世纪，沙俄逐渐形成了夺取南疆喀什噶尔的基本构想：在经济上，替俄国资产阶级在这一亚洲心脏地区开辟其他列强不易进入的销售市场；在政治上，把它变成俄国控制下同英国角逐中亚的前哨阵地。……60年代中叶，沙俄还计划对伊犁和乌鲁木齐实行军事占领。

——摘编自中国社会科学院近代史研究所《沙俄侵华史》

请回答：

（1）根据材料一，指出南疆喀什噶尔对俄国的战略价值，以及俄国对新疆侵略计划的变化。

例2　（2012全国卷·新课标·41）阅读下列材料：

材料　"冲击—反应"曾是国内外史学界解释中国近代历史的模式之一。其主要观点为中国社会存在巨大惰性，缺乏突破传统框架的内部动力。从19世纪中期开始，西方的冲击促使中国发生剧烈变化。有人据此图示中国近代历史变迁（见下图）。

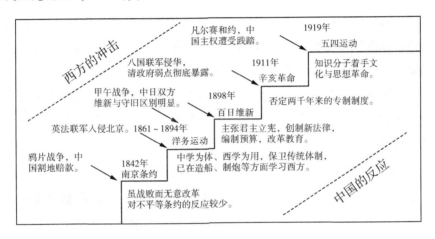

请回答：根据材料并结合所学知识，评析"冲击—反应"模式。

根据例1，引导学生从材料中找出相对应的原文材料，就如第（1）问"战略价值"和"侵略计划的变化"的答案，可以根据材料1中的"亚洲心脏地区""同英国角逐中亚的前哨阵地"等字眼中找出。由此看出，问题的答案往往是对试题中史料的分析。当然，回答问题时也靠平时知识的积累，以进行分析和理解。这种方法可以培养学生从史料中找出相应的文字答案的能力，这便是史料在历史叙述中的基础作用。掌握如何从史料中提取价值的能力，是"史料实证"核心素养培养的关键。

例2属于开放性问题，以图表的方式出现。首先需要学生自己给出观点并分析。此类试题的答案一般包括：判断、论证、评价（观点的实质）。面对这类型的题目，教师首先要明确学生容易出现观点与例证不统一、不能全面指出观点的实质等问题。那么，要有效解决这类问题，在日常的课堂学习中，就要求教师对历史事实非常熟悉，并且会运用多种类型的史料进行教学。引导学生在平时学习中积累史料，在发表自己观点时可以用平时的积累进行论证。就如本题图中所给予的史料信息，学生便可以利用史料作为论据，以阐明自己的观点。本题材料中的观点实际上是一种文明史观，是文明史观对中国近代史的解读。

（二）以"史料实证"等级目标为依据对高年级学生实证精神的培养

关于对学生史料学习方面的培养，初始阶段可设置一些引导型的问题，再逐渐增加题目的难度。等到学生的思维和能力有了明显提高，再提出进一步的能力要求。高年级的学生，无论是在所见阅历和知识储备量上，还是在心理特征及学习接受能力上，均较低年级学生有优势，这也为学生在水平 3 和水平 4 的学习上提供了有利条件。因而在对高年级学生的培养上，应从以下几点出发：

1. 根据史料类型的不同，对所探究的问题进行互证

基于学生的基础，尤其是对于基础比较差的学生，教师在初始阶段应努力使学生达到水平 1 和水平 2 的要求。在课堂中，根据本班学生的基础情况来安排难易度不同的史料；对于基础较好的学生，可以将培养重点放在后两个等级的标准上。其中，水平 3 要求学生在面对不同类型史料时，会运用史料针对某个具体问题进行互证，以得出历史真相。对教师而言，史料的多个类型对其在课堂史料的选用上提出了挑战，如要学生掌握并利用不同类型史料对问题进行互证，则要求教师在史料教学中不能仅仅使用一种类型的史料，这也对教师课堂的史料选用提出了严格要求。就如前些年"曹操墓"的出现，引起学者们的争议——出土材料（实物史料）与史书（文字史料）上有着些许不符。以这个事件为例引导学生明白：在面临对历史事件的真实性质疑时，应将不同类型的史料进行对比互证后再得出结论，且在史料的挑选中，首先要确保史料的可靠性和真实性。

2. 运用实证精神，形成更全面的历史认识

以 2017 年全国 I 卷 26 题和 2018 年全国 I 卷 34 题为例，探讨教师如何

在课堂教学中培养学生比较、分析不同来源、不同观点史料的能力。

例 1（2017 全国Ⅰ卷·26）

记述	出处
"秦王（李世民）与薛举大战于泾州，我师败绩。"	《旧唐书·高祖本纪》
"薛举寇泾州，太宗（李世民）率众讨之，不利而旋。"	《旧唐书·太宗本纪》
"秦王世民为西讨元帅……刘文静（唐朝将领）及薛举战于泾州，败绩。"	《新唐书·高祖本纪》
"薛举寇泾州，太宗为西讨元帅，进位雍州牧。七月，太宗有疾，诸将为举所败。"	《新唐书·太宗本纪》

表中为不同史籍关于唐武德元年同一事件的历史叙述。据此能够被认定的历史事实是：（　　）

A. 皇帝李世民与薛举战于泾州

B. 刘文静是战役中唐军的主帅

C. 唐军与薛举在泾州作战失败

D. 李世民患病导致了战役失败

例 2（2018 全国Ⅰ卷·34）传统观点认为，英国成为工业革命发源地，是因为英国最早具备了技术、市场等经济条件；后来有研究者认为，其主要原因是英国建立了君主立宪制度；又有学者提出，煤铁资源丰富、易于开采等自然条件是其重要因素。据此可知，关于工业革命首先在英国发生的认识（　　）

A. 只能有一种正确合理的观点

B. 随着研究视角拓展而趋于全面

C. 缺少对欧洲其他国家的观察

D. 后期学者研究比传统观点可信

例 1 比较不同来源的典籍，来分析唐武德元年（618 年）同一事件的历史事实，教师在教学中应引导学生分析该事件的典籍出处和背景。从出处来看，描述的是唐朝时期的事件，而这一事件记载在两本书的不同本纪中。这时可以初步引导学生在面对同一史实但又来自不同史料的情况时分析史料之间的不同点，思考产生其不同的主观及客观原因，并结合当时背景进行对比分析，从而提取出在唐武德元年里历史事件的真相。

而例2则是解析英国首先发生工业革命的条件，题干中详细列举了历史学者们的不同观点，面对此题，教师需引导学生对不同的观点进行总结，从而对事件有一个全面的认识，进而形成自己的历史认识。当然在例2中已经明确了观点，教师可以有意识地指导学生"举一反三"，做到知识的拓展与迁移，从而在课堂教学中用某个特殊例题来培养学生比较、分析不同来源、不同观点的史料的能力。

综上所述，在面对中学生"史料实证"核心素养的培养以及等级目标的参照时，教师还是应考虑自己所带的学生处于什么样的水平阶段，并按照此阶段的要求进行相对应的教学，以体现出教学上层次性和渐进性的原则，从而实现因材施教的目的。

基于"史料实证素养的评价"下的
历史学科教学方案
——以《明清中国版图的奠定与面临的挑战》为例

◎ 第一节　青岛市城阳第一高级中学高中历史学科课程规划方案

一、课程性质

历史课程是普通中学阶段的必修课程，它对于提高学生的历史素养，尤其是人文素养具有重要意义。通过学习历史，学生可以了解人类社会发展的基本线索和基本规律，初步认识人类社会的发展特征，初步了解中华文明的形成过程、基本特点及与世界其他文明的关系，了解中华文明在不同时期的表现形态、基本特征以及形成过程中所呈现出的中国传统文化与西方文化在某些方面的差异，从而初步掌握学习历史、研究历史的基本方法，形成正确的历史观，这是中学历史课程最本质的特征。

高中历史课程是学生在完成九年义务教育后，继续深入学习历史知识的课程。历史课程学习使学生获得一些重要的历史学基础知识，了解历史发展规律和研究历史现象、解决历史问题需要运用到的基本方法。这是中学阶段历史课程主要的、根本的、核心的任务。

二、课程定位

高中历史课程是在九年义务教育阶段的基础上进行的，但并不是在原有基础上的简单重复。它既继承了历史课程发展过程中积累的宝贵经验，又针对中学教育的特点和中学生认知水平的实际，从整体上对历史课程进行了重新设计，努力体现出基础性、选择性、时代性和开放性的特点。中学历史课程的定位是一门基础性学科，但又不能仅仅停留在知识传授上，而应将历史作为一种认识世界、认识社会的工具。

三、规划课程方案的目的

高中历史课程是在九年义务教育阶段的基础上，进一步帮助学生掌握一定的历史知识，理解历史发展的基本规律，形成正确的历史观，并初步学会学习、研究历史的基本方法，使学生形成对中国古代、中国近代和中国现代以来发展历程的初步认识以及对世界古代、世界近代和世界现代以来发展历程的初步认识，使学生初步了解中华文明形成和发展的基本线索和规律，了解中华文明在不同时期的表现形态、基本特征以及形成过程中所呈现出的中国传统文化与西方文化在某些方面的差异。

通过本课程的学习，学生能够初步了解人类文明发展的基本线索和基本规律，获得一定的历史基础知识并具有一定的历史理解能力。同时，学生能运用历史知识解释或说明现实问题，从而初步形成正确的历史观，具有初步的历史使命感和社会责任感。学生应初步掌握学习历史的基本方法，养成良好的学习习惯，发展独立思考、质疑问题、探究问题、解决问题的能力。本课程能帮助学生了解社会生活与历史发展之间的联系，为学生进一步学习其他人文学科和自然学科做好准备。此外，本课程的学习能帮助学生了解一些基本的历史知识在现代社会生活中所具有的应用价值，使其具备一定的基本素养。

四、规划依据

历史是一门最古老的学科，是人类历史的忠实记录。它涵盖了人类生活的方方面面，不仅有重要的人文价值，而且有很大的现实意义。传统意义上的历史教育以课堂讲授为主，教师通过讲解、分析、比较来揭示历史现象及其本质。这种方式不符合学生的认知特点，因此难以引起学生兴趣。而在新课程标准颁布后，随着中学课程改革的深入，教师们开始意识到单纯以讲授为主、教师满堂灌、学生被动学的教学方式不能适应新课程理念下学生自主学习能力和创新能力培养的需要。因此在原有基础上探索新的教学方式成为必然。

在教育改革不断深化、素质教育全面推进的大背景下，如何发挥历史课程在素质教育中应有的作用，是当前中学历史教育面临的重大课题。作为基础教育阶段最重要的学科之一，历史课程应该遵循时代精神和教育规律，针对新形势下中学历史教学面临的实际问题和学生学习中存在的实际困难，坚持以人为本、能力为重、注重实践、倡导创新、促进学生全面发展的原则，积极探索一种新的教学模式。

当前中学历史课程中，由于传统历史教学方式影响学生学习兴趣和积极性、教学内容与实际生活联系不紧密，学生难以理解和掌握一些知识；由于课程内容陈旧、课时不足等原因，教师难以全面完成教学任务；由于新课程改革使历史学科教学方式发生了变化，学生对学习历史产生了抵触情绪。为解决这些问题，中学历史课程应结合新课改精神和社会发展情况对人才培养的要求进行改革创新，并在此基础上探索适合我国国情和教育改革发展形势需要的新型教学方式。

五、课程目标

在历史教学中，要使学生学会正确地认识历史发展的基本线索和基本规律，掌握科学的学习方法，形成正确的历史观；能运用辩证唯物主义和历史唯物主义的观点，认识历史发展的主流与支流，认识历史发展的趋势；能运用唯物史观分析和解释历史现象，学会用历史的眼光观察世界、分析问题，并能将其与现实联系起来思考。

在具体的教学过程中，要使学生了解中国古代、近代和现代文明形成和发展的基本线索和规律；认识中华文明形成和发展的基本线索和规律；认识中国、世界主要文明形态形成与发展的基本线索和规律；了解中华文明对人类社会发展进步所作出的重要贡献。要使学生学会学习历史，在掌握一定历史基础知识的同时，能理解历史人物所具有的时代特点；学会多角度观察问题、分析问题，提高分析问题和解决问题的能力。要培养学生认识世界和改造世界，明辨是非、善恶、美丑的能力；要使学生了解中华文明形成与发展中共性特征与个性特征相结合、历史联系与现实相结合、科学与价值相结合的特点；等等。

六、课程结构、内容与课时分配

（一）课程结构

中学历史课程包括必修和选择性必修两部分，两本必修教材为《中外历史纲要》上册和下册，一个主要讲中国史，一个主要讲世界史；三本选择性必修，分别讲国家制度与社会治理、经济与社会生活、文化交流与传播，每本书分别有六个单元。前者是通史体例，后者是专题史体例。选择性必修课程的教学内容应以必修课程教学内容为基础，适当增加学习难度，并充分利用网络资源和现代教育技术，提高学生学习历史的兴趣。

（二）课程内容与基本要求

历史课程内容的基本要求是：让学生了解人类社会发展的基本线索，认识到历史发展的规律；了解世界历史上重大的社会制度和政治制度变革及其对人类社会发展产生的重要影响；理解中国历史上各地区、各民族、各阶级之间相互交流、融合、斗争，以及中国从传统社会向现代社会转变的基本特征和趋势；初步认识中华文明的博大精深，形成对中华文明的认同。

（三）课时分配

由于每本必修历史教材内容量大致相等，必修课程以《中外历史纲要》

上册为例，按照课时安排，每学期 20 周，共 72 课时，各单元安排的课时数如下：第一、二单元共 18 课时，第三、四、五单元共 18 课时，第六、七单元共 18 课时，第八、九、十、十一单元共 18 课时。选择性必修课程的教学时间根据学生的学习情况和学校实际情况进行合理安排。每学期必修课程和选择性必修课程的总课时数不少于 63 小时。

七、课程实施

学校或教研组层面应制定相应的课程教学大纲，包括课程设置、学习重点和难点、教学方法和评估方式。组织教研活动，分享教学经验和教学资源，提高教师的专业水平。组织学科竞赛和趣味活动，激发学生的学习兴趣和参与积极性。

教师在教学过程中，注重学生的主体性和合作性，让学生参与讨论、进行小组合作等活动，提高学生的学习效果。采用多样化的教学方法，如板书、讲授、问答、展示等，让学生从不同角度深入了解历史知识。引导学生进行课外阅读，激发学生的阅读兴趣和提升思考能力，提高学生的综合素质。同时，注意教学效果的评估和反馈，及时调整教学内容和方法，从而提高教学质量。

学生在学习历史知识的同时，应加强对时代背景和历史事件的了解，以增强历史知识之间的联系性和了解历史知识的实际应用价值。学生应将所学历史知识与社会现实联系起来，认真思考历史事件对社会的影响和意义，增强自身的历史意识和提升自身的历史责任感。为增加历史学习的趣味性和生动性，教师可通过阅读文献、观看历史影视剧等多种方式，进一步激发学生的学习兴趣和热情；也可以开展课外阅读活动，加强学生对历史知识和历史文化的了解，扩展学生的知识面和思维广度。

家长在中学历史课程实施中也扮演着重要的角色，应加强与教师的沟通，了解孩子在历史学习方面的情况，与教师共同探讨如何更好地帮助孩子学习历史。家长可以和孩子一起阅读历史相关书籍和资料，并和孩子一起思考和探讨。家长可以提供学习历史的环境和条件，还可以为孩子提供便利，如提供资金和场地等，支持孩子参加历史知识竞赛等活动。关注孩子的学习进度和效果，及时与孩子沟通，并给予鼓励和支持。规范孩子的学习习惯，保证孩子的学习效果。

在教学中应加强对文化多样性和民族传统的介绍，引导学生尊重不同文化和习俗。拓展历史知识的深度和广度，引导学生在学习过程中进行深度思考和知识整合，加强历史能力的培养。引导学生关注历史趋势和前沿知识，培养学生的终身学习意识和思考能力。在学习历史的同时，注重历史文化与现代社会的关系，引导学生多角度思考历史和现实的联系，提高学生综合素质和应用能力。提升学生的历史素养和历史法治意识，引导学生理解公平公正和法治精神，提高学生的社会责任感和文化自信。强调学生分析、评估和解决问题的能力，培养学生的思辨能力和综合素质。

八、课程评价

中学历史课程是学生学习人文社会科学知识的重要组成部分，对于促进学生思维能力、人文素质的培养和社会责任感的提高具有重要的意义。因此，对于历史课程的评价也尤为重要。

（一）评价内容

中学历史课程应该更注重学生的思维能力和价值观的培养，应当综合评价学生以下学习情况。

1. 学科知识掌握情况

评价学生掌握历史基础知识水平的情况；是否理解历史中的概念、数据、事实、事件，以及它们之间的关系。

2. 问题解决能力

此次评价应检测学生的批判性思维能力，即是否对历史事件的原因、影响、阐释等方面有自己的意见和分析，是否能够分析历史事件对当前社会的影响，从而启迪学生对未来的思考。

3. 价值观教育

引导学生对历史事件和人物进行道德评价，如政策和行动的公正性，区分和评估人物的动机等方面。

（二）评价方式

自我评价：采用学习自然笔记、读书笔记、课堂讨论、作业、小组讨论及答案等方式，让学生能够定期进行自我评价及互评。

作业及小型考试：通过作业和小型考试来检测学生是否掌握了历史课程知识及是否具备良好的反思能力。

历史论文：通过学生撰写长篇作文的方式，评估学生对历史事件或人物的深入研究程度和对历史事件的深层次思考度。

（三）评价实施

1. 明确评价方式

在学期开始的课堂上，清楚地阐述评价方式和评价标准，并反馈给学生初步评价内容。

2. 评估学生的知识和技能水平

用多种评估方式来检测学生的知识和技能水平，以有效评估学生在历史学科中的知识掌握程度。

3. 及时反馈

在时间足够的情况下，组织学生每月进行一次学习反馈，让学生知道自己的状态并确定以后努力的方向。

（四）结果处理

1. 与学生及时交流

每次评估结果，应当及时向学生反馈并与学生进行交流沟通，让学生清楚知道努力和提升的方向，以便学生根据反馈及时调整自己的学习方法。

2. 与家长交流

中学历史课程评价之后，需要及时向家长汇报学生的学习情况，并与家长进行个人交流。

（五）学分认定

中学历史课程的评价不仅仅是要检测学生掌握的知识和技能水平，更重要的是培养学生的批判性思维和价值观，并提高学生的社会责任感和人文素养。教师也应在评估中充分开发学生的思维潜力，并给予学生精准的学习指导，提高学生的学习效率和能力。

学分认定应当严格按照校方制定的要求进行。通常中学历史课程的教学时间分为两个学期，成绩分为 A、B、C、D 和 E 五个级别。

在评价过程中，中学历史课程的授课老师应当根据教学质量和学生学习习惯适当地加大或缩减学生的学分。若有无法解决的学分纠纷，应向学校学生学业委员会报告，并严格按照其他学科的学分认定制度进行处理。

九、课程管理与保障

首先，加强组织领导，建立健全管理体制和运行机制，成立课程领导小组，明确职责，统一规划，协调实施。

其次，加强师资队伍建设，促进教师专业化发展。各级教育行政部门要通过多种途径，努力提高中学历史教师的专业素质。鼓励中学历史教师通过继续教育、进修等方式提高自己的专业知识水平。

最后，加强教学研究与指导，开展课程评价和考核工作。中学历史教学要积极探索有效的评价方法，推进教学改革的深入发展。

◎ 第二节　青岛市城阳第一高级中学历史学科学期课程纲要

一、一般信息（见表 5-1）

表 5-1　青岛市城阳第一高级中学历史学科学期课程一般信息

课程名称	《中外历史纲要（上）》	课程类型	新授课
学校名称	青岛市城阳第一高级中学	使用教材	人民教育出版社统编教材

续表

设计者	王志胜　陈雪莲				
适用年级	高一年级	班额	43	总课时	72

二、背景分析

本学期学习的《中外历史纲要》上册紧密联系了国家课程标准中的历史领域相关要求，旨在通过对中外历史的系统性学习和探究，帮助学生建立较为全面的历史知识体系，并开展历史思考、历史分析和历史评价能力培养。国家课程标准中相关要求包括但不限于以下方面：

（1）熟练掌握历史学科所需的各种概念、原则和方法，能够自如地运用历史学科的知识来解决实际问题。

（2）了解人类历史的重大事件及其历史意义，并掌握各个时期历史文化的脉络，提高对历史发展及其影响的认识。

（3）具备使用文献材料开展历史研究和分析问题的能力，能够分析历史事件、过程和发展趋势，总结历史经验，提高综合分析能力。

（4）能够掌握历史学科中的基本研究方法，如史料分类、史料鉴别、史料评估和史料整理等，具备一定的独立研究能力。

（5）熟悉历史学科的研究前沿和最新成果，积极参与学科交流和研讨活动，加强对历史学科的认知和理解。

三、课程标准、教材、学情综合分析

（一）课程标准

《中外历史纲要》上册是按照中学历史必修课程标准设计的。该课程强调历史的连续性和发展性，以及历史对现实的启示作用。课程标准要求学生掌握重要历史事件的时间、地点、人物、事件和影响，了解社会变迁历史进程，理解个人和国家在历史中的地位和作用。同时，该课程标准要求学生掌握历史研究方法和历史文献的使用方法，了解历史研究的不确定性和多样性。

整个课程标准旨在提高学生对历史、社会和文化问题的认识和思考能力，培养其历史思维能力和历史价值观。

（二）教材分析

《中外历史纲要》上册分为三个模块，分别是古代文明、近代文明与现代文明。教材注重历史事实的梳理和总结，涉及的历史领域跨度大，信息量大。同时，教材也意在引导学生探究问题和思考历史意义。教材的组织结构合理，表现形式多样，既有详尽的史料，也有专门的信息框、知识归纳等辅助材料。教材重点突出、详略得当，针对中学生的认知特点做出了合理安排。

（三）学情分析

由于历史学科的特殊性质，学情分析应考虑的因素也非常多。总体而言，学生的历史知识面窄、历史知识点记忆不牢固、历史背景知识不足，同时也可能存在严重的学习厌倦现象。针对这些学情，教师可以根据每个学生的不同情况，采取不同的教育方式和方法。该教材具有良好的多元素应用性和知识分层性，对于学生的学习深度和思考广度都提出了较高要求，需要教师从各个方面主动施教，引导学生养成历史思维，理解历史、质疑历史，对历史进行深度解析，而指导性、示范性和交互性教学均可成为很好的教学方式。

《中外历史纲要》上册重点介绍了中国古代史、中国近代史、中国现代史发展纲要。针对部分学生对历史学科的兴趣和成就感不高的情况，本学期的课程设置相应的培养目标和教学策略，综合考虑多种因素，如学生学科基础、学业情况、个性特点等，不断优化教育教学过程，确保每一位学生都能够有所发展。无论是教材内容、教学目标还是学生的学情特点都体现了优异的教育思想和设计理念，为学生提供了较高层次的历史教育，是值得推崇和推广的。

四、课程目标

（1）通过学习，帮助学生建立坚实的历史知识体系，了解中国古代历史进程中的关键事件和人物，掌握各个时期历史发展脉络。

（2）通过教学相长，提高学生的历史思考能力、历史分析能力和历史评价能力，培养学生的综合分析能力和社会实践能力。

（3）通过开展课堂活动，培养学生对历史学科的兴趣和热爱，促进学生对中国历史的深刻认识，增强学生的制度自信、文化自信、道路自信。

（4）通过讨论与培养批判性思维，激发学生对历史学科的探究欲望，培养学生的独立思考能力和自主学习能力。

五、学习主题及活动安排（见表5-2）

表5-2　学习主题及活动安排表

日期	周次	内容	实施要求
9月1日	第1周	课程介绍与规划	自我介绍，介绍课程目标和内容，根据课程需求分配小组
9月8日	第2周	基础知识讲解	安排小组讲解，鼓励学生自主学习和学以致用
9月15日	第3周	实验环节	结合理论知识进行实践操作，了解实验步骤和注意事项
9月22日	第4周	中期考试	综合考查学生对课程的理解和应用能力
9月29日	第5周	专题讲座	邀请相关专家或校友进行嘉宾讲座，拓展学生视野
10月6日	第6周	课程项目策划与设计	进行课程项目策划，包括主题选择、目标设定、时间安排等
10月13日	第7周	项目实施	按照计划实施项目，并解决实际中遇到的问题
10月20日	第8周	展示与评价	各小组进行项目展示，让其他同学进行评价和提出建议
10月27日	第9周	课程总结与反思	总结课程学习情况，进行个人反思和自我评价，学生填写课程问卷
11月3日	第10周	期中考试	最终考核学生对整个课程的掌握程度及应用能力

续表

日期	周次	内容	实施要求
11月10日	第11周	作业讲解	讲解并讨论前一阶段课程作业，解答疑问并进行评价
11月17日	第12周	课程案例分析	分析和讨论课程案例，让学生了解具体的应用场景和案例研究方法
11月24日	第13周	课程扩展内容	根据学生兴趣和需求，进一步讲解和扩展课程内容
12月1日	第14周	考查与辅导	进行阶段性考试或综合测评，检验学生的掌握程度，同时提供相应的辅导和支持
12月8日	第15周	作业布置	布置下一阶段的课程作业，指导学生准备期末考试
12月15日	第16周	课程复习	复习整个学期所学的知识点，进行总结和梳理
12月22日	第17周	期末考试	进行终极考核，测试学生的综合应用能力和知识掌握情况
12月29日	第18周	课程总结与反思	总结整个学期的教学效果，并与学生进行反思和互动讨论
1月5日	第19周	课程展示	学生进行个人或小组课程展示，分享自己在课程学习中的心得和体会
1月12日	第20周	课程评价	从不同维度进行课程评价，提高教学质量，并为日后的课程改进提供参考建议

第一阶段：研究历史的意义和方法

本学期的第一阶段主要是帮助学生理解学习历史的意义和探究学习历史的方法。教师需要强调历史的重要性、历史的启示以及探究历史的方法。这个阶段的活动是为了让学生理解为什么需要学习历史、如何学习历史以及掌握正确的学习历史的方法。

活动安排如下。

（1）探究历史的意义和价值：学生从日常生活中归纳历史的价值和意义，了解历史给我们带来的启示，如智慧、经验和警示。教师在课堂上播放一些与历史有关的纪录片、短片，让学生探讨历史的意义和重要性。

（2）研究历史学习的方法：通过小组讨论、文献调研等方式，学生在探究不同历史事件的同时掌握正确的历史知识。教师可以邀请历史学专家，对历史学习方法进行解说，引导学生思考、分析历史事件所涉及的知识点。

（3）探讨历史哲学：通过课程内容、历史课题研究等方式，让学生了解历史哲学的发展趋势。教师可以安排学生以小组为单位组织研讨会，以深入探讨某个历史哲学。

（4）了解文化差异：了解不同文化历史背景下的差异。教师可以向学生介绍不同文化的历史差异，让学生了解不同文化的背景，通过小组互助讨论，学生能更全面掌握各个时期的文化的历史。

第二阶段：中外古代文明

在这个阶段，我们可以让学生从地理和历史的角度观察中国和世界古代文明的发展和变化。活动可以使学生掌握中国和外国古代文明的基本知识点和特点、比较中外古代文明的异同、了解世界古代文化的内在联系。

活动安排如下。

（1）中外古代文明对比：对比中国和外国古代文明的异同。教师可以组织学生一起在历史博物馆、遗址考察中探究历史遗址的基础知识，了解文化遗产的保护和利用，活动包括参观文物展览、学生文物展示等。

（2）古代文明学习交流二合一：通过学生间的研讨交换，进一步加深学生对古代文明的理解和自己的历史思考。教师可以安排学生以小组为单位研究不同的古代文明，如古希腊、古罗马和古印度等。学生可以分享学习体验，并交流各文明之间的差异。

（3）古代文化差异的影响：研究古代文化差异如何影响寺庙、宗教节日和文化节日的举办等。该活动能拓宽学生视野，让学生更全面地掌握不同文化历史背景下的差异，还可以通过展示、表演等方式表现出古代文化差异的影响。

第三阶段：中国古代史

在这个阶段，我们需要让学生深入探讨中国古代文明、政治、社会和经济的关系，了解中国古代史的发展变化和特点。

活动安排如下。

（1）实地参观：让学生走进历史景点，了解中国古代史的发展变化。教师可以组织学生参观故宫博物院、青岛市博物馆、即墨古城、古汉墓等。

（2）演讲比赛：通过分组抽签的形式，让学生自愿选择某一古代历史研究成果进行展示。学生可以选择一个话题进行研究，比如长城的修建、中华文化的发展等，之后展开演讲比赛。

（3）模拟历史变革：让学生通过角色扮演的形式，探究中国古代历史的发展并体验底层阶级在社会变革中如何获得机会。学生可以自主选择思想观念变革、政治变革、经济变革和社会变革等其中一个角度作为探究论题。

第四阶段：中国近代史初探

在这个阶段，我们可以让学生深入探究近代史的发展，了解西方国家的现代化措施以及中国近代化过程中面临的压力和挑战。

活动安排如下。

（1）研究民族概念：在学习近代史之前，我们先来研究一下民族概念。教师可以首先与学生分享身边亲人在近代史中的经历，让学生理解民族概念及其在历史中的作用。

（2）研究中西文化差异和影响：展示近代西方文化与中华文化的差异以及对中国近代历史发展的影响，让学生深入探究中西文化之间的差异和影响。

（3）学习中国近代史：学生通过阅读、分析、解析近代历史的变迁、思想、政治、军事等信息，重新认识中国近代史。

第五阶段：中国近现代史

在这个阶段，我们需要让学生了解中国近现代史的发展。学生可以探究中国近现代历史的变迁及政治、经济、技术等方面的发展，了解中国近现代化进程中的发展和变化。

活动安排如下。

（1）研究中国近现代史：学生通过阅读、分析和评价中国近现代史的变迁及政治、经济、技术等方面的信息，了解中国近现代化进程中的发展和变化。

（2）研究 20 世纪中国历史：研究 20 世纪中国历史的变迁及政治、军事等方面的内容。

（3）历史研究：关于不同文化、不同民族的历史研究，可通过小组研究的方式进行讨论、表现和分享。

第六阶段：世界发展趋势（延伸）

在这个阶段，我们需要让学生了解世界的发展趋势。学生可以探究世界大规模的趋势变化，从而了解和认识世界的未来发展趋势。

活动安排如下。

（1）研究发展趋势：让学生通过基本数据以及统计数据获取的信息来研究世界大规模的趋势变化。例如，食品供应链管理、当代世界经济发展趋势等。

（2）研究未来发展：了解未来发展趋势，了解当今的政策和技术趋势对世界的影响。学生可以开展未来趋势研究项目，并拟订一份合理的研究计划，分别阐述未来的趋势，从而了解如何分析数据。

第七阶段：总结与评估

在这个阶段，学生需要进行总结和评估。学生可以通过不同形式和方式对本学期的学习进行总结和评估，包括对教师教学和课程内容的反馈。

活动安排如下。

（1）课后反思：让学生在课后进行反思，记录下这个学期自己的学习体验，并根据自己的反省来进一步提高自己的学习笔记或作品水平等。

（2）学期总评：综合考虑学生的学术能力，对学生的综合成绩进行总评。评估中应加入课内和课外活动的分数以及每个学生参与讨论和分组合作的表现。

六、评价活动/成绩评定

《中外历史纲要》上册作为中学历史必修课程之一，对其课程的评价应与课程学期目标相结合，注重学生历史思考能力的提高和历史背景知识的掌握。同时，其过程评价也应该体现出对笔试无法唤起的能力和知识水平的关注。

首先，对于评价设计与学期目标的匹配，教师应根据课程标准和学生实际情况，针对每次教学内容设计不同的评价方式。例如，在学习古代文明时，可以安排学生参观博物馆、考察古建筑等，要求学生活动结束后在班级分享、讲解自己的所见所闻和学到的历史知识。这样不仅可以了解学生实际掌握的知识和能力，同时也可以培养学生的表达和沟通能力，符合学期目标中关于提高历史思考能力的要求。

其次，成绩评定方式应该清晰明了，既要包括考试成绩，还要考虑到其他方面的表现，例如课堂参与、活动表现、小组合作等，注重全面评价学生的历史学习情况和综合能力。对于笔试，可以通过设计多种试题类型来考察不同的认知水平和能力，例如选择题、填空题、解释题、分析题等，灵活地考察学生的知识掌握情况。

最后，过程评价也应该体现出对笔试无法涉及的目标的关注。通过任务和活动的设计，老师可以观察学生的学习过程和态度，评价学生的探究能力、独立思考能力、表达和沟通能力等。例如，在探究封建社会时，可以组织学生进行小组演讲，评价学生的合作能力、主题贡献度、表现水平等，通过类似的方式，在提高学生的基础知识掌握程度的同时，也能培养他们的批判性思维和创新意识。

总之，对于《中外历史纲要》上册这样的中学历史必修课程，教师在组织评价活动和成绩评定时应该全面考虑学期目标、学情特点和学习目标，注重综合素质和基础知识的结合，通过多种教学方式和评价方式，提高学生的综合能力和文化素养。

七、主要参考文献

[1] 杨春娥. 探讨高中历史课程化渗透"家国情怀"素养的重要意义：以《中外历史纲要》上册为例 [J]. 学周刊，2023（15）：154-156.

[2] 刘逸群. 基于家国情怀素养培育的高中历史教学方法：以《中外历

史纲要（上）》为例［J］. 甘肃教育，2023（06）：15-18.

　　［3］周鹏. 基于历史学科核心素养的教学探讨：以高中历史《中外历史纲要》为例［J］. 教学管理与教育研究，2023，8（04）：48-49.

　　［4］赵雄玉. 高中历史必修教材《中外历史纲要》的教学策略思考［J］. 考试周刊，2023（07）：147-150.

　　［5］陈鹏礼. 基于史料实证的高中历史问题教学方法：以《中外历史纲要》为例［J］. 甘肃教育，2023（04）：121-124.

　　［6］王自栋，林小凤. 浅谈高中历史课堂涵育学生家国情怀的策略：以《中外历史纲要（上）》第 21 课为例［J］. 中学教学参考，2022（31）：68-70.

　　［7］李雅琪. 高中历史教师统编新教材适应性研究［D］. 杭州师范大学，2022.

　　［8］黄杏婵. 基于核心素养的高中历史项目化学习设计要点：以《中外历史纲要（上）》第一单元为例［J］. 历史教学（上半月刊），2022（10）：47-55.

　　［9］邓宇. 基于中华民族认同的中国古代少数民族史内容解读与教学研究：以《中外历史纲要（上）》为例［D］. 四川师范大学，2022.

　　［10］周俊，陈颖丽，曹金发. 高中历史教材知识性内容的拓展探究：以《中外历史纲要》（上）为例［J］. 安徽教育科研，2022（18）：87-89+111.

◎ 第三节　青岛市城阳第一高级中学单元教学方案

一、一般信息（表5-3）

表5-3　青岛市城阳第一高级中学单元教学一般信息

单元名称	明清中国版图的奠定与面临的挑战	学科（领域）	历史	单元总课时	3
年级	高一	班额	43	课程类型	新授课
设计者	王志胜　陈雪莲				

二、背景分析

本单元的背景是明清两代，也是中国历史上变化巨大的时期。明朝时期，中国经济繁荣，文化发展，国际地位强大，但是也有内部矛盾和外部威胁，最终被清朝推翻。清朝时期，中国逐渐走向封闭，社会经济发展趋于停滞，但是也保持了长期稳定。

本单元要通过学习明清时期中国版图的奠定与面临的挑战，了解明清两朝的政治、经济、社会和文化变化，理解明清时期的历史背景和时代特点，培养学生对历史的理解和分析能力，提高学生的历史素养。

本单元内容涉及中国明清时期的政治、经济、文化及社会发展等多个方面。其中主要内容包括以下几个方面：

首先，要了解明清时期国家疆域的形成。明清时期，中国的版图面临巨大的变动，从政治乃至经济、文化等各方面都发生了一系列的变化。例如，在清朝建立之初，中国的版图权力逐渐由明转移至清，清朝不断地扩大疆域，吞并了以前属于明朝领地的地区。这一过程中，明清两朝在很大程度上改变了中国的疆域形态，对中国的未来也产生了深远的影响。

其次，要了解清朝崛起过程中的政治制度和社会文化。明朝时，中国国家制度的变革在很大程度上促进了清朝的崛起。清初扶持民间商业和工匠行业，使得中国的经济在当时得到了较大的发展。并同时保持了对传统文化的持续推崇，加强了对中华传统文化的保护和发展。

最后，要认识明清时期中国社会（包括政治、经济、文化领域）的变化和面临的危机。着重强调两个指向：一是明清时期的中国出现了许多重大的社会变化，特别是 16 世纪以来的变化，在许多方面一直影响到了现代社会；二是这些变化是与这一时期的世界变化同步的，甚至是后者的组成部分。

在教学过程中，我们可以将这些内容与《普通中学历史课程标准（2017年版 2020 年修订）》中定义的课程标准联系起来，以便更好地帮助学生了解历史背景、历史事件和历史人物等知识点。《普通中学历史课程标准（2017 年版 2020 年修订）》指出，中学历史课程要使学生具备以下方面的能力：

培养学生对历史事件的时空观念、历史意识、批判性思维及综合分析能力。此外，还需强化学生的历史责任感，提升其历史素养，以促进其全面发展。

通过本单元的学习和相关活动，学生们将有机会在发展上述能力的同时，提高对历史学科核心素养的把握，充分发挥历史课程在培育学生社会主义核心价值观方面的基础性作用，以贯彻落实立德树人根本任务。

三、单元目标

（1）通过学习，了解明清时期中国的版图变化和国家特点，理解明清时期政治、经济、社会和文化的变化和发展，掌握明清时期的历史事件和历史人物的基本事实和意义，培养学生的历史意识和历史价值观。

（2）通过实施教学，培养学生的历史思维方法和历史分析能力，培养学生的调查研究能力和文献分析能力，培养学生的批判性思维和判断能力。

（3）通过实施教学，培养学生的责任感和爱国情感，培养学生尊重历史和传统文化的态度，培养学生的团队协作和合作精神。

四、评价设计

本单元中，评价设计主要是针对学生的学习成果和突出表现，验证他们是否达到所需的行为表现。评价方式应该兼具量化和描述性评价，可以利用测试、作业、小组讨论、阅读笔记、口头表达等方式进行。

首先，针对班级的整体表现，可以用定期的小测验来检测学生对相关知识点的掌握程度。例如，测试中可以设置一些选择题、填空题等，以此评估学生对明清时期的政治历史、文化传统和社会状况的了解程度。这种方式的优点在于，能迅速有效地获取班级同学的学习情况，及时调整教学策略，以更好地达到教学目标。

其次，针对学生的个性特点和学习能力，可以设计团队项目，让学生通过小组讨论的形式进行调查研究，以此鼓励他们主动学习和发挥创造性能力。例如，可以让学生利用线上和线下资源，从政治、文化以及经济等不同角度展开探究，再把自己的研究成果分享给同学，以此来检验学生对中国明清时期的政治历史、文化传统和社会状况的理解水平。这种方式能够更好地激发学生的学习积极性，增强他们学习历史的兴趣和自信，同时能够锻炼他们的协同合作能力和领导能力。

再次，针对学生的口头表达能力，可以设计演讲活动，让学生在班级或者小组的范围内进行演讲，展示他们对某个历史事件或者某个历史人物的理解和分析。这种方式能够更好地帮助学生表达自己的意见，提升演讲技巧和表达能力。

最后，为了更好地评价学生的学习成果，可以让学生编写学习日记、读书笔记等，从而体现出学生对所学知识的理解和分析能力。在每个单元结束时，教师可以针对学习日记和读书笔记进行评价，围绕课程目标和学习规范提供反馈，提高学生的学业水平和教学效率。

总之，本单元的评价设计应该多元化，结合个人能力和学习特点，整合不同的评价方式。通过场景、项目、演讲和文字写作等多种形式的评价，可以全面收集学生的学习成果和评估数据，更好地帮助学生掌握相关知识和技能，同时提高学生的学习兴趣和实践能力。评价标准如下表5-4所示。

表5-4 评价标准

第一次测试（40%）	
测试范围	课堂所学的知识及相关历史事件和人物
测试时间	单元学习结束后
测试方式	笔试
课堂表现及作业（30%）	
考核内容	课堂表现及作业，包括参与度、表达能力、课堂笔记、课后作业等
考核时间	单元学习期间
考核方式	综合评价
小组报告（30%）	
考核内容	小组调查报告
考核时间	单元学习中期
考核方式	小组展示和讨论

五、学与教活动设计

学与教活动设计有如下目标：单元课时划分合理；预设的评价任务必须镶嵌在教学过程中；教学活动设计与安排聚焦单元目标达成，教学方式多样；凸显课堂中的"在学习，真学习"；学生学习方法选择体现学科性。

在本单元课时划分中，需要合理安排教学时间和课程内容，使得学生的学习进度和学习质量都能得到保证。此外，教师还需要预设评价任务，并将其嵌入教学过程中，以便及时反馈学生的学习情况和进展。

在教学活动设计和安排中，教师需要聚焦单元目标的达成，针对教学任务制定合适的教学策略，探究多样化的教学方式，以激发学生的学习兴趣、提高学生的学习动力，让学生在课堂上能真正参与学习过程中。

此外，在课堂中要特别强调"在学习，真学习"的理念。教师应该注重培养学生的学习能力和方法，让学生学会如何在课程中主动思考，发掘问题，探索知识。同时，教师还应该在学生学习方法的选择上考虑学科性。不同学科的学习方法和策略是不一样的，因此在设计教学活动时要注重学科特性，让学生在不同学科中能够形成适合自己的学习方法。除了以上教学内容和方法，教师还需要注意以下几个方面：

首先，考虑学生的个体差异。学生的基础知识、学习兴趣和能力水平都存在着差异，教师需要充分考虑这些差异性，采用差异化教学策略，让每个学生在课堂上都能得到合适的学习支持和指导。在课堂上，教师可以利用小组合作、针对性教学等方法，让学生在个性化的环境中学习，充分发挥学生的潜能，达到最佳的学习效果。

其次，对学生成长进行指导。教师不仅是知识的传授者，还是学生成长的指导者。教师应该从学生的兴趣和爱好出发，鼓励和引导学生积极参与课堂活动，培养学生的创造力和创新精神。同时，教师还应该为学生开辟一条成长之路，在学科学习、科技创新、艺术表现等方面给予学生积极的指导和支持。

再次，打造良好的教学环境。教学环境是影响学生学习的重要因素之一。良好的教学环境可以激发学生的学习兴趣，提高学习效率。因此，教师需要营造一个积极向上、互惠互利的教学氛围，在教学过程中尊重学生的人格，照顾学生的情感需求，从而有效激发学生的学习热情。

最后，不断学习和创新。教学是一个不断创新和进步的过程，教师需要不断学习和掌握新的教育理念和方法，提高自己的教育水平，不断挑战自己的教育极限。同时，教师还可以通过与同事们交流探讨，参加各种培训、研讨会等方式，与教育界同行切磋学习，互相借鉴、共同进步。

总之，单元课时划分是一个比较新的教育理念，在落地实施上需要教师深入理解和认识。课堂教学的本质在于激发学生的学习兴趣和创造力，在发掘和挖掘学生的潜能和内在动力中，体现出良好的教育智慧和水平。这需要教师以高度的责任感和使命感，履行教育者应有的社会责任，创设新的教学模式和环境，让课堂教学不再是单调乏味的知识传授过程，而是一个学生积极参与、教师精心设计的共同成长、共同进步的过程。单元活动设计如下。

活动 1：观看电影《大明王朝 1566》

目的：通过观看电影，了解大明王朝时期的历史背景和时代特点。

内容：学生观看历史电影《大明王朝 1566》，教师组织学习相关知识。

时间：1 课时

活动 2：小组调查"明清朝贡贸易"活动

目的：了解明清时期的贸易形式，通过调查记录和统计，学生可以更好地理解明清时期国际关系的演变。

内容：学生组成小组，每组 3~5 人。阅读相关文献资料，调查明清两朝的朝贡贸易。搜集资料，记录和统计明清两朝的对外贸易数量和贸易对象。进行成果展示和交流。

时间：3 课时

活动 3：了解"明清时期的版图变化"活动

目的：通过分析明清时期的版图变化，了解明清两朝的国家历史特点和国家地位。

内容：学生分组，每组 3~5 人。阅读相关文献资料，分析明清时期中国版图的变化。小组展示和讨论。

时间：2 课时

活动 4：进行"历史人物讲解"活动

目的：加深学生对历史人物的了解，提高学生的历史知识深度和广度。

内容：学生每人自行选择一个对历史有重要贡献的明清时期的历史人物，准备人物介绍的 PPT。在课堂上依次介绍并交流 PPT 内容。

时间：2 课时

总计：8 课时

◎ 第四节　青岛市城阳第一高级中学课时教学方案

一、一般信息（见表5-5）

表5-5　青岛市城阳第一高级中学课时教学方案一般信息

课时名称	明清中国版图的奠定与面临的挑战	学科	历史	课时	3
使用年级	高一	班额	43	课程类型	新授课
设计者		王志胜　陈雪莲　杨　兵			

二、课时目标

第一课："从明朝建立到清军入关"。

课时目标：通过本课时的学习，学生将能够理解从明朝建立到清军入关这一重要历史时期的背景、事件和其对社会、政治以及文化的影响。

本课时主要讲述了明朝建立到清军入关的历史事件和背景。结合中学历史课程标准来分析，可以分为以下几个方面：

（1）结合明朝政治体制的变化，从"历史解释"角度认识明朝时期封建专制的发展和制度创新。

（2）结合明朝时郑和下西洋以及对西藏和东北的治理，从"时空观念"角度认识统一多民族国家的巩固和发展。

（3）了解东南沿海的抗倭斗争和荷兰侵占台湾等史实，从"家国情怀"角度认识中国社会面临的危机。

总之，本课的学习目标在于全面地介绍从明朝建立到清朝入关的历史事件和背景，帮助学生全面了解中华民族的历史文化，加深学生对历史文化的认知；同时也可以促进学生的历史思维能力的培养和历史情感的体验，以达到培养学生历史核心素养的目标。

第二课:"清朝前中期的鼎盛与危机"。

课时目标:通过本课时的学习,学生将能够理解清朝前中期的政治制度、疆域奠定和遭遇危机的原因和影响。

本课着重介绍清朝前中期的历史背景和事件,涉及清朝的建立、国家制度、疆域奠定等方面。结合中学历史课程标准,本课时的学习目标可以分为三个方面:

(1)结合清朝中枢机构的变化,从"历史解释"角度认识清朝封建专制的发展。

(2)结合郑成功收复台湾、平定大小和卓叛乱、驻藏大臣的设立等措施,了解清朝经略边疆的举措,从"时空观念"和"史料实证"角度理解统一多民族国家巩固和发展的意义。

(3)结合清朝中期的内外矛盾,从"家国情怀"角度认识世界的变化及中国社会面临的危机。

综上所述,本课时的学习目标在于全面地介绍清朝前中期的历史背景和事件,培养和提高学生的历史知识、能力和情感水平,从而更好地掌握清朝前中期的历史知识和文化内涵,使学生在历史学科的学习中不断提高,最终达到培养学生历史核心素养的目标。

第三课:"明至清中叶的经济与文化"。

课时目标:通过本课时的学习,学生将能够理解明至清中叶时期的经济、文化发展和变革,并思考其对中国历史和文化造成的深远影响。

本课时的学习目标是通过对明至清中叶的经济与文化进行介绍,让学生全面了解当时的社会背景和文化内涵,从而达到以下四个方面的学习目标:

(1)结合明清时期农业、手工业、商业的发展及当时的世界形势,从"唯物史观"角度认识明清时期经济的发展与局限。

(2)结合陆王心学和明末清初的进步思想,从"历史解释"角度认识明清时期思想领域的新变化。

(3)结合明清时期的科技、小说与戏曲成就,从"家国情怀"角度认识中国传统文化的辉煌。

综上所述,本课时的学习目标在于学生对明至清中叶经济和文化特征的全面了解和掌握，同时在学科学习中体验历史文化的独特内涵和魅力，以达到培养学生历史核心素养的目标。

三、评价设计

第一课："从明朝建立到清军入关"。

评价设计：学生将分组展示一个具体时期的重要历史事件，并介绍其背景、起因、经过和影响，其他小组将对此进行评价并提出问题。

目标达成所需的行为表现：

（1）了解明朝和清朝的建立背景和历史事件；

（2）理解元朝灭亡、明清交替的原因和影响；

（3）掌握明清社会、政治和文化的主要发展特点；

（4）能够理解明清时期对中国历史和文化的重要意义和影响。

第二课："清朝前中期的鼎盛与危机"。

评价设计：学生将分组制作 PPT，介绍清朝前中期政治制度、疆域的奠定和社会危机，并说明原因和影响，其他小组对此进行评价和提问。

目标达成所需的行为表现：

（1）了解清朝前中期的政治制度、疆域奠定和遭遇危机的具体表现；

（2）理解清朝前中期的政治制度、疆域奠定和遭遇危机的背景和原因；

（3）掌握清朝前中期的政治制度、疆域奠定和遭遇危机对中国历史的影响。

第三课："明至清中叶的经济与文化"。

评价设计：学生将分组发表小论文，探讨明至清中叶的经济、文化发展和变革，并提出对中国历史和文化的影响，其他小组对此进行评价和提问。

目标达成所需的行为表现：

（1）了解明至清中叶时期的经济、文化发展和变革的特点；

（2）理解明至清中叶时期的经济、文化变革对中国历史的影响；

（3）掌握明至清中叶时期的经济、文化发展和变革对当代中国的启示和意义。

四、学与教活动设计

（一）"从明朝建立到清军入关"的教学活动设计

第一课时：明朝建立及其政治制度

课时教学目标：

（1）了解明朝建立的背景和过程；

（2）了解明朝时期的政治制度，并分析其主要特点；

（3）培养学生综合分析能力和批判性思维能力。

课时教学过程：

（1）介绍明朝建立的背景和过程，让学生了解明太祖朱元璋的生平及改革措施，以及洪武年间的政策。

（2）分析明朝政治制度的变化，包括废丞相、设内阁、宦官专权，废行省、设三司，让学生了解明朝中央官制和地方官制的变化。

（3）引导学生综合比较宰相制与内阁制。通过交流、辩论等方式，加深学生对内阁是专制皇权强化的产物的认识和理解。

学与教活动设计：

（1）分组活动——历史时间线制作。将学生分成若干组，分别取一个时间段，小组自行选择若干个有代表性的事件，用图片、文字、时间方格等形式制作一个事件时间线，并且标注属于该时间段的人物、制度、事件等。展示完成后，教师再带领学生一起通过时间线了解从明朝建立到清军入关的主要历史事件。

（2）辩论活动——丞相和内阁大学士的差异。将班级学生分成丞相和内阁大学士两组，让他们就政治地位和生活方面的差异进行辩论，分析差异产生的原因和影响，并比较其对明朝的贡献。同时，其他组学生也可以评论并提出自己的问题和不同的观点。辩论结束后，教师点评学生的观点。

（3）观看历史频道纪录片，描绘明朝时期的政治生活和政治文化，让学生直观感受明朝时期的政治制度，并对学生的感知进行提问和讨论。

第二课时：中国的"大一统"与社会动荡

课时教学目标：

（1）了解明朝的海上交通与沿海形势；

（2）了解明朝的民族关系与内陆边疆治理措施；

（3）培养学生综合分析能力和批判性思维能力。

课时教学过程：

（1）讲解明朝郑和下西洋与明朝朝贡贸易知识，引导学生认识明朝统治者对外政策由支持"下西洋"到"海禁"的转向，并比较朝贡贸易与西方新航路开辟的差异性。

（2）分析明朝东南沿海的"倭患"和欧洲殖民扩张与掠夺。

（3）让学生对明朝大一统与社会危机出现的原因和影响进行分析。

学与教活动设计：

（1）课堂活动——明朝朝贡贸易与新航路开辟的比较。以历史知识为基础，带领学生比较两者的异同，鼓励学生充分借助课本、参考资料和历史剧等来表达自己的观点。

（2）批判性思维活动辩论会——课堂开展辩论会，理解明朝的"大一统"与社会危机。将明朝的海上交通、沿海形势、民族关系、内陆边疆措施与其他朝代做比较，为自己的判断寻找证据，并学会辩证理解其内涵。

（3）交流与发言——明朝对外政策的变化及其对中国社会的影响。鼓励学生就明朝对外政策的转向展开讨论，寻找并阐述其中的深层次原因并探究其对中国社会的影响。

第三课时：清军入关，明朝的结束与中华文化的传承

课时教学目标：

（1）了解中华文化的历史沿革和特点；

（2）了解明代的经济、政治、文化背景以及明朝结束的原因；

（3）培养学生综合分析能力和批判性思维能力。

课时教学过程：

（1）讲解中华文化的历史沿革和特点，强调传统文化的重要性和价值。概述从夏至明清的文字、哲学、宗教、文学、音乐、儒家经典等基本元素的沿革，让学生了解中华文化传承的重要性和独特性。

（2）分析明朝结束的原因，包括外族入侵、内部矛盾和不良的政治制度等，引导学生分析明朝的结束对中国社会的影响。

（3）告诉学生，中国传统文化不是过去的事物，而是具有现代活力的资源，鼓励学生思考如何传承和发扬中华文化。

学与教活动设计：

（1）研究活动——中国传统文化的历史沿革和特点。分组讨论，了解中国传统文化的历史起源、发展和主要特点，鼓励学生寻找并探究其中的独特性和现代性，如和谐思想、文化包容性和国际化等。

（2）美术活动——印刷制作文化符号。让学生自己设计属于中华文化的独特标志或标识，并学习印刷制作知识，加深学生对中华文化的了解和感知。

（3）交流与发言——明朝结束对中国社会的影响。鼓励学生就明朝结束的影响展开讨论，寻找并阐述其中的深层次原因并探究其对中国传承的影响。

（4）总结与回顾——中华文化的传承。用讨论的形式，让学生分享他们对中华文化传承的理解和思考，收集学生的观点和思路，进行总结和回顾。

（二）"清朝前中期的鼎盛与危机"教学活动设计

第一课时：课堂导入

主题：清朝前中期政治背景概述。

活动设计：

（1）以"新朝代的开始"为题，让学生观看相关影片并讨论影片中所展示的清朝初期政治背景。

（2）在介绍清朝政治制度时，分享清朝政治制度的演变历程以及统治阶级、皇室等组成部分。

（3）探讨清朝中央官制的特点，梳理中国封建社会中央官制的演变及趋势。

（4）探讨清朝地方官制的特点，梳理中国封建社会地方官制的演变及趋势。

第二课时：知识拓展与分析

主题：清朝前中期鼎盛与危机的分析。

活动设计：

（1）学生们进行课前阅读《清朝前中期的鼎盛与危机》相关史料，并以小组形式总结、分享课前阅读的内容。

（2）学生分组讨论清朝前中期的鼎盛以及所面临的危机，引导学生思考清朝的衰落是否有必然性。

（3）构建群体小讲台模式，以学生为主体介绍清朝前中期社会经济、政治、文化等方面发展的资料性文献。

第三课时：个性探究与创作实践

主题：清朝前中期的鼎盛与危机。

活动设计：

（1）让学生们分小组进行清朝前中期鼎盛与危机的情景设计。

（2）要求学生们在情景设计过程中，参考相关资料和讲座内容，完整表现清朝前中期的鼎盛状况和面临的危机。

（3）在小组愉快完成任务的同时，强调管理能力、交流合作能力和抗压能力的重要性。

（4）学生们进行展示，引出讨论。

（三）"明至清中叶的经济与文化"教学活动设计

第一课时：课堂导入

主题：明至清中叶的经济与文化概述。

活动设计：

（1）让学生看一段介绍明代经济的短片，并询问学生对于明代经济的认知以及他们所了解的明代经济的具体内容。

（2）在介绍明代的经济文化时，提出如下问题：明代的经济文化特点有哪些？这些特点是如何影响社会的？

（3）在讲解清代的经济文化时，介绍康乾盛世时期中国的经济文化发展情况，如瓷器、书法、绘画等。

（4）探究海禁对于清代经济的影响，并介绍西方礼仪、习俗、思想等的传入对中国社会的影响。

第二课时：知识拓展与分析

主题：明至清中叶的经济文化与海禁的影响。

活动设计：

（1）让学生阅读一篇有关明清中期经济文化的文章，并分小组进行讨论。

（2）强调整个时期经济文化的变化，包括但不限于文学、书法、音乐、商业、经济等方面，探究这些变化背后的社会背景和原因。

（3）在探讨海禁对于中国社会经济和文化的影响时，介绍清代海禁的背景、政策及由此导致的经济文化形态的变化。

（4）在介绍西方文化传入中国时，让学生思考其对传统文化的挑战，并进一步思考如何正确对待外来文化。

（5）为学生提供一些西方文化的范例，如音乐、绘画、流行电影、电视节目等，并激励他们思考如何将这些元素融入中国传统文化。

（6）学生针对本课所学内容，撰写历史小论文，提高历史思辨能力。

主题式大单元教学背景下中学生史料实证素养培养举例

本节课课程标准与热词聚焦见表6-1。

表6-1　课程标准与热词聚焦表

课程标准	热词聚焦
（1）通过了解石器时代中国境内有代表性的文化遗存，认识它们与中华文明起源以及私有制、阶级和国家产生的关系；通过甲骨文、青铜器铭文及其他文献记载，了解私有制、阶级和早期国家的特征 （2）通过了解春秋战国时期的经济发展和政治变动，理解战国时期变法运动的必然性；了解老子、孔子学说；通过孟子、荀子、庄子等了解"百家争鸣"的局面及其意义	神权色彩浓厚的早期政治，"家国同构"的西周体制，初步形成的民族国家统一意识；井田制下的集体劳动，生产力变革下的"石器锄耕"，官府垄断下的"青铜文明"；文明象征的成熟文字，贵族垄断的文化教育，文化认同的民族意识

先秦时期阶段特征

先秦是中华文明的起源时期，包括原始社会、夏、商、西周和东周（春秋、战国），经历了三种社会形态，即原始社会的出现、发展与解体，奴隶社会的形成（夏）、发展（商）、鼎盛（西周）与瓦解（春秋）以及封建社会的形成（战国）。

（1）政治：原始社会末期实行禅让制；夏朝实行王位世袭制，是中国古代最早的国家；商朝实行内外服制；西周形成了较为完善的政治制度——分封制、宗法制；春秋战国时期，诸侯的势力逐渐强大，周王室衰微，分封制遭到破坏。

（2）经济：随着社会生产力的发展，春秋战国时期逐渐形成以家庭为单位的男耕女织的小农经济，这种自给自足的自然经济，是中国传统农业社会生产的基本模式。在此基础上，手工业和商业也得到了相应的发展。

（3）文化：在学术领域，春秋战国时期的百家争鸣奠定了中国思想文化发展的基础；在文学上，《诗经》和"楚辞"成为我国古代现实主义文学和浪漫主义文学的源头；在文字上，商朝出现了比较成熟的文字——甲骨文。

时空坐标（见图6-1）

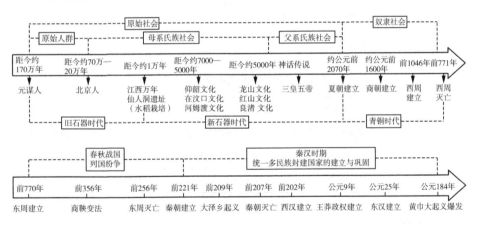

图6-1　先秦、秦汉时期重要历史事件时空坐标

知识排查·教材深化

一、中华文明的起源与早期国家

1. 石器时代的古人类和文化遗存

（1）旧石器时代

①概念：旧石器时代是指以打制方法制作石器的时代。

②原始人类：代表性的有距今约 170 万年的元谋人和距今约 70 万至 20 万年的北京人。

③生活：从事渔猎和采集，过着群居生活。元谋人、北京人已经学会用火。

（2）新石器时代

①概念：新石器时代是指以磨制方法制作石器的时代。

②早期（见表 6-2）

表 6-2　新石器时代早期特征一览表

时间	距今约 1 万年前
生产生活	大量使用陶器，开始从事原始农业，饲养家畜，生活逐渐稳定
遗存	分布广泛，奠定了多元一体的发展基础

③中期（见表 6-3）

表 6-3　新石器时代中期特征一览表

时间		距今约 7000 至 5000 年前
代表		黄河中游地区的仰韶文化、下游的大汶口文化和长江下游的河姆渡文化
生产生活	仰韶文化	典型器物是彩绘陶器，以粟等为主要栽培作物
	河姆渡文化	居民种植水稻，并且掌握了养蚕缫丝技术

④晚期（见表 6-4）

表 6-4　新石器时代晚期特征一览表

时间	距今约 5000 年
代表	黄河流域的龙山文化、辽河上游的红山文化、长江下游的良渚文化
生产生活	龙山文化的代表器物是黑陶，胎壁薄如蛋壳，被称为"蛋壳陶"；红山文化和良渚文化都出土了精美的玉器，出现较大规模的祭坛和神庙
社会发展	社会贫富分化与不平等开始出现，氏族间的联系趋于紧密，形成较大的部落甚至部落联盟；私有制已经产生，阶级分化日益明显，出现了权贵阶层。中国即将迈入阶级社会的门槛

2. 从部落到国家

（1）三皇五帝的传说

①三皇时代：较早，神话色彩浓重。

②五帝传说事迹：黄帝联合炎帝，结成炎黄部落联盟，被后世共尊为华夏始祖。尧、舜可能是中原地区的联盟首领。五帝后期的龙山文化时代，史称"万邦"时代，具备了国家的初始形态。

（2）夏朝的建立

①建立：约公元前2070年，禹建立了我国最早的奴隶制国家夏朝。

②统治：禹死后，其子启继位，世袭制代替了禅让制。夏王是最高统治者。中央设有主管行政、军事、司法和宗教的机构与职官。对夏部族生活的地区实行直接统治，对其他地方主要通过控制一些部族进行间接统治。

③灭亡：约公元前1600年，商部落在首领汤的率领下，发兵讨桀，夏朝灭亡。

3. 商和西周

（1）商朝

①建立：汤灭夏后建立了商朝。

②迁都：商朝的都城多次迁移，后来定于殷，所以也称殷朝。

③概况：商朝流行的甲骨文是一种成熟的文字；出土了许多青铜器，造型雄奇，纹饰华丽；国家机构更加完善；国家管理实行内外服制；政治势力与文化影响东到大海，西及陇山，南跨江汉，北至燕山。

④灭亡：公元前1046年，周部族首领周武王，率众伐纣，双方在商都南郊牧野展开激战，商朝灭亡。

（2）西周

①建立：周武王建立周朝，都城在镐京，史称西周。

②分封制与宗法制（见表6-5）。

表6-5　西周分封制与宗法制内容表

目的	"封建亲戚，以蕃屏周"
结果	形成了"天子—诸侯—卿大夫—士"金字塔型的等级结构，加强了周天子对地方的政治统治
影响	宗法制与分封制相互补充，解决了统治阶级内部在权力和财产分配方面的冲突与矛盾

③灭亡：公元前841年，"国人暴动"发生后，周厉王出逃，大臣召公、周公共同执政，史称"共和行政"。公元前771年，西北游牧民族犬戎乘西周王室内乱，攻破镐京，杀死周幽王，西周灭亡。

（3）商和西周的经济

①地位：商和西周是我国奴隶制社会经济发展并走向繁荣的时期。

②成就：农业是主要生产部门，主要使用木、石、骨、蚌等材质的工具，青铜农具极少。井田制是土地经营的基本方式。青铜铸造是手工业生产中的主要部门，青铜器种类繁多，青铜文化灿烂。

二、诸侯纷争与变法运动

1. 列国纷争与华夏认同

（1）"春秋五霸"

春秋时期，齐国、晋国、楚国、吴国与越国等先后建立了霸权，史书将这一时期建立霸权的诸侯国国君统称为"春秋五霸"。

（2）"战国七雄"

①背景：春秋后期到战国前期，一些诸侯国的卿大夫掌握了实权。

②过程：韩、赵、魏三家分晋，齐国大夫田氏取代齐国姜姓国君。最终形成了齐、楚、燕、韩、赵、魏、秦七个大国，史称"战国七雄"。

③影响：周朝传统的政治秩序完全被破坏，各国国君纷纷称王，周王室被秦国吞并。

（3）民族关系的变化

①表现：春秋时期，中原各国自称为"华夏"，产生了华夏认同观念。进入战国之后，戎狄蛮夷逐渐融入华夏族。

②结果：华夏族吸收了大量新鲜血液，更加稳定，分布更为广泛。

2. 经济发展与变法运动

（1）经济发展

①冶铁技术出现，铁制农具开始使用，牛耕也得到推广。

②各国纷纷兴建水利灌溉工程，如都江堰、郑国渠、芍陂。

③工商业繁荣，手工业分工更加细密，货币流通广泛，各地涌现出一批人口众多、商贾云集的中心城市。

（2）变法运动

①背景：战国时期兼并战争日益激烈。

②目的：富国强兵。

③结果：通过变法，推动了社会转型，逐步建立起君主专制的政治制度。

④代表：商鞅变法（见表6-6）。

表6-6 商鞅变法具体内容表

时间	开始于公元前356年
内容	重农抑商，奖励耕织；奖励军功，剥夺和限制贵族特权；强制大家庭拆散为个体小家庭；"废井田，开阡陌"，授田于百姓；在民间实行什伍连坐，互相纠察告发；行政管理上普遍推行县制，县的主要官员由君主任免
特点	集列国变法之长，是战国时期持续时间最长、涉及面最广、改革最为彻底的一次变法活动
影响	变法使秦国国富兵强，为秦统一中国奠定了基础

3. 孔子和老子（见表6-7）

表6-7　孔子、老子人物特征表

人物	地位	理论
孔子	儒家学派的创始人	①"仁"：主张统治者顺应民心，爱惜民力，"为政以德"，通过以身作则的道德感化来治理国家 ②主张恢复西周等级森严的礼乐制度，同时也承认制度随着时代变化应当有所改良 ③以"有教无类"的思想办学，推动了私学的发展 ④文献整理：晚年整理的《诗》《书》《礼》《易》《春秋》等文献，成为儒家的经典 ⑤孔子的主要思想和言论记载在《论语》当中
老子	道家学派的创始人	①朴素的唯物论：将天地万物本原归结为抽象的"道"，追求天人合一 ②朴素的辩证法：事物存在着相互依存、相互转化、对立统一的矛盾；认为物极必反，柔能克刚 ③政治主张：对现实不满，反对制度束缚，主张顺其自然，无为而治

知识延伸　良渚文化——文明的曙光

良渚古城遗址展现了一个存在于中国新石器时代晚期的以稻作文化为经济支撑、存在社会分化和统一信仰体系的早期区域性国家形态。2019年7月6日，在第43届世界遗产大会上，中国的良渚古城遗址被列入《世界遗产名录》，这标志着中华五千年文明史的实证被联合国教科文组织和国际主流学术界广泛认可。

情境体验1　周天子分封时要举行一定的"授民"仪式，即将原属周天子的臣民分封给诸侯。"授民"仪式后，这些臣民归诸侯所有，但依然保留着周天子臣民的性质。这一"授民"制度有何作用？

思维点拨　井田制与分封制的关系

（1）分封制起到维系和调整统治阶级内部关系、保证奴隶制国家对奴隶和平民进行统治的作用，是西周奴隶制国家强盛的政治保证。

（2）井田制规定了奴隶制生产关系的主要内容，是决定奴隶制经济形态存在、发展和西周政治统治的经济基础。

（3）二者相互影响，是西周奴隶制兴盛的支柱。春秋时期，随着井田制瓦解、分封制破坏，奴隶制文明逐步被封建制文明所取代。

误区警示　春秋争霸战争是奴隶主同奴隶主之间为争夺领地而展开的战争，是奴隶社会性质的；战国兼并战争是新兴地主阶级为达到统一而发动的战争，是封建社会性质的。

思维点拨　运用唯物史观认识战国时期的变法运动

（1）经济基础决定上层建筑，社会经济的变革，必然引起政治制度的变革。随着奴隶制经济基础的崩溃，新兴地主阶级代替奴隶主贵族进行统治，成为历史发展的必然。

（2）上层建筑的调整会反作用于经济基础。各国的变法解放了生产力，促进了封建经济的发展。

4. 百家争鸣

（1）背景

①经济上：社会经济的发展，促使阶级关系出现新变化。

②政治上：新兴的士阶层崛起，他们提出了自己的政治社会主张和要求，试图影响现实政治。各国统治者礼贤下士，争相招揽人才。

③文化上：士人周游列国，颇受重用。士人的活跃推动了学术文化的繁荣。

（2）表现：出现众多学说、学派，各自提出对政治、社会乃至宇宙万物的看法，彼此论战辩驳，形成百家争鸣的思想文化繁荣局面。

（3）派别（见表6-8）

表6-8 百家争鸣代表学派

儒家	孟子认为人性善，提倡"仁政"；荀子认为人性恶，主张隆礼重法
道家	庄子崇尚逍遥自由
阴阳家	以邹衍为代表，认为五行间相互促进又相互制约，提出"相生相胜"理论，代表了中国古代对自然界朴素的科学认识
墨家	代表下层平民利益。墨子提倡节俭，主张"兼爱""非攻"，提出"尚贤"的政治主张
法家	代表新兴地主阶级利益。韩非主张以法为工具管理国家，控制臣民，体现了中央集权的政治思想

（4）影响

①百家争鸣是春秋战国时期社会经济发展、阶级关系变化在思想领域内的反映，是中国历史上第一次波澜壮阔的思想解放运动。

②它不仅为新兴的地主阶级登上历史舞台奠定了思想理论基础，而且成为后世中华思想文化的源头活水，影响十分深远。

思维点拨 正确认识老子的"无为而治"思想

老子的"无为而治"并不是无所作为，而是不妄为，不胡作非为，不为所欲为。其主张是"以无事取天下"，反对威逼百姓，认为只有这样才能真正取得"无不为"的效果。

情境体验2 春秋后期至战国之际，诸子勃兴，蔚为壮观。时代的"歌手"们，或"以道鸣"，或"以术鸣"，或"以辞鸣"，汇成了一曲雄壮的交响乐。这一交响乐中诸子百家关注的共同点是什么？

主题探究·能力提升

主题一 中华文明的起源

探究1 时空观念——旧石器时代的重要人类遗址

材料 旧石器时代的重要人类遗址统计表（见表6-9）

表6-9　旧石器时代的重要人类遗址统计表

遗址名称	距今年代	发现地点	所属流域
巫山人	约200万年	重庆巫山	长江
元谋人	约170万年	云南元谋	—
蓝田人	约115万—70万年	陕西蓝田	黄河
北京人	约70万—20万年	北京周口店	海河
金牛山人	约28万年	辽宁营口	辽河
长阳人	约19万年	湖北长阳	长江
和县人	约19万—15万年	安徽和县	长江
马坝人	约13万年	广东韶关	珠江
丁村人	约10万—5万年	山西襄汾	黄河
左镇人	约3万—2万年	台湾台南	—
山顶洞人	约3万年	北京周口店	海河

上述统计表中人类文化遗存在时间和空间上分别体现了我国古代文明起源的哪些特点？

探究2　史料实证——新石器时代的文化遗址

材料　有学者指出，二里头遗址贵族墓出土的玉鸟形饰，颇类于长江中游石家河文化系统的鹰纹玉笄。青铜战斧与环首刀，应属于早期北方系青铜器。而海贝则属暖水种，分布在印度洋和中国南海的热带海域。

作为二里头文化重要礼器的陶酒器盉、爵，向北见于燕山南北的夏家店下层文化，南及由浙江到四川的长江流域一带，西达黄河上游的甘肃、青海一带。

——摘编自晁华山《世界遗产》

材料体现了二里头文化怎样的特点？

认知深化　早期中华文明的特点（见表 6-10）

表 6-10　早期中华文明的特点

原生性	中华文明是在欧亚大陆产生的一种原生文明
可信性	我国考古学家取得了一系列举世瞩目的成就，大批重要的考古发现为我们研究中华文明的悠久历史提供了重要的实物依据
整体性	中华文明的演进过程是多元文明的融合，各地区的文化通过相互竞争、碰撞、融合，最终形成了完整的中华文明
连续性	中华文明源远流长，历经几千年从未中断，一直延续到今天

素养感悟　源远流长的中华文明

中华文明的起源如同满天星斗，八方雄起，百花齐放，多元并进，而后又汇聚于中原黄河流域，形成以中原地区为中心的多元一体化格局。中华文明是兼容并蓄的，不仅各主要史前文化区之间彼此吸收各自长处，交流日益深入，而且中华文明在形成过程中还吸收周边地区先进文化因素，造就了中华文化的丰富与长久生命力，使中华文明成为世界古代文明中唯一没有中断而发展至今的伟大文明。

主题二　古代中国早期国家的特征

探究 1　史料实证——神权色彩的商朝政治制度

材料　在考古中发现了大量的新石器时代的大规模祭祀活动遗迹。甲骨文中显示商朝的统治者几乎是每日必卜，每事必卜，许多重要的军国大事都要由占卜来决定。如：商王盘庚迁都一事，就是通过占卜，假借神灵元龟向天下人宣称"非敢违卜"，于是迁都于殷。

材料反映了我国早期政治制度的什么特点？

探究 2　史料实证——家国一体的西周政治制度

材料　西周王朝建立后，历经周公、成王、康王三世的经略，国体一改商王朝时异姓国族林立而臣服于商的运作模式，逐渐建立起一个"普天之下，莫非王土；率土之滨，莫非王臣"的华夏国家……是中国古代国家发展史上具有划时代意义的变革，主要是在上层统治者的宏观政治决策下，分封同姓、异姓诸侯来巩固国土，建立起一个大小相系的全国统治网络，进而演变成一种……带有"华夏"性质的地域性社会政治实体。

——摘编自杨宁一《历史学习新视野新知识》

根据材料分析分封制有何积极影响。

认知深化　中国早期政治制度的特点（见表6-11）

表6-11　中国早期政治制度的特点

神权与王权相结合	最高统治者以天意自居，通过垄断神权来加强王权；国事以占卜方式决定
浓厚的部族色彩	由于从父系氏族演变而来，三代的政治、法律及选官制度都带有浓厚的部族色彩
最高统治集团尚未实现权力的高度集中	封国自主权较大，天子对诸侯领地并无实际统治权；但中央与地方的联系越来越密切，周的文化及习俗在不断传播和影响着诸侯国
贵族政治特征明显	世卿世禄制下，官僚都是贵族，贵族有封地但无薪俸。诸侯国内的劳动者不对国家承担赋税等义务，只对诸侯履行义务

素养感悟　分封制的深远影响

分封制下，中央对地方的政治控制逐渐形成一种文化纽带，加强了各地的文化交流，促进了人们的心理认同，从而进一步推动了统一的多民族国家的形成与发展。分封制使中华文化在整体传统文化格局下形成了各具特色的区域文化。如我国各省份的简称有些就来源于分封制下的封国名称：山西简称"晋"，山东简称"鲁"，等等。

主题三　春秋战国时期的社会转型

探究1　唯物史观——春秋战国时期政治制度的变动

材料　周平王东迁后，王畿的土地日益缩小，政治、经济实力大大衰落。从此，诸侯不再听从天子的命令，不再定期向天子纳贡、朝觐和述职。……

春秋时代，职官制度经历了从世卿制到任官制的发展过程，战国时期，各国进行了一系列的变法运动，剥夺了旧贵族的特权，建立了一整套官僚制度，开创了中国政治制度的新局面。春秋前期，随着生产力的发展，"国""野"之间的疆界有所淡化，个别国家如晋、楚等开始出现郡县制，至战国时代，各国普遍推行了郡县制，以此作为一种强化中央集权的有效体制。

——摘编自杨宁一《历史学习新视野新知识》

根据材料概括春秋战国时期政治变革的表现。

探究2　史料实证——春秋战国时期思想文化的转型

材料　我国的学术思想，起源是很早的。然其大为发展，则在春秋战国之世。诸家的学术，当分两方面观之：其一，古代本有一种和宗教混合的哲学。其宇宙观和人生观，为各家所同本。其二，则在社会及政治方面，自大同时代，降至小康，再降而入于乱世，都有很大的变迁。所以仁人君子，各思出其所学以救世。其中最有关系的，要推儒、墨、道、法四家。大抵儒家是想先恢复小康之治的，所以以尧、舜、禹三代为法。道家则主张径复大同之治。法家可分法、术两方面。墨家舍周而法夏。

——摘编自吕思勉《中国通史》

根据材料并结合所学知识，分别概括春秋战国时期儒、墨、道、法四家为"救世"提出的治国主张。

认知深化　春秋战国时期所孕育的统一因素

1. 政治上

（1）西周末年，周天子权威已受到挑战。东周初，周天子实际上已失去"天下共主"的地位，诸侯国间的争霸和兼并战争，使诸侯国数目减少，形成统一的趋势。

（2）各国的变法打击了旧贵族的势力，促进了旧制度的瓦解崩溃和新兴地主阶级统治的建立。商鞅变法中秦国势力的强大为统一准备了条件。

2. 经济上：春秋以来社会生产力提高，各地社会经济联系加强，各诸侯国经济交往频繁，这就为统一创造了经济基础。

3. 思想上：法家理论的形成和发展为以后建立中央集权的封建国家奠定

了基础，为统一提供了理论武器。

4. 人心所向上：长期战争给人民带来深重灾难，统一成为社会各阶级的共同愿望。

5. 民族关系上：民族凝聚力增强，"华夷之辨"观念相对淡薄，民族交融进一步加强。

素养感悟　经济发展推动思想争鸣

春秋战国时期是我国历史上重要的社会转型期，伴随铁犁牛耕的使用，生产力发展，封建经济迅速发展。社会经济发展促使阶级关系出现新变化，新兴的士阶层纷纷提出自己的主张，希望用自己的思想实现治国平天下的愿望。春秋战国时期在政治、经济等方面的剧烈变革，促成了这一时期的"百家争鸣，群花怒放"。

纵联横合·思维升华

一、夏商周三代的文明传承（见表6-12）

表6-12　夏商周三代文明传承表

文字沿革	甲骨文、青铜器铭文等逐渐演化为今天的汉字，成为记载和传承中华文明的重要载体，是三代文明对后世的突出贡献
宗法观念	分封思想在封建社会时有出现；宗法思想影响至今，对民族的延续起到积极作用
政治制度	中央集权制度在三代萌芽，影响整个封建社会；郡县制影响至今
民族观念	三代萌生的民族观念，使中华民族成为世界上唯一文明没有中断的民族
传统文化	儒家思想产生并发展，吸收其他学派思想，最终成为中华传统文化的主流

二、诸子百家思想的相似性和差异性

诸子百家从社会伦理、人与自然的关系、人生态度等方面提出了自己的

观点，反映了社会变革下思想解放的特点。

诸子百家思想主张的相似性主要表现在他们所追求的目标上，其都是为求治国平天下之道，将社会从混乱中拉回正轨，重塑一个有序的社会。

其差异性具体表现为以下五个方面（见表6-13）：

表6-13　诸子百家代表学派之差异性表现

在治国理念上	儒家主张"仁政""德治"，反对严刑峻法；法家主张法治，强调严刑峻法；道家主张"无为而治"
在社会伦理观上	孟子主张"人无有不善"；荀子、韩非主张"人之性恶"；道家的老子认为"性无善无不善也"，后天的教育和环境影响人性的转变
在处理人与自然的关系上	荀子主张"制天命而用之"，人定胜天；老子和庄子则主张顺应自然
在人生态度上	儒家主张积极入世，强调社会责任；道家则主张"逍遥"的人生态度，强调"超脱"；墨家提倡"非命"，即不从命；阴阳家主张"天命观"
在社会成员关系上	墨家主张"兼爱""非攻"；儒家主张尊卑有序

真题实战·模拟演练

真题实战

1.（2020天津卷·1）井田制下，村社内的土地分为公田和私田，私田是分给村社成员的份地，按制度定期交换，村社成员要随份地变动而迁居，即"三年一换土易居"。这意味着私田（　　　）

A. 可以进行交易买卖　　　　　　B. 收获全部上缴国家

C. 属于小农经济范畴　　　　　　D. 所有权归国家所有

2.（2020全国Ⅰ卷·24）据《史记》记载，春秋时期，楚国国君熊通要求提升爵位等级，遭到周桓王拒绝。熊通怒称现在周边地区都归附了楚国，"而王不加位，我自尊耳""乃自立，为（楚）武王"。这表明当时周

朝(　　)

   A. 礼乐制度不复存在　　　 B. 王位世袭制度消亡

   C. 宗法制度开始解体　　　 D. 分封制度受到挑战

3.(2019 全国Ⅰ卷·24)据学者考订,商朝产生了17代30位王,多为兄终弟及;而西周产生了11代12位王。这反映出(　　)

   A. 禅让制度的长期影响　　 B. 王位继承方式的变化

   C. 君主寿命的时代差异　　 D. 血缘纽带关系的弱化

4.(2019 全国Ⅲ卷·24)"教民亲爱,莫善于孝;教民礼顺,莫善于悌;移风易俗,莫善于乐;安上治民,莫善于礼。"这一思想产生的制度渊源是(　　)

   A. 宗法制　　　　　　　　 B. 禅让制

   C. 郡县制　　　　　　　　 D. 察举制

5.(2019 全国Ⅱ卷·24)战国后期,秦国建造了一批大型水利工程,如郑国渠、都江堰等,一些至今仍在发挥作用。这些工程能够在秦国完成,主要是因为(　　)

   A. 公田制度逐渐完善　　　 B. 铁制生产工具普及

   C. 交通运输网络通畅　　　 D. 国家组织能力强大

6.(2018 全国卷Ⅲ·24)据考古报告,从数十处战国以前的墓葬中发现了铁器实物,这些铁器不少是由自然陨铁制作而成,发现地分布情况见下图。据此可知,战国以前(　　)

   A. 铁制农具得到普遍使用　 B. 新疆地区与中原联系紧密

   C. 我国的冶铁技术已经相当普及　 D. 铁器分布可反映社会发展程度

7. (2018 全国Ⅰ卷·24)《墨子》中有关于"圆""直线""正方形""倍"的定义,对杠杆原理、声音传播、小孔成像等也有论述,还有机械制造方面的记载。这反映出,《墨子》(　　)

A. 汇集了诸子百家的思想精华　　B. 形成了完整的科学体系

C. 包含了劳动人民智慧的结晶　　D. 体现了贵族阶层的旨趣

模拟演练

1. (2020 福建龙岩二模)距今约 5000 年的中国新石器时代晚期,典型的文化代表有黄河流域的龙山文化、北方辽河上游的红山文化、长江下游的良渚文化。这些遗址都出土了精美的玉器和较大规模的祭坛和神庙。这可以用来说明 (　　)

A. 世界各区域文明中我国最早　　B. 中华文明具有多源性特点

C. 以玉礼器为代表的礼乐制度　　D. 家国一体的早期政治形态

2. (2021 年 1 月广东适应性测试)商朝时,世人信奉鬼神,事事占卜。西周时,参照夏商礼仪,制定了一套维护统治阶级内部关系的典章制度,该制度讲究尚德、尊尊、敬老、慈幼。据此可知,西周 (　　)

A. 君主专制趋于完善　　B. 重视人伦秩序

C. 儒家思想开始形成　　D. 天命观念瓦解

3. (2020 山东日照二模)西周贵族分为姬姓贵族和异姓贵族两大集团。根据西周铜器铭文中的记载,以周王为首的姬姓贵族娶妻,应娶异姓贵族的女子;异姓贵族娶妻,也多在姬姓贵族女子中选择。这表明,西周贵族的婚姻 (　　)

A. 维护门第等级　　B. 严格遵守礼制

C. 政治色彩浓厚　　D. 不能自主决定

4. 春秋末期,教育垄断被打破,私学兴起,大批下层人士得到学习机会,形成了一个不拥有政治权力却拥有文化权力的知识人阶层。这 (　　)

A. 反映了私学逐渐取代了官学　　B. 为社会转型奠定了人才基础

C. 促使血缘纽带关系大大淡化　　D. 是春秋战国百家争鸣的结果

5. (2020 山东威海二模)下图为商鞅变法时县及其以下组织的结构示意

图。这表明商鞅变法（　　）

A. 激化了阶级矛盾　　　　　　B. 瓦解了宗法制度

C. 加强了地方统治　　　　　　D. 扩大了统治范围

答案：

（一）知识排查·教材深化

情境体验 1 提示　有利于形成"天下共主"的观念。

情境体验 2 提示　社会现实。

（二）主题探究·能力提升

主题一

探究 1 提示

（1）本土化。早在约 200 万年前，我们的先民即开始生活在我国的广袤大地上，我国是人类文明发祥地之一，古代文明源远流长。

（2）多元化。不仅黄河、长江流域，而且海河、珠江等大河流域都是中华文明的重要发源地。

探究 2 提示　在广泛吸收各地文化因素的基础上，又向周边地区大幅度地施加文化影响。

主题二

探究 1 提示　商朝时期，神的意志起到了很大作用，迷信色彩浓厚；统治者以神权强化王权。

探究 2 提示　形成周王"天下共主"的地位，统治效果加强；推动民族交融。

主题三

探究 1 提示　周王室权力和地位受到挑战；各国通过变法改革，剥夺了旧贵族的特权，逐步建立了一整套官僚制度，逐步建立了中央集权制度，开创了中国政治制度的新局面。

探究 2 提示　儒家，"德治""仁政"、礼法并施；墨家，"兼爱""非攻"；道家，"无为而治"；法家，法治。

（三）真题实战·模拟演练

真题实战

1. D　本题考查中国古代的土地制度。材料中"私田是分给村社成员的份地，按制度定期交换"说明私田的所有权是国家所有，私田主人仅仅有使用权，故 D 项正确。井田制下无论公田、私田都不能买卖，故 A 项错误；结合所学可知，私田的收获物作为报酬归私田耕种者所有，不是全部上缴国家，故 B 项错误；井田制是奴隶社会的土地国有制，不属于小农经济，故 C 项错误。

2. D　本题考查分封制。材料表明春秋时期，楚国国君要求周王提升其爵位等级，遭到拒绝后，他直接自立为王，这打破了周王分封的惯例，形成对分封制度的挑战，故 D 项正确。礼乐制度是维系宗法制和分封制的工具，而材料没有反映礼乐制度，且 A 项说法不符合史实，排除；材料只涉及对楚国国君熊通的分封问题，未涉及权力继承问题，故 B 项错误；材料反映的是政治权力分配问题，不涉及血缘关系，且楚国并非姬姓王国，故 C 项错误。

3. B　本题考查商周时期的王位继承制。商周时期的王位继承一般有两种方式，一种是兄终弟及，一种是父死子继。题干材料首先强调商朝王位继承方式多为兄终弟及，然后用"而"这一转折的表述方式来阐述西周的王位继承方式，即西周的王位继承方式多为父死子继，故 B 项正确。禅让制度是民主推选部落联盟首领的制度，与题干材料中的世袭制无关，故 A 项错误；根据题干材料无法看出君主寿命的长短，故 C 项错误；无论是兄终弟及还是父死子继，均是血缘世袭的不同方式，并没有体现出血缘纽带关系的弱化，故 D 项错误。

4. A　本题考查宗法制的影响。题干材料反映了中国传统儒家思想，突出了孝、悌、乐、礼，强调了血缘关系，这是中国古代宗法制产生的影响，故 A 项正确。

5. D 本题考查秦国实力增强的影响。题干材料的主旨是战国时期秦国兴修了一批大型水利工程。根据所学知识，可知中国古代大型水利工程的兴修需要调动大量的人力、物力，而当时秦国通过商鞅变法，开始建立中央集权制度，因此秦国具有强大的组织能力，足以完成这些任务，故 D 项正确。战国时期，公田制度已经遭到破坏，故 A 项错误；铁制工具在战国时期各诸侯国已经开始使用，所以只是提供了一种可能性，还要考虑秦国的国情，故 B 项错误；交通运输网络的通畅与水利工程建设并没有直接关系，故 C 项错误。

6. D 本题考查战国时期农业的发展状况。从图中可看出发现铁器实物的战国以前的墓葬大多集中在黄河流域、长江中下游和新疆地区，这些地区是战国时期经济相对发达的地区，故 D 项正确。题干并没有说明这些铁器实物一定是农具，也不是全国各地都有，故 A 项错误；从题干中无法得出新疆发现的铁器实物与中原发现的铁器实物之间的联系，故 B 项错误；题干中只涉及利用自然陨铁冶铁，但没有涉及这种技术的普及，故 C 项错误。

7. C 本题考查《墨子》中的古代科技成就。材料强调了《墨子》在科技方面的成就，其共同特点是均与日常生活劳作有密切关系，联系墨子所代表的是平民阶层，可知 C 项正确，D 项错误；材料主要涉及科技成果，未涉及思想内容，故 A 项错误；中国古代科技重视实践经验的总结，没有形成完整的科学体系，故 B 项错误。

模拟演练

1. B 由材料"黄河流域的龙山文化、北方辽河上游的红山文化、长江下游的良渚文化"可知，在相近的时间里，不同的地点都有文化遗迹，得出中华文明发源地不止一处，而是具有多源性的特点，故选 B 项。材料中未提及与其他区域文明的对比，不能判断我国是否最早，排除 A 项；礼乐制度兴起于周期，新石器时代并未有礼乐制度，排除 C 项；夏朝是我国最早的奴隶制国家，材料中所述及的时期尚未产生国家，因而也没有"家国一体"，排除 D 项。

2. B 从"西周时，参照夏商礼仪，制定了一套维护统治阶级内部关系的典章制度，该制度讲究尚德、尊尊、敬老、慈幼"可以看出，西周相对于商朝更加注重人伦秩序的规范，以维护统治，B 项正确。西周没有形成君主专制，排除 A 项；春秋时期孔子创立了儒家思想，排除 C 项；从材料中不能得出天命观念瓦解，排除 D 项。

3. C 西周姬姓贵族与受封的异姓贵族之间相互通婚，这样通过联姻关系形成甥舅关系，目的在于维护统治，可见其政治色彩浓厚，故选 C 项。据"姬姓贵族娶妻，应娶异姓贵族的女子；异姓贵族娶妻，也多在姬姓贵族女子中选择"可知，题干强调的是异姓贵族与姬姓贵族之间的政治通婚，而非强调门第，排除 A 项；姬姓贵族和异姓贵族之间存在政治联姻主要是出于现实政治的需要，与礼制无关，排除 B 项；贵族之间存在政治联姻，并不等同于婚姻不能自主，排除 D 项。

4. B 材料描述的是春秋末期士阶层的崛起，这为社会转型奠定了人才基础，故选 B 项。材料仅提及"教育垄断被打破，私学兴起"，但并未提及官学的衰落，无法反映私学是否逐渐取代了官学，排除 A 项；据材料"不拥有政治权力"可知，士阶层的崛起并不会直接引起血缘纽带关系的变化，"大大淡化"更是无从体现，排除 C 项；士阶层的崛起是春秋战国百家争鸣局面出现的原因，而非结果，排除 D 项。

5. C 商鞅变法时，通过"令民什伍"，建立起"县—乡—亭—邮—里—什—伍"的严密系统的地方组织结构，加强了中央对地方的垂直管理，故选 C 项。商鞅变法建立起的地方基层社会组织，体系严密，管理有效，不是阶级矛盾激化的原因，排除 A 项；对社会基层的管理不是宗法制度瓦解的原因，排除 B 项；商鞅变法严格基层管理，并不能扩大其统治范围，排除 D 项。

◎ 第二节　秦汉统一多民族封建国家的建立与巩固

本节课课程标准与热词聚焦见表6-14。

表6-14　课程标准与热词聚焦

课程标准	热词聚焦
（1）通过了解秦朝的统一业绩和汉朝削藩、开疆拓土、尊崇儒术等举措，认识统一多民族封建国家的建立及巩固在中国历史上的意义 （2）通过了解秦汉时期的社会矛盾和农民起义，认识秦朝崩溃和两汉衰亡的原因	统一多民族封建国家的建立，日趋完善的官僚政治，汉承秦制的损益；经济制度的逐步建设，相对封闭的田庄经济，以农为本的基本国策，丝绸之路的贸易联系；法家治国策略的失败，儒学独尊地位的确立，书写材料的重大革新，中外文化的不断交流

知识排查·教材深化

一、秦统一——多民族封建国家的建立

1. 秦的统一

（1）统一条件（见表6-15）

表6-15　秦统一条件表

客观条件	①长期战乱给社会带来巨大灾难，人民渴望安定统一 ②各地域经济的发展，要求打破政治分裂所带来的阻碍
主观条件	①秦地理位置优越，物质基础雄厚 ②数代秦王励精图治，吏治较为清明 ③商鞅变法后，秦尊奉法家，奖励耕战，国家日益强盛

（2）统一过程

①建立秦朝：公元前230—前221年，秦国相继灭掉东方六国，建立起第一个统一王朝，定都咸阳。

②统一全国：秦朝征服了南方越族地区，加强了对云、贵一带西南夷的

控制。在北方，秦朝击退了匈奴的进攻，修筑了西起临洮、东至辽东的万里长城。

（3）巩固统治

①确立皇帝制度：嬴政将君主定名为皇帝，自称"始皇帝"，史称秦始皇。皇帝对国家事务拥有至高无上的决定权。皇帝之下设三公九卿，三公指丞相、太尉、御史大夫，为主要辅佐大臣；九卿泛指分掌具体事务的诸卿。

②推广郡县制：在全国推广郡县制，设立郡、县两级行政机构，其主要官员由中央任免和考核。县以下设乡、里和亭，分别负责管理民众和维护治安。

③其他措施：如统一车轨、文字、货币和度量衡，修驰道、直道，颁行法律，编制户籍，迁徙六国贵族豪强到关中、巴蜀等地，整顿社会风俗，等等。

（4）重大意义

①秦朝确立的政治制度被以后的王朝长期沿用，影响深远。

②秦的统一，建立起"东至海暨朝鲜，西至临洮、羌中，南至北向户，北据河为塞，并阴山至辽东"幅员辽阔的国家。

③空前统一的封建国家促进了各民族的交往交流交融，推动了统一多民族国家政治、经济、社会的发展。

2. 秦朝的暴政

（1）表现

①秦始皇穷奢极欲，大兴土木，建造宫殿、陵墓。

②秦始皇花费巨额钱财求仙访药，兴师动众出外巡游、封禅。

③征发繁重，百姓不堪重负。

④刑法严苛，人民摇手触禁，社会阶级矛盾严重激化。

⑤秦始皇接受李斯的建议，实行"焚书坑儒"。

（2）结果

①公元前 210 年，秦始皇在巡行途中死去，秦二世继位。

②秦二世残忍昏庸，实行严刑峻法，加重人民负担，致使阶级矛盾和统

治阶层内部矛盾尖锐化。

3. 秦末农民起义与秦的速亡

（1）农民起义

①爆发：公元前 209 年，陈胜、吴广发动了中国历史上第一次农民大起义。陈胜自立为王，号为"张楚"。天下云集响应，起义迅速蔓延。

②发展：陈胜起义失败，项羽、刘邦等领导的反秦势力却日益壮大。公元前 207 年，刘邦的军队进占咸阳，秦朝灭亡。

（2）楚汉战争

①时间：公元前 206—前 202 年。

②结果：刘邦击败项羽，建立西汉。

二、西汉与东汉——统一多民族封建国家的巩固

1. 西汉的建立与"文景之治"

（1）西汉建立：公元前 202 年，刘邦建立汉朝，定都长安，史称西汉。刘邦即汉高祖。

（2）"文景之治"

①汉初尊奉黄老无为思想，采取"与民休息"政策，减轻赋税、徭役和刑罚，提倡节俭，减少财政支出。

②文帝、景帝在位期间，经济明显恢复，社会稳定，史称"文景之治"。

（3）"汉承秦制"：西汉初年的各种制度基本沿袭秦朝，史称"汉承秦制"。

（4）郡国并行制：地方行政制度采取郡县与分封（详情见表 6-16）并行制。

表 6-16　西汉分封制

汉高祖	①分封异姓功臣为诸侯王，对中央集权造成严重威胁，后将异姓诸侯王逐渐剪除 ②分封同姓诸侯王，汉朝中央直接管辖的只有 15 个郡，这给汉王朝的统治和稳定也埋下了隐患
汉景帝	削减诸侯封地，引发吴、楚等七国叛乱，后平定叛乱

情境体验 春节在农历纪年中是一月初一。一月古时又叫"政月"。秦统一六国以后，为了避皇帝嬴政的名讳，就把"政月"改为"正月"，"正"字的读音也改为"征"。中国古代的这种避讳文化说明皇帝制度的主要特征是什么？

拓展提升 统一多民族国家的建立

与早期国家相比，统一多民族国家相当于中国早期国家的"升级版"。其"升级"的表现不仅在于版图更大，更在于建立了中央集权的官僚统治，政权组织结构更加严密，对社会的控制更加严格。

概念阐释 黄老之学

战国时期兴起的哲学政治思想流派，汉初以黄老之学为统治思想。黄老之学的特点是强调"无为而无不为"，它既尊重自然规律，反对盲目行动，又主张发挥人的主观能动作用，倡导"适时而动""因时制宜"，是一种"积极无为"的哲学观。

2. 西汉的强盛

（1）加强中央集权（见表6-17）

表6-17 西汉加强中央集权的措施

政治上	①颁布"推恩令"，成功削弱了诸侯王的势力 ②加强皇权，削弱丞相权力，设立中朝，尚书令的作用开始提升 ③确立以察举制为代表的新的官吏选拔制度 ④将全国划分为13个州部，分设刺史，负责对辖区郡级官员及子弟和豪强势力进行巡视监察 ⑤任用酷吏，严厉打击豪强、游侠等社会势力的不法行为
经济上	①改革币制，将铸币权收归中央 ②实行盐铁官营，由政府垄断盐、铁的生产和销售 ③推行均输平准，国家插手并经营商业贸易，增加收入，平抑物价 ④抑制工商业者，向他们征收财产税
思想上	①接受董仲舒的建议，尊崇儒术 ②公元前136年，设立五经博士，儒学独尊地位确立

（2）积极开拓疆域

①汉武帝任用卫青、霍去病为将，控制了阴山以南和河西走廊的大片区域。

②在河西走廊设立武威、张掖、酒泉、敦煌四郡。

③张骞出使西域，开辟了丝绸之路，大大促进了西域与中原的政治、经济、文化联系。

④公元前 60 年，西汉在乌垒城设置西域都护府。

⑤加强对东南沿海和西南少数民族地区的治理。

3. 东汉的兴衰

（1）短暂的"新"朝

①背景：西汉后期，政治日趋黑暗，土地兼并严重，赋税徭役沉重，破产农民沦为奴婢或流亡，社会动荡不安。

②建立：公元 9 年，外戚王莽夺取皇位，改国号为新，西汉灭亡。

③局势：王莽统治不力，社会矛盾更加激化。国家出现严重的旱灾和蝗灾，绿林、赤眉等农民大起义爆发。

④结果：公元 23 年，绿林军击败王莽军队主力，攻入长安，推翻王莽政权。

（2）东汉"光武中兴"

①背景：公元 25 年，西汉宗室刘秀重建汉朝，史称东汉，刘秀即汉光武帝。刘秀平定一些割据政权，实现全国统一。

②措施：加强皇权，增强尚书台的作用；严格控制外戚干政；裁并郡县，裁减官吏，节省开支；整顿吏治，惩处贪污腐败；清查全国垦田、户口数量；释放奴婢；重视儒学。

③结果：社会经济在稳定的政局下重新发展起来，史称"光武中兴"。

（3）东汉衰亡

①背景：外戚专权、宦官专权、党锢之祸、阶级矛盾。

②过程：公元 184 年，张角创立的"太平道"发动起义，动摇了东汉王朝的统治基础。地方长官趁机拥兵自重，东汉政权名存实亡。

4. 两汉的文化

（1）史学：司马迁的《史记》以本纪、表、书、世家、列传的形式撰写而成，叙述了上起黄帝、下至汉武帝年间约三千年的历史，首创了纪传体通史体裁。

（2）文学

①汉赋是一种介于韵文和散文之间的文体，讲究铺陈排比，辞藻华丽。

②乐府是国家专管音乐的机构，乐府采集民歌修改而成的诗称为乐府诗，其中很多诗反映了当时社会的真实情况。

③五言诗在东汉民间流行，语言朴实、生动，传播广泛。

（3）医学和科技

①成书于战国至西汉间的《黄帝内经》奠定了中医理论的基础。

②东汉时的《神农本草经》是中国古代第一部药物学专著。

③《九章算术》在中国数学史乃至世界数学史上都占有重要地位。

④公元105年，东汉蔡伦改进造纸术，大大促进了中国和世界文化的传播和发展。

知识拓展　对盐铁官营制度的评价

汉武帝时，为增加政府财政收入，打击工商业者，实行盐铁由国家垄断经营，并设置行政机构进行管理。盐铁官营虽然在增加国家财政收入、抑制商人势力、改进与推广先进技术等方面起了积极作用，但亦不免带有封建官营事业共有的弊病，如不少铁器质量低劣、规格不合要求、价格昂贵等。

思维点拨　"尊崇儒术"中的"儒术"

"尊崇儒术"中的"儒术"是指经过董仲舒改造糅合了道家、法家、阴阳五行家等的思想而形成的新儒学，已不完全是先秦时期的儒学，是在继承先秦儒家民本等思想基础上的创新发展。

思维点拨　正确理解"光武中兴"

一是指光复汉政权，二是指社会经济的恢复发展，三是指汉王朝再次出现盛世景象。

思维点拨　归纳总结古代中国书写材料的演进

商朝（龟甲兽骨、青铜器）→春秋（竹木简牍、丝帛）→西汉（竹木简牍、丝帛，出现中国目前所知最早的纸）→东汉（"蔡侯纸"）

主题探究·能力提升

主题一　秦汉时期的中枢权力机构

探究1　史料实证——秦朝的三公九卿制

材料　三公九卿虽然各有职掌，分工清晰，但当时职无常守的现象也普遍存在，职与实际责任也有很大的差别。诸如三公虽为宰相，职无不监，但皇帝诏令可直达九卿，九卿上奏皇帝的表章也无需告诉宰相。实际上仍然是皇帝运用自己专有的最高用人权随时调遣官吏，增减予夺其职、权、责，使官吏既可以有职而无权，也可以有实权而未受职务，既可以兼及他职之事，也可以两职或多职之间权责相互渗透。但官吏必须绝对服从皇命，对皇帝负责。

——摘编自庞海云、张辉等《中国政治制度史》

材料体现秦朝中央官制的特点是什么？

探究2　史料实证——汉代中央官制的变化

材料　汉武帝为了独揽大权，一方面采取措施削弱丞相的权力，如从建元元年到建元六年，短短六年之内，就罢免了卫绾、窦婴、许昌三位丞相；剥夺丞相"主臣""除吏（任免官吏）"的人事大权等；另一方面，为了弥补因削弱相权而带来的空缺，汉武帝提拔了一批出身低微但又才华横溢的文人、近臣，并让他们参与朝政，从而培养出了一批紧密团结在自身周围而又能与丞相为首的官员分庭抗礼的内朝官。

——摘编自郜金山《汉武帝时期朝议制度研究》

根据材料并结合所学知识，概括汉武帝设立内朝的原因及其特点。

认知深化 汉承秦制，颇有损益

汉代在总体上继承了秦代制度，又对秦制做了某些调整，主要表现在以下几个方面。

（1）中央集权制度：汉承秦制，形成了比较完整的皇帝名号、礼仪等制度。

（2）以丞相为核心的中央官制：西汉建立至汉武帝以前的中央行政制度，基本上没有突破秦代模式。汉武帝时出现了由皇帝的侍从、秘书等人组成的中朝，以丞相为首的三公九卿组成的外朝。

（3）监察制：秦代在中央设御史大夫，管理国家的监察事务，在地方设置监察御史。汉武帝时期设立刺史，刺史代表中央巡查地方，可以监察诸侯王和地方高官。

（4）郡县制：汉初在地方推行郡县与分封并行制，但以郡县制为主，汉武帝时期，颁布"推恩令"，最终解决了王国问题。东汉时期，作为监察区的州逐渐变成地方一级行政机关，郡县二级制演变为州郡县三级制。

（5）法律、赋役、兵役和选官制度：汉代在秦的基础上又有所发展，以加强对民众的控制。

素养感悟 汉承秦制的重大作用

因政治、经济形势的需求，西汉前期的"汉制"建构中，其政治制度在继承、改造秦旧制的基础上，又有所创新。这种政治体制重新建构了汉代中枢机构，加强国家与基层社会的相互关系，并适应了汉朝廷对关东广大地域的统治，加强了君主专制。

主题二 秦汉时期的地方管理举措

探究1 史料实证——秦朝的地方治理措施

材料 分封制在联系制度上就已经决定了周天子的政权不稳，国家的动荡。面对众多力量强大且不受约束的诸侯，假使一家的实力真正成长到能够与天子抗衡，那么王朝的覆灭也就不远了。况且世袭制的延续性，就能够让一方诸侯持续累积实力。而郡县制联系于任免制而非世袭制。郡守与县长官均由中央皇帝直接任命，并且还设立监察使，行政、军事与司法三权分立，层层将权力集中到中央。这样，不仅减少了地方实力超越中央的可能，还将权力集中于皇帝一人手中，大大推进了中央集权的程度。

——摘编自陈鑫高、刘红琪《郡县制

较于分封制优势分析与反思》

根据材料并结合所学知识，指出分封制与郡县制的相同点。

探究2　时空观念——西汉王国问题的变迁

材料　诸侯王，高帝初置，金玺盩绶，掌治其国。有太傅辅王，内史治国民，中尉掌武职，丞相统众官，群卿大夫都官如汉朝。景帝中五年（公元前145年）令诸侯王不得复治国，天子为置吏，改丞相曰相，省御史大夫、廷尉、少府、宗正、博士官，大夫、谒者、郎诸官长丞皆损其员。武帝改汉内史为京兆尹，中尉为执金吾，郎中令为光禄勋，故王国如故。损其郎中令，秩千石，改太仆曰仆，秩亦千石。成帝绥和元年（公元前8年）省内史，更令相治民，如郡太守，中尉如郡都尉。

——（东汉）班固《汉书》

材料反映了汉代诸侯王国政治制度有何变化？

认知深化　分封制与郡县制的比较（见表6-18）

表6-18　分封制与郡县制的比较

项目	分封制	郡县制
划分标准	与宗法制相联系，以血缘关系为基础	在国家统一的背景下，按地域划分
官吏权力	王位世袭，拥有封地和相应的爵位	官吏由皇帝和朝廷任免调动，不能世袭，官吏只有俸禄，无封地
与中央关系	诸侯国有很强的地方独立性	郡县是地方行政机构，绝对服从中央
官员职责范围	封地内有行政权，拥有土地管理权	辖区内只行使行政管理权，对土地无管理权
历史作用	西周分封有利于稳定当时的政治秩序，但容易发展为割据势力	有利于中央集权的加强和国家的统一

素养感悟　郡县制对国家治理的启示

郡县制不仅是秦汉帝国的遗产，也是整个中华文明的遗产。郡县制得到中央集权制度和皇权制度支持，郡县的官员是整个官僚体系的重要组成部分。郡县制长存两千余年，并一直沿用至今，对新时期的社会主义政治文明建设有诸多裨益。

纵联横合·思维升华

一、秦朝中央集权制度的特点（见表6-19）

表6-19　秦朝中央集权制度的特点

官僚政治	秦朝中央集权制度抛弃了宗法分封制之下的血缘宗亲关系，中央和地方的主要官吏都由皇帝直接任免，而不能世袭。主要官吏没有封土，只食俸禄
皇权独尊	在整个官僚体系中，只有皇位的传承方式是在一家一姓中世袭的，"家国同治"；皇权至高无上；皇帝的称号和使用的任何物品都具有专一性
高度集权	地方绝对服从中央；中央实行以"三公九卿"为核心的中央官制，三公九卿各司其职，彼此牵制，最终决定权在皇帝手中，从而保证了权力的高度集中
两对矛盾	一是中央内部的矛盾，主要表现在皇权与相权之间的矛盾；二是中央集权和地方分权之间的矛盾

二、汉武帝的历史贡献

（1）政治方面：改革官制，加强皇权；颁布"推恩令"，解决王国问题；任用酷吏，打击不法豪强。

（2）军事方面：派卫青、霍去病出兵匈奴，大胜而归；派张骞出使西域；进军西南夷和南越，在西南设郡县；移民实边。

（3）经济方面：改革币制，发行五铢钱；盐铁官营，实行国家垄断；开凿六辅渠、白渠，治理黄河，保证农业生产。

（4）对外关系：汉武帝时，日本有三十多个国家通过朝鲜半岛"使译通于汉"；张骞通西域后，开辟了陆上丝绸之路。

（5）思想方面：尊崇儒术。

（6）文化方面：制定"太初历"；创建中央太学与地方郡国学两级官学，确立官学制度；出现大思想家董仲舒、大史学家司马迁、汉赋作家司马相如等。

三、秦汉文化的特点

1. 统一与多样化的有机结合

秦朝建立了中国历史上第一个中央集权的封建国家，汉朝也是一个中央集权的封建国家，稳定的统一秩序，形成了文化的趋同与统一；秦汉又都是多民族的、疆域辽阔的国家，不同的民族和地区的人们具有各自的个性特征，统一前提下的多样性使中华文明更加绚丽多彩，并有更广阔的发展空间。

2. 中外文化交流空前频繁

秦汉时期，由于中外交通的发达，中国大规模地吸取了外来文化，特别是张骞出使西域以后，中亚、印度文化随着丝路流入中华。秦汉文化广泛外传，不仅形成东亚文化圈，还向西传到西域以至欧洲。

3. 文化实力居于世界先进行列

秦汉时期，造纸术的发明为人类文化发展作出了重大贡献；《九章算术》的问世，表现出中华民族的非凡智慧；中医、中药的发展形成了中国医药学独特的辨证理论体系，当时的文化处于世界的先进行列。至今，国外仍有人称中国人为"汉人"，称中国学为"汉学"，可见秦汉文化不仅在当时誉满宇内，而且泽被后世。

4. 气势恢宏

秦汉时期，涌现出一批令世界瞩目的文化成果，巨龙般的万里长城，再现横扫六国的秦陵兵马俑，史学辉煌巨著《史记》，等等。这些成就都表现出秦汉人民充满自信、奋发向上的精神面貌和统一王朝的恢宏气势。这些成就既反映了当时社会的发展、经济的繁荣，也表现了中华民族的文化心理和民族性格。

真题实战·模拟演练

真题实战

1. (2020山东卷·2) 先秦至西汉前期，山东东部地区得"鱼盐之利"，总体上是商业活跃的地方。西汉中期以后，这一地区的商人活动开始步入低谷。这是由于西汉政府（　　）

A. 重视关中地区经济发展　　　　B. 强化了经济控制

C. 开通了丝路贸易　　　　　　　D. 以儒家义利观教化百姓

2. (2020全国Ⅱ卷·24) 据史书记载，角抵（摔跤）"盖杂技乐也，巴俞（渝）戏、鱼龙蔓延（百戏节目）之属也"。秦二世曾在宫中欣赏。汉武帝在长安举行了两次大规模的角抵表演，长安百姓"三百里内皆观"，他也曾用角抵表演欢迎来长安的西域人。据此可知，当时角抵（　　）

A. 促进了川剧艺术的发展　　　　B. 拥有广泛的社会影响

C. 推动了丝路文化的交流　　　　D. 源于民间的劳作技能

3. (2020全国Ⅲ卷·25) 东汉末年，曹操在许下和各地置田官，大力发展屯田，以解决军粮供应、田亩荒芜和流民问题。"数年中所在积粟，仓廪皆满。"曹操实行屯田，客观上（　　）

A. 助长了大土地所有制　　　　B. 推动了农业商品化进程

C. 促进了中原人口南迁　　　　D. 缓和了社会的主要矛盾

4. (2019全国Ⅰ卷·25) 汉武帝时，朝廷制作出许多一尺见方的白鹿皮，称为"皮币"，定价为40万钱一张。诸侯王参加献礼时，必须购皮币用来置放礼物，而当时一个"千户侯"一年的租税收入约为20万钱。朝廷这种做法（　　）

A. 加强了货币管理　　　　B. 确立了思想上的统一

C. 削弱了诸侯实力　　　　D. 实现了对地方的控制

5. （2018 全国 II 卷·25）西汉文景时期，粮食增产，粮价极低，国家收取的实物田租很少甚至免除，但百姓必须把粮食换成钱币，缴纳较高税额的人头税。富商大贾趁机操纵物价，放高利贷，加剧了土地兼并、农户流亡。这反映出当时（　　）

A. 重农抑商政策未能实行　　　　B. 自耕农经济发展受阻

C. 粮价低抑制了生产热情　　　　D. 富商大贾操纵税收

模拟演练

1. （2021 河北衡水中学第一次联合考试）明朝张居正评价秦朝时说："其创制立法，至今守之以为利。史称其得圣人之威。"这里强调的是秦朝（　　）

A. 延续了先秦历史传统　　　　B. 开创了影响深远的制度

C. 加强了思想文化控制　　　　D. 实现了多民族国家统一

2. （2020 安徽淮北二模）先秦时期，卿多指爵位；及至秦汉，卿在保留爵位内涵的同时又渐向官职靠拢，逐渐形成了包括九卿制度在内的三公九卿制。这一变化体现出（　　）

A. 政治模式的演进　　　　B. 等级制度的强化

C. 爵位制度的成熟　　　　D. 贵族政治的发展

3. （2020 河南许昌二模）下列对材料的理解最正确的是（　　）

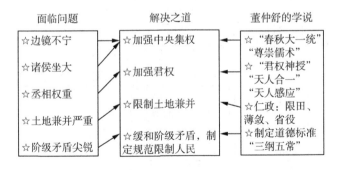

A. 汉武帝接受了董仲舒"尊崇儒术"的建议

B. 董仲舒对先秦儒学进行了新的发展与创新

C. 董仲舒的学说有利于解决当时的实际问题

D. 董仲舒宣扬伦理纲常以维护封建统治秩序

4.（2020 海南海口二模）汉武帝时期，分全国为 13 个州，各置州刺史一人，后通称刺史。刺史巡行郡县，为"省察治状，黜陟能否，断治冤狱"。其时，刺史的主要职能是（   ）

A. 监察郡县吏治　　　　　　　B. 镇压诸侯谋反

C. 参与中央决策　　　　　　　D. 管理州县事务

5.（2020 山西三模）甘肃武威的东汉早期墓葬中，出土了与内科、外科、妇科等相关的中医学处方书籍。其中记载了三十余例处方，还有药物近百种，以及病状、投药方法、服药时间、禁忌等。这说明东汉早期（   ）

A. 已建立较完整的医疗体系　　B. 比较重视各种疾病的预防

C. 中医学理论基础得以奠定　　D. 中医学已积累了一定经验

知识整合·素养达成

宏观图解

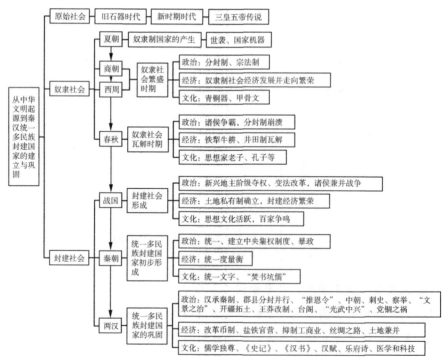

一、中国古代奴隶社会的发展演化

（1）形成时期——夏朝：夏朝初步建立了奴隶制国家机器，王位世袭制代替了禅让制，标志着我国进入阶级社会。

（2）发展时期——商朝：商朝疆域扩大，奴隶制国家机器进一步完善，社会经济繁荣，农业、畜牧业获得初步发展，青铜器制造业成就突出，形成了成熟的文字——甲骨文。

（3）繁荣时期——西周：西周建立了完整的统治体系，分封制和井田制不断发展完善，农业、手工业都取得很高的成就，奴隶社会呈现出全面繁荣的局面。

（4）瓦解时期——春秋：春秋时期，铁器和牛耕的使用大大推动了生产力的进步，井田制瓦解，分封制崩溃，中国奴隶社会瓦解。

二、春秋战国时期的社会转型（见表6-20）

表6-20　春秋战国时期的社会转型表

项目	转型前	转型后
政治制度	实行分封制和宗法制	分封制崩溃，宗法制遭到破坏，中央集权雏形出现
选官制度	实行世卿世禄制度，形成贵族政治	实行任命制度，形成官僚政治
经济制度	工商食官，井田制，土地国有或公有	工商业私营化，授田制，土地私有或国有
社会结构	宗族占主导，贵族地位高	小家庭形成，贵族衰落，士阶层崛起
思想文化	原始神学思想占主导，思想处于蒙昧状态	思想解放，百家争鸣
教育制度	学在官府，贵族垄断教育	私学兴起，平民接受教育

三、中国古代统治思想的演变

（1）商朝的天命思想：中国的天命是生产力落后和敬畏大自然的产物，商朝时期，天命思想盛行，商人作重大决策时都要占卜天命，巫师成为政治生活中重要的力量。

（2）周朝的宗法思想：周朝以宗法血缘作为分配和继承政治权力的依据，宗法思想盛行，形成了严格的贵族等级序列，中国社会从对神的崇拜转化为对祖先的崇拜，对后世产生了深远的影响。

（3）战国的法家思想：法家思想主张富国强兵、依法治国、专制集权，适应了春秋战国时期列国纷争的社会现实，受到各个诸侯国统治者的推崇，但是，秦朝推崇法家思想，二世而亡，引发了人们对法家思想的反思。

（4）汉代的儒家思想：西汉董仲舒吸收了道家、法家等思想，形成了新的儒家思想体系，具有"外儒内法"的特点。汉武帝尊崇儒术，儒家思想成为中国传统文化的主流，对中国乃至东亚产生了深远的影响。

视角解读

从侯国制度的历程角度来看，侯国制度是汉代诸侯制度的一个重要组成部分，汉初侯国在行政、经济、军事等方面具有很大的独立性，设有丞相百官之制、家吏之制、宫廷之制、车骑之制、太子之制、纪年之制、军队之制等。被分封在一定地域的诸侯王国，既受汉廷节制，又有相对的独立性。随着社会的发展变化，侯国的权力越来越小，逐渐走向衰落。

典例感悟

【例题】（2020 山东学业水平等级考试一模）图 1、图 2、图 3 分别是西汉不同时期侯国分布示意图。阅读材料，回答问题。

材料

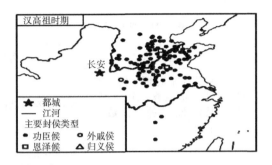

图1

图2

图3

——据林小标等《两汉侯国时空特征及其影响因素分析》

（1）指出图1的侯国类型特征及其形成的政治因素。

（2）比较图1和图2，说明图2反映出西汉政治统治发生了哪些变化。

（3）结合图3说明西汉政治统治出现了什么问题。

【信息提取】（见表6-21）

表6-21　信息提取表

题号	设问		显性信息	隐性信息
第（1）问	类型特征	史料实证	在汉高祖时期，侯国类型有功臣侯、外戚侯、恩泽侯三种，且数量不同	侯国类型以功臣侯为主
	政治因素	历史解释	"汉高祖时期"	在楚汉战争中，刘邦为打败项羽，曾分封异姓诸侯王；西汉建立之后，为巩固政权，刘邦又分封了一些同姓诸侯王
第（2）问	变化	史料实证	汉景帝晚期到汉武帝晚期主要封侯类型的数量比较	功臣侯数量明显减少，而归义侯（汉朝时期，政府赐予少数民族君长的封爵）数量明显增加
		历史解释	"汉武帝"	功臣侯数量明显减少，而归义侯（汉朝时期，政府赐予少数民族君长的封爵）数量明显增加
第（3）问	问题	史料实证	汉武帝晚期到汉哀帝时期主要封侯类型的数量比较	外戚侯和恩泽侯的数量比以前增加迅速
		历史解释	"汉哀帝"（西汉后期）	汉朝政治趋于腐败，统治逐渐衰落

素养感悟　从地缘政治的角度来看，西汉侯国地域分布格局与不同时期的地缘政治态势存在紧密的联系。汉高祖构建了西汉侯国地理分布的基本格局，并被惠帝、文帝、景帝所沿袭。武帝即位以后，由于地缘政治态势发生了剧烈变化，汉廷不断对侯国地理分布进行调整，逐渐突破了汉高祖构建的侯国地理格局。至元封年间，新的侯国地域格局已经形成，并在"太初改制"中得到确立。武帝所构建的侯国地理分布格局被此后西汉历代帝王严格尊奉，一直延续到新莽时期。

答案：

（一）知识排查·教材深化

情境体验提示　皇帝独尊、皇权至上。

（二）主题探究·能力提升

主题一

探究 1 提示　三公九卿分工严密，各司其职；以皇权为中心，皇权至上；实行官僚政治，皇帝任免官吏。

探究 2 提示　原因：丞相权力严重威胁了皇权专制；削弱相权导致了中枢权力的空缺。

特点：内朝官员出身与职位低微；内朝官员皆是皇帝的亲信近臣；内朝官员能直接参与国家决策；内朝官员可以制衡丞相为首的官员。

主题二

探究 1 提示　都是为了巩固统治；都是古代中国重要的地方行政制度；都在维护国家统一方面起到过重要作用。

探究 2 提示　汉初诸侯王实际统治其封国，分官设职大致模仿朝廷。汉景帝时诸侯王失去对其封国的统治权，失去官吏的任免权，行政机构的规模也大幅缩小。汉武帝以后，诸侯王国的机构进一步缩小，诸侯王完全失去军政权力。诸侯王国与郡已经没有多大差别，成为相当于郡一级的行政单位。

（三）真题实战·模拟演练

真题实战

1．B　本题考查西汉经济政策。题干材料对比了西汉中期前后山东东部地区的商业发展，结论是西汉中期后商业活动步入低谷。联系所学知识可知，西汉实行重农抑商政策，特别是西汉中期实行了盐铁官营的政策，强化了经济控制，民间商人活动受到制约，故 B 项正确。重视关中地区经济发展不一定会导致山东东部地区商业活动步入低谷，故 A 项错误；丝路贸易的开通应该有利于相关商业活动的发展，故 C 项错误；儒家义利观是指先义后利，并非反对发展商业，故 D 项错误。

2．B　本题考查中国古代的角抵杂技。材料说明角抵产生于巴渝地区，秦朝时期曾作为宫廷表演节目，汉武帝时期在长安举行角抵表演以愉悦群众和欢迎西域人。根据材料，秦朝统治者在宫中欣赏角抵表演说明角抵受到统治者的欢迎，汉武帝在长安举行大规模角抵表演，长安百姓"三百里内皆观"，并且用角抵表演欢迎来长安的西域人，说明角抵在当时产生了广泛的社会影响，故 B 项正确。角抵是一种杂技艺术，题干材料并未体现出其推动了川剧艺术的发展，故 A 项错误；材料中汉武帝用角抵表演仅仅是欢迎来长安的西域人，并未体现推动丝路文化的交流，故 C 项错误；材料仅涉及角抵的类别，并未涉及其起源，故 D 项错误。

3．D　本题考查中国古代的土地制度。东汉末年，曹操实行屯田以解决军粮供应、田亩荒芜和流民问题，这有利于减轻农民的负担，增加粮食生产和稳定社会秩序，客观上缓和了当时的社会矛盾，故 D 项正确。曹操实行的屯田制实际上是一种封建社会的土地国有制，军队或农民只有土地的使用权，没有土地的所有权，不能进行土地买卖，因此无法助长大土地所有制，故 A 项错误；根据题干材料"以解决军粮供应、田亩荒芜和流民问题"，可知屯田增产的粮食主要作为军粮和民众食粮，体现了自给自足的特点，题干材料没有反映将粮食销售到市场上去，因此无法体现农业商品化进程，故 B 项错误；曹操主要是在黄河流域实行屯田制，对安定中原人民从事农业耕作起到了重大作用，这一措施不能促进中原人口南迁，故 C 项错误。

4．C　本题考查汉武帝加强中央集权的措施。题干材料强调汉武帝时要求诸侯王献礼时必须购买"皮币"，而一张"皮币"的价格甚至超过一个"千户侯"一年的租税收入，这种做法削弱了地方诸侯的经济实力，故 C 项正确。题干材料强调的不是对日常交换的货币的管理，故 A 项错误；汉武帝时期加强思想上的统一的措施是尊崇儒术，题干材料并未涉及这方面的内容，故 B 项错误；题干材料强调的是诸侯王向皇帝献礼时的相关规定，并不是对地方的直接管理，故 D 项错误。

5．B　本题考查西汉时期的经济政策。根据所学知识可知，西汉主要的经济政策就是重农抑商，故 A 项说法错误；从题干"土地兼并、农户流亡"可知，国家的政策导致土地兼并严重，自耕农拥有土地的难度很大，故 B 项正确；材料反映的主要是土地兼并导致农户被迫流亡的问题，没有涉及百姓的生产热情，故 C 项错误；税收是政府行为，不可能为富商大贾所操纵，故

D 项错误。

模拟演练

1. B　秦朝形成的中央集权制度奠定了中国两千多年政治制度的基本格局，为历代王朝所沿用，故选 B 项。秦朝开创了中央集权制度，形成了官僚政治，并没有延续先秦的历史传统，排除 A 项；秦朝虽然通过"焚书坑儒"等加强了思想文化控制，但这并没有被后世承和发展，排除 C 项；秦朝虽然初步实现了多民族国家的统一，但与材料中"创制立法"不符，排除 D 项。

2. A　在先秦时期，卿大多是爵位的象征，到秦汉时期，卿除去爵位象征之外，又增加了"官职"的含义，这体现出从秦朝开始，贵族政治转化为官僚政治，这属于政治模式演进的范畴，故选 A 项。"卿"的含义由"爵位"向"官职"演进，不涉及等级制度的变化，排除 B 项；秦汉时期，贵族政治向官僚政治演进，这一时期官僚政治并没有达到成熟，排除 C 项；根据题干内容可知，"卿"的内容变化，反映出贵族政治的弱化，而不是发展，排除 D 项。

3. C　针对汉武帝即位初期所面临的一系列问题，董仲舒吸收其他学派的有益成分对先秦儒学进行了大胆的发展与创新，使其得以适应加强中央集权的需要，这是汉武帝接纳儒学的主要原因，故选 C 项。

4. A　由材料"省察治状，黜陟能否，断治冤狱"可知，刺史负责检查地方官员治理地方的成绩，判断其能力并提出升迁或降职的建议，对错误判决作出改判意见，主要职能是监察郡县吏治，故选 A 项。汉景帝时期已经平定了诸侯叛乱，排除 B 项；刺史重在监察地方，不能参与中央决策，排除 C 项；刺史具有监察权，郡县长官负责管理地方事务，排除 D 项。

5. D　从材料"甘肃武威的东汉早期墓葬""内科、外科、妇科等相关的中医学处方书籍""三十余例处方""药物近百种"等信息可知，东汉早期中医学已经积累了一定的经验，为后世中医学的发展奠定了坚实的基础，故 D 项正确。材料只是提到一些中医学处方书籍，并未涉及医疗体系的建立，故 A 项错误；材料提到多种医学处方，这是在疾病发生后开出的药方，而不是预防疾病，故 B 项错误；奠定中医学理论基础的是《黄帝内经》，故 C 项错误。

◎ 第三节　从三国两晋南北朝到五代十国的政权更迭与民族交融

本节课课程标准与热词搜索聚焦见表6-22。

表6-22　课程标准与热词搜索聚焦

课程标准	热词聚焦
通过了解三国两晋南北朝政权更迭的历史脉络、隋唐时期封建社会的高度繁荣，认识三国两晋南北朝至隋唐时期的民族交融	（1）三国两晋南北朝时期：三国归晋及西晋的灭亡；东晋南朝的政治和经济；十六国与北朝时期的民族交融 （2）隋朝和唐朝前期的统治：隋朝的政治、经济；贞观之治和开元盛世；唐朝的民族政策 （3）唐朝后期的统治：安史之乱、宦官专权和朋党之争；黄巢起义；五代十国的分裂局面

阶段特征

在三国两晋南北朝民族交融的基础上，隋唐统一的多民族封建国家继续发展，形成了中国封建社会的繁荣时期。

（1）民族交融：魏晋南北朝时期，各民族相互交往，出现民族交融局面；隋朝时期结束分裂，唐朝实行开明的民族政策，统一多民族国家进一步发展。

（2）区域开发：北民南迁，六朝对江南地区的大力开发为经济重心南移奠定基础；隋唐时期，由于生产关系的调整，经济繁荣，江南得到进一步开发。

（3）制度创新：魏晋南北朝时期三省制雏形出现，隋唐时期三省六部制正式确立并得到发展；选官制度由九品中正制到科举制；赋税制度由魏晋南北朝时期的租调制发展到唐朝的租庸调制，唐朝中后期的两税法标志着我国古代赋税制度的重大转折。

（4）文化交流：魏晋南北朝时期佛教和道教迅速传播，冲击了儒家思想的正统地位，出现三教合一趋势；适应统一国家的时代需要，唐朝儒学复兴运动兴起。科技成就领先世界，文学艺术辉煌灿烂，对外文化交流频繁，对当时和后世都产生了重大影响。

时空坐标（见图6-2）

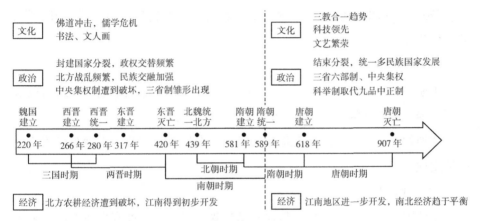

图6-2　三国两晋南北朝的民族交融与隋唐统一多民族封建国家的发展时空坐标

知识排查·教材深化

一、三国两晋南北朝的政权更迭与民族交融

1. 三国与西晋

（1）三国鼎立

①政权建立：220年，曹丕称帝，定都洛阳，国号魏。刘备仍用汉的国号，定都成都，史称蜀汉。孙权定都建业，国号吴。

②三国相争：魏国国力较强，在三国鼎立局面中略占上风。蜀、吴两国则加强了对南方少数民族地区的治理。

（2）西晋统治

①建立和统一：263年，曹魏权臣司马昭发兵灭蜀。266年，司马昭之子

司马炎代魏称帝，建立西晋。280 年，西晋灭吴，完成统一。

②西晋的灭亡：晋武帝死后，宗室诸王展开对中央权力的争夺，演化为内战。内迁少数民族被卷入其中，并且逐渐主导了局势。316 年，西晋被内迁匈奴贵族所灭。

2. 东晋与南朝

（1）从东晋到六朝：317 年，西晋宗室司马睿在建康重建晋朝，史称东晋。420 年，刘裕夺取皇位，建立宋。其后，南方先后经历了宋、齐、梁、陈，合称南朝。

（2）士族兴起

①原因：自三国、西晋以来，一些声名显赫的士大夫家族世代把持官位，享受政治、经济等特权，形成一个特殊的社会阶层。

②地位：逃到南方的几家北方高门士族先后执掌朝政，成为东晋政权的主要支柱。

（3）江南开发

①原因：从西晋末年起，北方人民为躲避战乱，大批流亡南下，带来了先进的生产工具和技术，也充实了劳动力资源。

②表现：南方农业、手工业都有明显进步，山区的少数民族也逐步与汉族交融。

（4）南北对峙：东晋南朝与十六国北朝处于对峙状态，东晋南朝逐渐处于下风，到陈朝，覆亡大局已定。

3. 十六国与北朝

（1）"十六国"：北方 15 个割据政权加上西南地区的成汉，合称"十六国"。这些政权都采取了汉化政策，但民族隔阂依然广泛存在。

（2）淝水之战：4 世纪下半叶，前秦统一北方，随后大举进攻东晋失败，稍微缓和的民族矛盾又加剧了。

（3）北魏孝文帝改革（见表6-23）

表6-23　北魏孝文帝改革

背景	北魏于439年统一北方；5世纪后期，孝文帝拓跋宏在位实行改革
内容	将都城从平城迁到洛阳，迁到洛阳的鲜卑贵族一律将籍贯改为洛阳
	以汉族服饰取代鲜卑服饰，朝中禁鲜卑语，统一说汉语
	改鲜卑姓为汉姓，皇族拓跋氏改姓元
	将新改姓的部分鲜卑贵族定为一等高门，并鼓励他们与汉族高门士族通婚
影响	改革措施顺应了北方民族交往交流交融的历史趋势，大大缓解了民族矛盾，促进了北魏的经济发展和社会繁荣，为以后北方统一南方以及隋唐盛世的出现打下了基础

（4）北朝与隋朝的统一

①北朝：6世纪前期，北魏分裂为东魏和西魏，稍后又分别被北齐、北周取代。上述五个王朝合称北朝。北齐、北周东西对峙，北周内政修明，逐渐占据优势，灭掉北齐。

②隋朝的统一：隋朝取代北周，统一全国，终于结束了长达数百年的分裂割据局面。

二、从隋唐盛世到五代十国

1. 隋朝兴亡

（1）隋朝的统一：581年，北周外戚杨坚代周称帝，改国号隋。589年，隋文帝派次子杨广灭陈，结束了南北长期分裂的局面。

（2）隋朝的建设

①广设仓库。在长安、洛阳两都和地方广设的仓库，既包括供应朝廷粮食和物资的仓库，又包括为备水旱赈济而遍置于乡间的义仓，积储丰富。

情境体验1　《资治通鉴》记载："（晋武）帝惩魏氏孤立之敝，故大封宗室，授以职任。"上述措施的结局是什么？

概念阐释　士族

又称门第、衣冠、世族、势族、世家、巨室、门阀等。门阀，是门第和阀阅的合称，指世代为官的名门望族。门阀制度是中国历史上从两汉到隋唐最为显著的选拔官员的制度，其实际造成朝廷重要的官职往往被少数世家大族所垄断，个人的出身背景对于其仕途的影响，远大于其本身的才能与专长。直到唐代，门阀制度才逐渐被科举制度所取代。

拓展提升　北方人口南迁的影响

（1）将中原地区的先进文化、技术带到迁入地区，使这些先进的文化、技术得到迅速传播。

（2）有利于迁入地区的经济开发和社会进步，缩小南北经济水平的差距。

（3）促进了民族交融，对后世的经济、政治、文化的发展产生了深远的影响。

情境体验2　《晋书》记载："（东晋南方）天下无事，时和年丰，百姓乐业，谷帛殷阜，几乎家给人足矣。"依据所学，指出材料反映了哪些历史信息。

思维点拨　北魏孝文帝迁都洛阳的原因

（1）政治：加强对中原地区的统治；旧都保守势力强大，阻挠改革。

（2）经济：旧都经济落后，粮食供应困难；洛阳农业发达，粮食充足。

（3）军事：旧都偏居塞上，受到北方柔然的骚扰和威胁；洛阳便于南下，统一南北。

拓展提升　少数民族的封建化

（1）概念：少数民族的封建化指处于奴隶社会或原始社会的少数民族在政治、经济、文化等方面向封建社会的转化。

（2）表现：经济上，由渔猎、放牧向农耕转化；政治上，采用封建的官制、法律；文化上，学习中原地区的先进文化。

情境体验3　唐代史学家刘知几记载："（北魏）南迁，革夷从夏。于是中朝江左，南北混淆，华壤边民，虏汉相杂。"上述材料反映了孝文帝改革的什么措施？你如何评价？

思维点拨　隋朝统一的原因

（1）民族交融的趋势为隋朝统一全国提供了有利条件。

（2）南北方人民的共同劳动，使南北方经济得到发展，为隋朝统一全国提供了物质条件。

（3）广大人民经过长期的战乱，人心向往统一，企盼有个较为安定的社会环境。

（4）隋朝的灭亡

隋炀帝大兴土木，三次大举征伐高丽，最终引发大规模起义。618 年，隋炀帝在江都被部将杀死，隋朝灭亡。

2. 唐朝前期的繁盛

（1）唐统一全国：618 年，李渊在长安称帝，建立唐朝，是为唐高祖。唐军消灭各支起义军和割据势力，统一全国。

（2）盛世局面

①"贞观之治"：唐太宗吸取隋亡的教训，轻徭薄赋，劝课农桑，戒奢从简，知人善任，虚怀纳谏。在他统治时期，国家出现了少有的开明政治局面，史称"贞观之治"。

②武则天时期：武则天当权期间，社会经济持续发展。

③"开元盛世"：唐玄宗选贤任能，改革吏治，发展生产，大兴文治，改革兵制，将唐朝推向全盛时期，史称"开元盛世"。

（3）民族交融（见表 6-24）

表 6-24　唐朝民族交融表现表

民族	唐朝民族政策
突厥	①贞观初年，唐军击败并俘获东突厥可汗，东突厥汗国灭亡，草原各族共同尊奉唐太宗为"天可汗" ②唐高宗联合回纥灭西突厥 ③唐朝先后设置安西都护府和北庭都护府，统辖天山南北

续表

民族	唐朝民族政策
吐蕃	①文成公主嫁给赞普松赞干布。唐蕃和亲，促进了汉藏的友好关系和经济文化交流 ②9世纪前期，吐蕃与唐会盟，此后，唐蕃间基本上停止了纷争
靺鞨	唐玄宗统治时期，东北的靺鞨族粟末部强大起来。唐玄宗封其首领大祚荣为渤海郡王

3. 唐朝后期的衰亡及五代十国

（1）安史之乱（见表6-25）

表6-25　安史之乱详情表

背景	①唐玄宗在边境重地增置军镇，节度使兵力扩大。至统治后期，国家出现外重内轻的局面 ②唐玄宗统治后期，朝廷趋于腐败
过程	755年，安禄山在范阳起兵，与史思明一起发动叛乱
结果	唐朝由盛转衰

（2）藩镇割据

①过程：安史之乱期间和之后，唐朝陆续在内地增设藩镇，有些藩镇独立性很强，形成藩镇割据的局面。

②结果：藩镇割据局面在唐朝后期持续了100多年，严重削弱了唐朝的统治力量。

（3）黄巢起义

①背景：唐朝后期，宦官专权和朋党之争加剧。875年，黄巢领导的农民起义爆发。

②过程：起义军横扫大半个中国，一度攻占长安，沉重地打击了唐朝的统治。

③结果：黄巢起义军的将领朱温降唐，与其他藩镇联合镇压黄巢起义，逐渐控制政权。

（4）五代十国

①"五代"：907 年，朱温废唐称帝，国号梁，史称后梁。此后 50 多年间，黄河流域先后经历后梁、后唐、后晋、后汉、后周五个短命王朝，称为"五代"。

②"十国"：南方各地先后出现吴越、南唐等九个割据政权，连同五代末期在山西建立的北汉，称为"十国"。

③趋势：后周时期，柴荣顺应当时形势，清除弊政，实力增强，为后来北宋结束五代十国分裂局面奠定了基础。

概念阐释　义仓

在中国传统社会里，由于社会生产力不发达，人民面对饥荒时的自救能力较弱。义仓是一种民间出资、民间管理的自救性质的仓储形式，对古代的赈济救荒起到了一定的作用。

情境体验 4　隋唐大运河是中国古代南北交通大动脉，在中国历史上产生过巨大作用。隋唐大运河的修筑从根本上得益于什么因素？

情境体验 5　《旧唐书·魏征传》记载："太宗新即位，励精政道，数引征入卧内，访以得失。征雅有经国之才，性又抗直，无所屈挠。太宗与之言，未尝不欣然纳受。征亦喜逢知己之主，思竭其用，知无不言。"材料说明魏征成为有名的谏臣的先决条件是什么？

概念阐释　朋党之争

唐代朋党之争，又称牛李党争，牛党领袖为牛僧孺，李党领袖为李德裕。牛党重科举，李党重门第，党争的内容主要集中在科举、藩镇等几个大问题上。朋党之争实质上是统治集团内部不同派别争权夺利的政治斗争。

情境体验 6　欧阳修《新唐书》记载："大盗既灭，而武夫战卒以功起行阵，列为侯王者，皆除节度使。由是方镇相望于内地，大者连州十余，小者犹兼三四。"材料中的"大盗"是指什么？材料反映了唐朝后期的什么局面？

情境体验 7　根据下表（表 6-26）指出五代十国的本质

表 6-26　五代十国的本质

政权	开国君主	即位前的官职
后梁	朱温	宣武节度使
后唐	李存勖	行营节度使
后晋	石敬瑭	河东节度使
后汉	刘知远	河东节度使

主题探究·能力提升

主题一　江南地区经济的发展

探究 1　唯物史观——北方人民的南迁和技术的传入

材料　大概从公元二百年到五百年之间，全球气候发生变化，与以往相比各处都变得更为寒冷，在中国北方地区寒冷气候出现得更早……由于气候改变的关系，草原上的民族慢慢地向南移动；核心地区的汉人，也许因为人口增加，也许因为南方土地肥沃，也慢慢向南移动。……大量的北方族群侵入南方……改变了中国本来的人口结构，同样，中国北方原来的人口在骨牌效应下，也一波一波地不断南侵，改变了南方的人口结构。

——摘编自许倬云《许倬云说历史：大国霸业的兴废》

根据材料，概括古代中国人口南迁的两种基本情形及其原因。

探究 2　史料实证——江南经济发展的表现

材料　南朝时期的土地开发利用取得重大成就，不仅平原地区的荒田得到进一步的垦辟，而且偏狭的山间土地以及大量的池泽湖荡也被相继耕垦。世家大族大力营建田园，把一直沉睡的荒山野岭改变成农业生产基地。……宋孝武帝大明初年颁布"占山格"，规定官吏依品占有山林川泽，第一品允许占 3 顷，直至"第九品及百姓一顷"。经过长期的开发，洞庭、鄱阳、太湖流域成为重要粮食产区。

——摘编自赵毅、赵轶峰《中国古代史》

材料反映了什么经济现象？结合所学分析其出现的原因。

认知深化　魏晋南北朝时期的经济特色

（1）南方经济迅速发展。北方经济因战乱频繁遭到严重破坏，而南方则相对稳定，使得南方经济得到迅速发展。

（2）士族庄园经济和寺院经济占有重要地位。士族制的发展和统治者崇信佛教，导致地主庄园经济和寺院经济恶性膨胀，造成土地和劳动力的大量流失。

（3）商品经济总体水平较低。由于战乱，不少城市遭到严重破坏，商品经济发展缓慢。

（4）各民族经济交流加强。由于民族交融的加强，魏晋南北朝时期各民族之间的联系密切，相互交融。各族人民相互学习，取长补短，促进了经济的恢复和发展，同时也为隋唐时期的繁荣奠定了基础。

素养感悟　江南经济发展的启示

（1）政治稳定是经济发展的前提和基础，经济重心的南移和南方经济的发展都是在北方战乱而南方相对稳定的条件下完成的。

（2）生产力的进步是经济发展的最重要因素，及时引进、运用最先进的科学技术是促进经济快速发展的重要保证。

（3）统治者对经济发展的重视程度是影响其经济发展的重要因素，经济的发展必须得到统治者的重视。

（4）自然环境对经济的发展影响巨大，经济重心南移是自然环境与整个社会生产力之间辩证发展的必然结果。我们应注意经济开发与保护生态平衡的辩证统一，走可持续发展的道路。

主题二　隋朝和唐朝前期的国家治理

探究1　史料实证——隋朝初年的统治措施

材料　开皇元年（581年），高颎奉命与郑译、杨素等修订刑律，制定新律，奏请颁行。开皇二年（582年），隋文帝在苏威、高颎等人的谋议下，决定在龙首原创建新都，以高颎领新都大监。这为后来唐代长安的繁荣，奠定了基础。其他行政、官制等，也大都在高颎的主持下，斟酌损益，建立新的制度，巩固了隋朝的统一局面。

——摘编自白寿彝总主编《中国通史》

根据材料，概括隋初改革的内容。

探究2　史料实证——唐朝前期的治世局面

材料　至如谋于汉者，昔其臣也，公实弃之；兵于汉者，昔其将也，公不庸之。故曰："得人者昌，失人者亡。"噫！

——（唐）李观《李元宾文编》

结合唐代前期百余年用人方面的史实，说明"得人者昌，失人者亡"的观点。

认知深化　我国封建社会出现盛世局面的原因

（1）从大乱到大治：封建社会的盛世局面一般出现在封建王朝的初期，经历农民起义的打击，土地高度集中的局面得到改变，阶级矛盾缓和，这是出现盛世局面的社会因素。

（2）发展经济、稳定政局：处于盛世的封建王朝一般注意发展经济，保证农民生产的时间，减轻农民的赋役负担，社会经济持续发展，逐渐进入繁荣时期，这是出现盛世局面的经济因素。

（3）发展文化、重视人才：中国古代的盛世时期都是文化的繁荣时期，人才辈出，教育、思想、文学艺术、科技全面繁荣，这是出现盛世局面的文化因素。

（4）重视反腐倡廉：官僚体系的高效、清廉是封建社会良政的基础，中国封建社会的盛世时期都很重视对官僚的选拔、监察，保证官僚队伍的相对高效和清廉，这是出现盛世局面的政治因素。

（5）开明君主的个人作用：盛世时期的皇帝一般勤政、亲民、自律，具有很高的个人素养，这是出现盛世局面的个人因素。

素养感悟　对唐朝"盛世"的辩证认识

（1）唐朝"盛世"局面的出现是各种原因共同作用的结果，不是统治者的个人功劳，当然统治者的政策和措施也是十分重要的。

（2）唐朝的"贞观之治""开元盛世"，所谓的"盛世"不是绝对的，而是相对的，即都是相对于社会动乱时期而言的。在"盛世"时期，最大的受益者是封建统治阶级，广大人民的生活仍然十分艰辛，农民的负担依然沉重，农民与地主阶级之间的矛盾只是相对有所缓和，并未完全消除。

纵联横合·思维升华

一、三国两晋南北朝时期我国历史发展的三大趋势

三国两晋南北朝近四百年中，战乱频繁，国家分裂，但历史在动荡中前进。

（1）民族交融的趋势：蜀国诸葛亮发展同南方少数民族的友好关系，吴国当地居民同汉族共同开发江南，东汉以来少数民族内迁，以及十六国混战都促进了民族交融，为隋朝统一提供了条件。

（2）经济重心逐渐向南转移的趋势：三国两晋南北朝时期，北方战乱频繁，社会生产屡遭破坏，而江南地区相对稳定。从西晋末年起，直到南北朝，北方大批农民为躲避战祸，纷纷南迁，为南方的农业生产增加了大量劳动力，并带去了先进的生产技术。他们同南方人民一起，兴修水利，开垦出大片良田。水稻栽培技术有所提高，小麦开始推广，牛耕得到普及。江南经济的较大发展，开始改变我国农业经济以北方黄河流域为重心的经济格局，为南北经济差距的缩小和全国的统一创造了条件。

（3）由分裂走向统一的历史趋势：其中有局部统一的三国鼎立、西晋的短期统一和前秦、北魏、北周对北方的三次统一。

二、孝文帝改革的主要内容

（1）社会经济方面：北魏通过实施均田制、租调制、三长制等制度，把鲜卑劳动者改造为占有少量土地进行农业生产的封建农民，把占有大量土地的鲜卑贵族改造为封建地主和官僚。农业和工商业的发展，则进一步促使他们习惯定居、生产和城市生活。

（2）政权建设方面：政权机构的设置、名称的制定、官僚的选用、官僚队伍的建设均采纳汉族封建统治制度。还修订律令，以适应中原地区的需要。

（3）社会风俗方面：迁都洛阳后，通过改汉姓、易汉服、说汉话以及与汉族通婚等措施使鲜卑人全面认识汉族风俗。设孔庙、祭孔子、推儒学以及恢复礼乐制度规范人们行为方式等措施，进一步使鲜卑人从深层次认同和接受汉族文化。

（4）鲜卑族原来生产生活方面的文化精华，也在汉人中传播，为汉人所学习和接受，对汉族生产、生活多样化也起了重大作用。

三、隋朝的历史地位

（1）隋朝结束了汉末以来的动荡局面，实现了国家统一，对唐朝的大统一、大繁荣、大交融作出了突出贡献。

（2）隋朝统治者实行了一系列发展经济、巩固统一的措施，如设立三省六部制、创立科举制、推行均田制、租庸调制等都为隋唐政治制度的建立和经济的发展创造了良好条件。

（3）隋朝大运河促进了南北经济的交流，成为南北交通的大动脉。对唐代乃至以后经济、交通的发展都有重要作用。

（4）隋朝恢复了因割据纷乱几乎中断的对外关系，积极发展与亚洲各国的交流，为后世盛唐对外关系的繁荣打下了基础。

（5）隋朝的迅速灭亡给唐朝统治者提供了深刻的教训，促使唐初统治者调整统治政策，励精图治，从而出现"贞观之治"和"开元盛世"等繁荣局面。

四、唐朝的民族政策

唐朝实行开明的民族政策，促进了周边民族与中原的联系和交融，相对而言，在中国古代，唐朝的民族政策是比较成功的。

（1）设立军事机构，加强对边疆地区的管理。唐朝对突厥、靺鞨都曾经建立军事性质的机构进行管理，比如，建立管理西域地区的安西都护府和北庭都护府，管理东北地区的黑水都督府和渤海都督府，等等。

（2）实行册封制度，改善中央与边疆少数民族政权的关系。册封回纥首领骨力裴罗为怀仁可汗，封靺鞨族粟末部首领大祚荣为渤海郡王，封南诏首领皮罗阁为云南王等。

（3）实行和亲政策，促进中央与地方文化交流。如派文成公主、金城公主入藏分别和松赞干布、尺带珠丹联姻，促进了汉藏两族经济、文化的密切联系。

（4）实行任用少数民族人才的政策，巩固中央政权。唐朝先后任用了突厥、匈奴、鲜卑、吐蕃等族群的人士担任中原地方或中央的官职，增强了少数民族对中原的认同感。

真题实战·模拟演练

真题实战

1.（2018 全国Ⅰ卷·25）据学者研究，唐朝"安史之乱"后百余年间的藩镇基本情况如下表所示。

"安史之乱"后百余年间唐朝藩镇基本情况表

藩镇类型	数量（个）	官员任免	赋税供纳	兵额与功能
河朔型	7	藩镇自擅	不上供	拥重兵以自立
中原型	8	朝廷任命	少上供	驻重兵防骄藩
边疆型	17	朝廷任命	少上供	驻重兵守边疆
东南型	9	朝廷任命	上供	驻兵少防盗贼

由此可知，这一时期的藩镇（　　）

A. 控制了朝廷财政收入　　　　B. 彼此之间攻伐不已

C. 注重维护中央的权威　　　　D. 延续了唐朝的统治

2.（2017 全国Ⅰ卷·26）下表为不同史籍关于唐武德元年同一事件的历史叙述。据此能够被认定的历史事实是（　　）

记述	出处
"秦王（李世民）与薛举大战于泾州，我师败绩。"	《旧唐书·高祖本纪》
"薛举寇泾州，太宗（李世民）率众讨之，不利而旋。"	《旧唐书·太宗本纪》
"秦王世民为西讨元帅……刘文静（唐朝将领）及薛举战于泾州，败绩。"	《新唐书·高祖本纪》
"薛举寇泾州，太宗为西讨元帅，进位雍州牧。七月，太宗有疾，诸将为举所败。"	《新唐书·太宗本纪》

A. 皇帝李世民与薛举战于泾州　　　　B. 刘文静是战役中唐军的主帅

C. 唐军与薛举在泾州作战失败　　　　D. 李世民患病导致了战役失败

3. （2017 全国卷Ⅱ·26）北朝时，嗜好奶类制品的北方人常常嘲笑南方人的喝茶习俗。唐中期，北方城市中，"多开店铺，煎茶卖之，不问道俗，投钱取饮。其茶自江、淮而来，舟车相继，所在山积"。据此可知，唐中期（　　）

A. 国家统一使南茶开始北运　　　　B. 南北方饮食习惯趋于一致

C. 南方经济文化影响力上升　　　　D. 南方经济水平已超越北方

模拟演练

1. （2021 年 1 月广东适应性测试）西汉中期至西晋，中原王朝先后允许已归附的匈奴、鲜卑族内迁到陕北、晋北、幽州北等长城一带，羌、氐族内迁到关中地区聚居。这（　　）

A. 加快了中原王朝的衰落过程　　　　B. 使边患危机更加严重

C. 促进了区域经济的均衡发展　　　　D. 推动了北方民族交融

2. （2020 福建龙岩二模）西晋末年始，北方人口因动荡大量南迁，南迁人口未纳入所在郡县正式户籍，不负担国家调役。东晋于咸和年间（326—334 年）开始实行"土断政策"，即取消客籍户，"不论侨土"将居民一律编入正式户籍。可见土断政策的主要目的是（　　）

A. 抑制士族势力膨胀　　　　B. 控制人口，扩大赋役来源

C. 缓和侨土之间矛盾　　　　D. 发展经济，实现重心南移

3. （2020 山东威海一模）秦汉时期，中原地区鲜有饮酪者，但《齐民要术》中却记载了当时黄河中下游地区乳酪的生产加工技术。出现这一变化的主要原因是（　　）

A. 中外文化沟通的密切 　　　　B. 南北经济联系的扩大

C. 古代农副牧业的发展 　　　　D. 北方民族交流的加强

4. （2020 河北唐山三模）"方镇相望于内地，大者连州十余，小者犹兼三四。故兵骄则逐帅，帅强则叛上。或父死子握其兵而不肯代；或取舍由于士卒，往往自择将吏，号为'留后'，以邀命于朝。"这段话反映了（　　）

A. 宗法血缘关系得到强化 　　　　B. 郡国并行威胁中央集权

C. 君主专制制度遭到破坏 　　　　D. 藩镇割据削弱中央集权

5. （2022·山东省菏泽市一模·16）（12分）阅读材料，回答问题。

安史之乱：唐朝乃至整个中华帝国历史的分界点

材料

下图是《哈佛中国史·世界性帝国：唐朝》的思维导图。该书作者认为，以756年"安史之乱"为标志的历史断裂不仅对王朝命运而言，而且对中国历史发展轨迹来说，亦是至关重要的转折点，安史之乱是真正的唐朝乃至整个中华帝国历史的分界点。

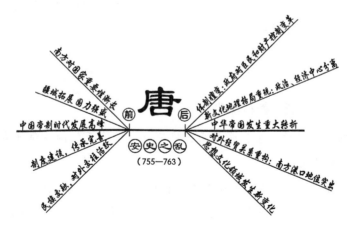

——摘编自陆威仪《哈佛中国史·世界性帝国：唐朝》

根据材料并结合史实，对安史之乱是"唐朝乃至整个中华帝国历史的分

界点"的观点加以阐释。（12分）

6.（2022·山东省济宁市高三3月高考模拟·16）（14分）阅读材料，回答问题。

材料一

表 唐代藩镇与中央关系

类型	渊源	政治关系	财政关系	军事关系	例子
河朔割据型	安史降将	与中央对抗	不上供	拥兵自重	魏博、卢龙、成德、淄青
中原阻遏型	安史之乱后新兴藩镇	服从中央	少上供	重兵牵制骄藩	宣武、武宁、忠武、泽潞
边疆防御型	开元间的沿边节镇	服从中央	少上供	重兵戍守边疆	灵武、剑南、西川
东南财赋型	开元间的采访使	服从中央	上供	驻兵甚少	浙东、浙西、淮南、福建

——据张国刚《唐代藩镇研究》

材料二

弱唐者，诸侯也；既弱而久不亡者，诸侯维之也！

——（元）脱脱等《宋史·尹源传》

结合材料一论证材料二中作者的观点。（14分）

答案：

（一）知识排查·教材深化

情境体验1提示 晋武帝死后，宗室诸王争夺王权的斗争演变为内战，成为西晋灭亡的重要原因。

情境体验2提示 东晋时期南方社会相对安定，江南经济得到开发。

情境体验3提示 迁都洛阳，顺应了北方民族交融的历史趋势，大大缓解了民族矛盾。

情境体验4提示 中央集权制度的优势。

情境体验 5 提示　唐太宗善于纳谏。

情境体验 6 提示　"大盗"是指安史之乱。材料反映了唐朝后期藩镇割据的局面。

情境体验 7 提示　五代十国本质上是唐朝后期藩镇割据的延续。

（二）主题探究·能力提升

主题一

探究 1 提示　基本情形：北方少数民族迁到中原地区；中原汉族迁到南方地区。

原因：北方地区寒冷；北方汉人人口增加，南方土地肥沃。

探究 2 提示　经济现象：南方大量土地被开垦，长江中下游成为主要产粮区。

原因：北方人口为躲避战乱大量南迁，为南方增加了劳动力，还带去了先进的生产技术与生产工具；南方相对安定；南朝统治者鼓励开发荒田；南方少数民族与汉族交融；士族拥有大量土地和劳动力，为南方经济发展创造了条件。

主题二

探究 1 提示　修订刑律，制定新律；创建新都；损益旧制，创立新制。

探究 2 提示　唐太宗知人善任，虚怀纳谏，调整统治政策，出现了"贞观之治"的局面；武则天重视人才，任用贤臣，使社会经济继续发展；开元年间，唐玄宗重视官员的选拔与考核，改革吏治，出现了"开元盛世"的局面；唐玄宗统治后期，任人唯亲，酿成安史之乱。

（三）真题实战·模拟演练

真题实战

1. D　本题考查唐朝藩镇割据。唐朝"安史之乱"后，形成了藩镇割据的局面，但从材料图表看，各地区的藩镇情况不尽相同，直接参与"安史之乱"的河朔地区地方势力明显强大，但在藩镇中所占比例并不大；中央对中原、边疆和东南地区的藩镇仍有较大控制力，对河朔藩镇形成制约，维护边疆安全，使唐朝政权得以延续，故 D 项正确。在经济重心南移的条件下，材料中东南型藩镇要上供赋税，保证了政府财政收入，故 A 项错误；边疆型和东南型藩镇的任务分别是守边疆、防盗贼，由此不能得出彼此攻伐不已的结论，故 B 项错误；藩镇割据整体上威胁了中央的权威，故 C 项错误。

2. C 本题考查辨析史料的能力。题干中的四则材料都反映了唐军在泾州与薛举作战失败的信息，故 C 项符合题意。根据题干可知，有的材料叙述此时李世民为秦王，还没有登基称帝，故 A 项不能被认定为历史事实。根据题干可知，有的材料叙述此时李世民为"元帅"，故 B 项不能被认定为历史事实。题干中的四则材料中只有一则材料叙述了李世民因患病导致战役失败的信息，故 D 项不能被认定为历史事实。

3. C 本题考查经济重心南移与社会习俗变迁。材料信息反映了北朝时北方人嘲笑南方人的喝茶习俗，唐朝中期北方城市中出现了很多茶铺，饮茶之人颇多，茶铺的茶叶多来自南方。北方人由嘲笑南方人喝茶到大量饮茶，这说明南方经济文化影响力上升，南方的习俗也被北方人接受，故选 C 项。材料无法体现南茶开始北运，故排除 A 项；饮茶习惯只是饮食习惯的一个方面，南宋时期南方经济水平超越北方，排除 B、D 两项。

模拟演练

1. D 根据"中原王朝先后允许已归附的匈奴、鲜卑族内迁到陕北、晋北、幽州北等长城一带，羌、氐族内迁到关中地区聚居"可知，中原政权的这一做法有利于少数民族内迁，加强了北方民族间的交融，D 项正确。少数民族内迁到中原一带与中原王朝的衰落没有必然的联系，排除 A 项；民族间的交融有利于缓和危机，排除 B 项；"均衡发展"的说法错误，排除 C 项。

2. B 据材料"未纳入所在郡县正式户籍，不负担国家调役"可知，没有正式户籍则不向国家交纳赋役，故东晋时期将居民一律编入正式户籍是为了使其负担国家调役，故选 B 项。材料中涉及的"客籍户"主要是指自北方南迁而来的居民，与抑制士族无关，排除 A 项；材料中并未涉及北方南迁的客籍户与本地人员之间的矛盾，故也不涉及矛盾的缓和，排除 C 项；收取赋税不利于调动人民的积极性，不利于发展经济，且当时东晋统治者的主要目的是维护自身统治而非推动南方经济发展，排除 D 项。

3. D　《齐民要术》约成书于北魏时期，此时北方少数民族入主中原，民族交融加强，因此导致材料中现象的出现，故选 D 项。这一变化是我国境内各民族交融的结果，与中外交流无关，排除 A 项；中原地区和黄河中下游地区都属于北方，无法体现南北经济联系的扩大，排除 B 项；古代农副牧业的发展只是这一变化出现的次要原因，并非主要原因，排除 C 项。

4. D　根据材料"帅强则叛上。或父死子握其兵而不肯代；或取舍由于士卒，往往自择将吏"，可知藩镇具有强大独立的军事实力，官吏任免不受中央节制，严重削弱了中央集权，故 D 项正确。

5.（12 分）

（1）在安史之乱后，土地兼并导致均田制破坏，唐朝废除租庸调，改行两税法，并被后世沿用。（2 分）改变了以人丁为主的赋税制度，政府对百姓的人身束缚逐渐减弱。（2 分）

（2）安史之乱后人口大量南迁，南方经济实力渐渐超过北方，唐及后世在经济上对南方依赖加深，户口分布南北格局发生重大变化，南方也逐步成为文化发展重地。（2 分，仅回答加速经济中心南移给 1 分）逐渐形成了以北方为政治中心，南方在经济文化上占据优势的局面。（2 分，仅回答南北经济趋于平衡的不得分）

（3）对外经贸往来在安史之乱后海上贸易活动得到新发展，交往地区扩大，中国和一个新生世界经济体系相连接，这一贸易模式在中国历史上得以延续。（答出一点即可，2 分，仅答出海上贸易发展给 1 分）

（4）唐朝中后期以来，韩愈等人提出复兴儒学，开启了儒学复兴运动，对后世宋明理学兴起产生重要影响。唐朝后期文学艺术出现新流派、新形式（如词、古文运动等）、新内容等，对后世文学艺术发展产生重大影响。科技发展，如唐末火药开始运用于战争等，这些对后世乃至世界都产生了重大影响。（答出一点即可，2 分）

评分说明：直接摘抄材料内容不予给分，必须加以阐释。可从政治、经济、对外关系、民族关系、思想文化等角度回答，言之有理即可。仅对唐朝历史进行阐释，而对后世影响没有加以说明的，扣2~3分。阐释应从史实及历史影响两个角度回答，其中税制、经济方面各占2分，对外贸易及文化方面各占1分。

【解析】

对安史之乱是"唐朝乃至整个中华帝国历史的分界点"的观点加以阐释，即分析说明安史之乱后唐朝乃至整个帝国的变化，并分析这些变化带来的重要影响。根据图示不难总结出，安史之乱后，唐朝乃至中华帝国在政治制度、经济、思想文化、对外交往、民族关系等方面都发生了重大变化；接下来，根据所学知识，从以上几个方面，分析说明安史之乱是"唐朝乃至整个中华帝国历史的分界点"的观点。从经济制度尤其是赋税制度方面来看，在安史之乱后，土地买卖和兼并之风盛行，导致均田制被破坏，租庸调失去了执行的基础，政府财政收入下降，为缓解危机，唐朝废除租庸调，改行两税法，并被后世沿用。两税法带来了重要影响，改变了以人丁为主的赋税制度，政府对百姓的人身束缚逐渐减弱。从人口迁移方面来看，安史之乱后人口大量南迁，南方经济实力渐渐超过北方，唐及后世在经济上对南方依赖加深，户口分布南北格局发生重大变化，南方也逐步成为文化发展重地，逐渐形成了北方为政治中心、南方在经济文化上占据优势的局面，后世中南方江浙一带成为人才集中的地区。从对外关系方面来看，唐前期陆上丝绸之路繁荣，安史之乱后海上贸易活动得到新发展，交往地区扩大，中国和一个新生世界经济体系相连接，这一贸易模式在宋元时期得以延续。从思想文化方面来看，唐朝中后期以来，藩镇割据严重，从维护王朝统一角度出发，韩愈等人提出复兴儒学，开启了儒学复兴运动，对后世宋明理学兴起产生重要影响。唐朝后期文学艺术出现新流派、新形式（词、古文运动等）、新内容等，对后世文学艺术发展产生重大影响。科技发展，如唐末火药开始运用于战争等，这些对后世乃至世界都产生了重大影响。

6.（14 分）

层次		观点及论证
层次一 （0~3分）	角度	仅从一个角度作答，史实基本准确（0~3分）
	阐述	表述不成文（0分）
层次二 （4~7分）	角度	仅从一个角度作答，史实准确（3~6分）
	阐述	表述基本成文（1分）
层次三 （8~14分）	角度	综合两个角度作答，史实准确： （1）角度一：若从藩镇对抗中央削弱唐朝中央集权（或激化社会矛盾）并最终导致唐朝灭亡、不对或少对中央财政上供削弱唐朝实力（或削弱唐军事、财政力量）等角度阐述藩镇削弱了唐朝统治，每点可得3分 （2）角度二：藩镇互相制衡削弱藩镇自身力量，减缓中央政府危机；设置藩镇唐政府可分而治之，延续统治；江南藩镇为中央提供财赋支持，增强中央政府实力（或大多数藩镇服从中央）；等等，若从上述角度论证藩镇存在延续了唐朝统治，任答2点，每点可得3分
	阐述	逻辑清晰，表述成文（2分）

【解析】

　　首先，作者从消极、积极两个角度指出藩镇的作用。从"弱唐者，诸侯也；既弱而久不亡者，诸侯维之也"可知，材料二认为一方面藩镇削弱了唐朝统治，另一方面藩镇又延续了唐朝统治。其次，据材料一围绕这两个角度进行论证。

　　藩镇削弱了唐朝统治：据材料一"河朔割据型""与中央对抗"，结合所学得出藩镇对抗中央削弱唐朝中央集权（或激化社会矛盾）并最终导致唐朝灭亡；据材料一"财政不上供""财政少上供"，结合所学得出不对或少对中央财政上供，削弱唐朝实力。

　　藩镇延续了唐朝统治：据材料一"重兵牵制骄藩"，结合所学得出藩镇互相制衡、削弱藩镇自身力量，减缓中央政府危机；据材料一"中原阻遏型""边疆防御型"，结合所学得出设置藩镇唐政府可分而治之，延续统治；据材料一"东南财富型"，结合所学得出江南藩镇为中央提供财赋支持、增强中央政府实力（或大多数藩镇服从中央）。

◎ 第四节　隋唐制度的变化与创新及三国至隋唐的文化

本节课课程标准与热词聚焦见表6-27。

表6-27　课程标准与热词聚焦

课程标准	热词聚焦
通过了解隋唐时期封建社会的高度繁荣，认识隋唐时期的制度变化与创新、思想文化领域的新成就	（1）隋唐制度的变化与创新：从九品中正制到科举制、三省六部制的确立与完备、从租庸调制到两税法 （2）三国至隋唐的文化：佛教、道教的盛行与儒学复兴运动；魏晋时期的文学和书法绘画成就；隋唐的诗歌与书法绘画成就；魏晋到隋唐的科技成就；魏晋至隋唐的中外交流

知识排查·教材深化

一、隋唐制度的变化与创新

1. 选官制度

（1）九品中正制

①创立：曹魏创立了新的选官制度九品中正制。

②内容：中央委任中正官为各地人才评定等级，共分九等，朝廷依此授以相应的官职。

③标准：选官标准从初创时期的重视家世、道德和才能，演变为西晋时期主要看重家世。

④结果：逐渐成为维护士族特权的工具。随着士族的没落，九品中正制

无法继续。

（2）科举制

①确立：隋炀帝时，始建进士科，科举制度形成。

②发展（见表6-28）

表6-28　科举制的发展

唐太宗	增加了考试科目，以进士和明经两科为主
武则天	扩大科举取士的人数，首创了武举和殿试
唐玄宗	任用高官主持考试，提高了科举考试的地位

③影响：科举制使出身社会中下层的读书人通过相对公平的考试参与政权，扩大了统治的基础，提高了官员的文化素质，加强了中央集权。

图示解史：中国古代选官制度的演变（见图6-3）

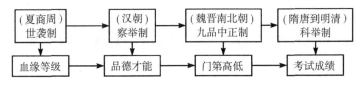

图6-3　中国古代选官制度的演变

情境体验1　《唐摭言》记载："贞观初，放榜日，上（指唐太宗）私幸端门，见进士于榜下缀行而出，喜谓侍臣曰：'天下英雄，入吾彀中矣。'"彀，即弓弩射程所及的范围，后世比喻为圈套、陷阱。对这段史料的正确解读应是什么？

2. 三省六部制

（1）背景：魏晋南北朝时期，尚书台改称尚书省，与中书省和门下省形成三省。

（2）确立：隋文帝时，三省六部制正式确立。隋唐时期，三省的职权既分工明确，又彼此制约。

（3）演变

①职责：中书省负责草拟皇帝的诏令；门下省负责审核诏令；尚书省负责执行，下设吏、户、礼、兵、刑、工六部，分工处理各项事务。

②趋势：唐太宗扩大任用宰相的范围，宰相议事的地方叫政事堂，后改称中书门下。三省出现了一体化的趋势。

（4）意义：三省六部制的确立和完备，是中国政治制度的重大变革，对此后历朝产生了深远影响。

3. 赋税制度

（1）魏晋时期的租调制

①魏晋时期，开始实行租调制，按户征收粮和绢帛。

②北魏孝文帝改革，颁布均田令，受田农民承担定额租调和一定的徭役。

（2）唐初的租庸调制

①内容：唐初，赋税征收除租、调外，男子不去服徭役的可以纳绢或布代役，称为庸。

②影响：以庸代役保证农民有较充分的生产时间，政府的赋税收入也有了保障。

（3）唐后期的两税法

①背景：天宝年间，土地买卖和兼并之风盛行，均田制无法推行，租庸调制无法维持，政府财政收入锐减。

②实行：780 年，唐德宗接受宰相杨炎的建议，实行两税法。

③内容：每户按户等缴纳户税，按田亩缴纳地税，取消租庸调和一切杂税、杂役；一年分夏季和秋季两次纳税。

④影响：两税法简化税收名目，扩大收税对象，保证国家的财政收入。改变了自战国以来以人丁为主的赋税制度，减轻了政府对农民的人身控制。

辨析比较　均田制和租庸调制度

（1）区别：均田制是土地分配制度，租庸调则是赋税政策，二者定义不同，适用范围不同，沿革历史时期不同。

（2）联系：租庸调制以均田制为基础和存在的依据，唐玄宗统治后期，土地买卖和兼并之风盛行，导致均田制无法推行，使得租庸调制在中唐之后为两税法取代。

情境体验2　钱穆曾经指出，（唐代）论中央政府之组织，结束了上半段历史上的三公九卿制，而开创了下半段的尚书六部制。论选贤与能，结束了上半段的乡举里选制，而开创了下半段的科举考试制。论租税制度，结束了上半段的田租力役土贡分项征收制，而开创了下半段的单一税收制。钱穆实际指出了唐朝哪些制度创新？

情境体验3　贞观年间，某地发生严重旱灾，上奏朝廷。大臣甲提交书面处理方案：1. 举行大型祭天求雨仪式，2. 削减灾区赋税，3. 修筑引水灌溉渠道。大臣乙认为甲的处理方案可行，上呈至皇帝，皇帝赞许，吩咐大臣丙负责执行。大臣丙将任务依次分配到属下三个部门。请结合所学判断甲、乙、丙分别属于什么机构？

图示解史：三省六部制运行图（见图6-4）

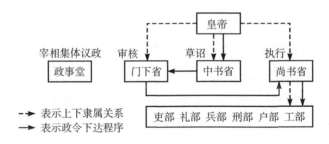

图6-4　三省六部制运行图

思维点拨　我国古代赋税制度的演变趋势

汉代以来，中国的赋税主要以人口税为主，田租很轻，这是封建王朝严格控制人口流动的原因所在。中唐以后，我国赋税征税标准逐渐由以人丁为主逐渐向以土地、财产为主转变；赋税种类由繁到简，税种减少；征税时间由不定时逐渐发展为基本定时；封建国家对农民的人身控制逐渐松弛；服役形式由实物到货币；由必须服徭役逐渐发展为可以纳绢、布等代役。

二、三国至隋唐的文化

1. 儒学、道教与佛教的发展

（1）发展过程（见表6-29）

表6-29 三国至隋唐文化发展表

汉武帝时期	儒学正统地位确立后呈现繁盛之势
魏晋南北朝时期	①道教在民间广为传播，并受到儒学的影响，主张"贵儒"和"尊道" ②佛教在中国盛行，也吸收儒、道的思想，渐趋本土化 ③儒学吸收佛教和道教的精神，有了新的发展
隋朝	儒学家提出儒、佛、道"三教合归儒"，主张以儒学为主，调和并吸收佛教、道教的理论
唐朝	①奉行三教并行政策，奉老子为祖先，道教最受尊崇 ②武则天时，佛教形成不同宗派，其中禅宗对后世影响最大

（2）反佛思想

①原因：佛教盛行，广修寺庙，耗费了大量的钱财，很多劳动力不事生产，严重影响到政府财政收入。

②表现：南朝无神论思想家范缜提出人的精神和肉体是统一的，对佛教进行抨击。北魏、北周及唐朝等统治者几度灭佛。

③影响：佛教文化遭受损失，但佛教的发展并未从根本上受到遏制。

（3）复兴儒学

①原因：佛教和道教的发展使儒学的正统地位受到挑战。

②内容：韩愈率先提出复兴儒学。用儒家的天命论和封建纲常来反对佛教的观点。

③影响：巩固儒学主流思想的统治地位。

2. 文学艺术（见表 6-30）

表 6-30　三国至隋唐文学艺术发展情况表

文学		①从东汉末年开始，出现了以曹操父子为代表的建安文学、以东晋陶渊明为代表的田园诗、南朝骈文、南北朝民歌等多种文学形式 ②唐朝诗歌创作进入黄金时代。李白、杜甫的诗作代表了唐诗的最高成就，他们分别被誉为"诗仙"和"诗圣"
艺术	书法	①魏晋南北朝时期，隶书、草书、行书和楷书等各种书体均已完备，东晋书法家王羲之被称为"书圣" ②隋唐时期的书法艺术创出新风格，颜体和柳体最为有名
	绘画	①东晋开始出现知名的专职画家，以顾恺之为代表，其代表作是《女史箴图》和《洛神赋图》 ②隋唐的绘画题材广泛，风格多样，唐朝的吴道子被尊为"画圣"
	石窟艺术	山西大同云冈石窟、河南洛阳龙门石窟、甘肃敦煌莫高窟等，都是闻名世界的艺术宝库

3. 科技

（1）魏晋南北朝时期

①数学：南朝祖冲之精确地算出圆周率是在 3.1415926 ~ 3.1415927 之间。

②农学：北朝贾思勰著述的《齐民要术》，是中国现存最早的一部完整的农书。

③地理：西晋裴秀绘制出《禹贡地域图》，并提出绘制地图的方法。

（2）隋唐时期

①建筑：隋朝工匠李春设计建造的赵州桥，是世界上现存最古老的石拱桥。

②印刷术：唐朝已经有了雕版印刷的佛经、日历和书籍。

③火药：唐中期的书籍记载了火药的配方。唐末，火药开始用于战争，火箭是最早的火药武器。

④天文：唐朝天文学家僧一行，测算出了地球子午线长度。

误区警示　唐代科举制的限制

唐代科举制有严格的身份限制，很多人不能参加科举考试，主要包括：(1) 囚犯、僧人、道士、商人、犯讳的人、女人。(2)"娼、优（古代从事'艺术表演'方面工作的人）、隶（衙门里的轿夫、马夫、伙夫、更夫）、皂（衙役）"这四类人的后代。

情境体验 4　有人认为，杜甫之所以成为"诗圣"，关键是他有宽广、伟大的"诗圣的襟怀"。这在"国破山河在，城春草木深。感时花溅泪，恨别鸟惊心""南国旱无雨，今朝江出云"等诗句中得到了明显的体现。"诗圣的襟怀"的含义是什么？

思维点拨　社会变迁对唐诗发展的影响

(1) 盛唐时，诗风开朗奔放、刚健清新，反映了唐朝国力强盛、文化开放的社会背景。

(2) 中唐时，诗风平实浅近，讽喻诗作大量涌现，反映了唐朝的社会弊端日益暴露。

(3) 晚唐时，诗风凝重浓郁，反映了唐朝的由盛转衰。

思维点拨　唐朝对外交往的特点

(1) 交往范围广泛，同亚洲国家的交往最为密切。

(2) 交往的形式多样，内容丰富。

(3) 具有双向性。外国与中国互相学习，唐朝也吸收了外来文化的精华，使唐朝文化更加灿烂辉煌。

知识拓展　唐朝"中华文化圈"的形成

唐朝的对外交往一方面促进了唐代经济的繁荣，使文化更加丰富多彩；另一方面唐代文明的对外传播泽被东西，影响深远，推动了"中华文化圈"（见图6-5）的形成，有利于世界各族人民的共同发展与进步。

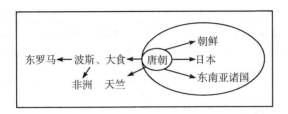

图 6-5

情境体验 5　南北朝时期佛教盛行（见表 6-31）

表 6-31　南北朝僧尼、佛寺数量表

朝代		僧尼	佛寺
南朝	宋	36000 人	1900 多所
	齐	32000 多人	2000 多所
	梁	82000 多人	2800 多所
	陈	32000 人	1200 多所
北朝	北魏中	77000 人	6400 多所
	北魏末	200 万人	3 万多所
	北齐	200 万人	3 万多所
	北周	近 100 万人	1 万多所

⑤医学：医学家孙思邈完成医学名著《千金方》，它全面总结历代和当时的医药学成果，且有许多创新。唐高宗时编修的《唐本草》，是世界上最早由国家颁行的药典。

4. 中外文化交流

（1）佛学交流和研讨（见表 6-32）

表 6-32　三国至隋唐时期佛学交流研讨情况表

中国与印度、中亚之间	①从东汉到北朝，陆续有中亚、天竺的高僧来华，将大批佛经翻译成汉文 ②东晋的法显从长安出发，经西域至天竺，收集了大批梵文经典 ③唐朝的高僧玄奘，在贞观初年西行前往天竺取经

续表

中国与日本、新罗之间	①唐朝高僧鉴真六次东渡，历尽艰险最终到达日本，传授佛法 ②日本、新罗等国常常派学问僧来长安求法，日本的空海就是很有名的一位高僧

（2）其他文化交流

①唐都城长安聚集了许多国家和地区的使节、商人、侨民，成为当时的国际大都会。

②新罗、日本向唐朝派遣了许多使节和留学生，有的留学生还在唐朝考中进士。

③唐朝后期，不少西亚商人在广州、泉州等港口城市定居。

情境体验6 鉴真将唐朝的建筑、雕塑艺术传到日本……另外他对日本药学有很大贡献。他本人就是一位中医，东渡时又带去了许多药物。玄奘曾说："我先发愿，若不至天竺终不东归一步，今何故来？宁可就西而死，岂归东而生。"举一例说明鉴真将唐朝的建筑、雕塑艺术传到日本。玄奘西行和鉴真东渡，一个是输入文化，一个是输出文化，这说明唐朝社会的什么特点？

主题探究·能力提升

主题一　隋唐时期的政治制度建设

探究1　史料实证——唐朝的三省六部制

材料　汉代宰相是首长制，唐代宰相是委员制。最高议事机关又称政事堂。一切政府法令，须用皇帝诏书名义颁布者，事先由政事堂盖印中书、门下之章发下。没有政事堂，即算不得诏书，在法律上没有合法地位。

——摘编自钱穆《国史新论》

据材料概括唐代中枢权力运行机制的特点。

探究2　唯物史观——隋唐时期的科举制度

材料　隋唐开始的科举始终将儒家经典作为考试的主要内容。……自隋唐以后，各朝"大小之官，悉听吏部；纤介之迹，皆属考功"。……科举选官制度，使一些本来无立锥之地的平民书生，通过科场也得以跻身于官僚、贵族的行列。这样一来，在社会的等级阶层之间，也就必然会出现等级中的升降、甚至贵贱间的对流，这种流动性同时为那些原来既非官僚，也不是地主的人步入官僚队伍，提供了可能性。

——摘编自胡平《试论科举对中国古代政治制度的影响》

据材料，分析科举制度对中国古代政治的影响。

认知深化　全面认识科举制

1. 产生背景

（1）魏晋南北朝时期，按照门第高低选拔人才的九品中正制日趋腐朽，无法适应封建政治统治的需要。

（2）南北朝以来，寒门庶族地主势力上升，他们希望打破门阀士族垄断政治的局面，积极要求参政。为适应这一阶级关系的变化，隋唐统治者将科举制作为官员选拔的新制度。

2. 实施概况

（1）隋文帝创立科举制，隋炀帝设立进士科。

（2）唐代继承并完善了科举制，唐代的科举考试以明经和进士两科最为重要。

3. 历史作用

（1）科举制打破了世家大族对选拔人才的垄断，扩大了封建政权的社会基础，有利于中央集权的加强。

（2）科举制的实行提高了官员的文化素质，为行政效率的提高创造了条件。

（3）科举制促进了古代教育的发展，有益于社会形成重学风气。

素养感悟　西方人眼中的中国"第五大发明"

周秦之际以来，中国政治文化的显著特征是摆脱贵族政制，形成官僚政制，其完备形态便是始于隋朝的科举制度，科举制被称为中国的"第五大发明"，是现代文官考试制度的先导。尽管科举制有许多局限和弊端，但它曾在中国历史上发挥过重大的作用，对人类文明进程作出过重要的贡献，是中国不应忽视的文化遗产。

主题二　佛教的盛行及其影响

探究1　历史解释——佛教的中国化

材料　佛教文化（传入中国后）表现出惊人的调适性……佛教的自我调适性从入华之初就已开始。两汉时期，中国盛行神仙方术，当时来华的译经家也便风云星宿、图谶运变，莫不钻习。魏晋时期，玄学兴起，佛教学者遂以佛理附会玄学。佛教在民间的传播，主要借助于宣唱形式。佛教在改造自己宗教哲学、传教方式的同时，也在政治理论上竭力迎合儒家伦理道德观念。

——摘编自冯天瑜等《中华文化史》

根据材料并结合所学知识，概括说明魏晋南北朝时期佛教传播呈现很强调适性的表现。

探究2　唯物史观——唐朝的反佛思想

材料　周道衰，孔子没，火于秦，黄老于汉，佛于晋、魏、梁、隋之间。其言道德仁义者，不入于杨，则入于墨；不入于老，则入于佛。入于彼，必出于此。入者主之，出者奴之；入者附之，出者污之。噫！后之人其欲闻仁义道德之说，孰从而听之？

——韩愈《原道》

根据材料及所学知识，说明唐代韩愈对佛教传播的态度如何。其反映的实质是什么？

认知深化　魏晋隋唐时期佛教在中国广泛传播的原因及影响

1. 广泛传播的原因

（1）魏晋南北朝时期，下层社会的普通民众不仅承受着各种战乱的痛苦，而且遭受着瘟疫、水旱等各种灾害的威胁，他们渴望解脱苦难，这就为宗教的传播提供了社会基础。

（2）佛教吸收儒学、道教的精髓，渐趋本土化，这就更有利于佛教的传播。

（3）佛教也迎合了一些统治者巩固统治的需要。魏晋南北朝时期，一些统治者为了缓和社会矛盾，提倡佛教，促进了佛教的传播。

2. 历史影响

（1）丰富了中华文化的内涵，促进了中国传统文化的发展。佛教的传入，也带来了海外和西域的文化。魏晋南北朝时期，儒、佛、道三教并行。在佛教的影响下，作为主流思想的儒学，自身开始吸收佛教的精神，有了新的发展。

（2）引发了一系列的矛盾冲突。一方面，佛教盛行，耗费了大量钱财，造成劳动力的减少，严重影响到政府利益，不少统治者采取了灭佛、抑佛的举措。另一方面，佛教文化与中国传统文化迥异，对传统文化产生巨大的冲击，集中表现为和儒、道的斗争。

素养感悟

中国古代的封建统治者对待佛教的政策有两面性。一方面，希望利用佛教减少人民的反抗，稳定统治秩序。另一方面，又不希望佛教过度盛行，消耗过多的财力、人力资源，威胁到封建统治的根基。所以，中国古代的统治者既有"灭佛"的，也有"崇佛"的，从其目的上来说，两者并不矛盾。

纵联横合·思维升华

一、汉唐以来中枢权力体系的演变特点

（1）皇帝通过削弱相权来加强皇权。宰相制度沿着相权的逐步削弱、君权的逐渐强化这根主线发展演变。

（2）内朝官向外朝官转化。内朝在牵制、架空外朝的同时，久而久之逐步发展为制度化、合法化的外朝中央机构。

（3）宰相职位的设置由实位转向虚位。这种转变反映的是宰相权限及权威的下降，宰相不再是专职的，这是对相权限制压缩的表现。

（4）宰相权力不断分化。宰相既实行分权，（在同一机构中，往往设置几个宰相职位），又注重事权的相对集中，以弥补分权效率低下的弊端。

二、唐朝科举制度的影响（见表6-33）

表6-33　唐朝科举制度的影响详情表

	项目	阐释
积极影响	社会整合功能	否定特权制度，具有公开、平等、竞争、择优的合理内核和价值观念，促进了社会阶层的流动和转化
	推动文化发展	把读书、考试和做官联系起来，促进了传统儒学文化的传承与普及，带动了民间崇尚人文、教育的社会风气
	巩固国家统一	把选拔人才和任命官员的权力集中到中央，加强了中央集权，巩固了国家统一和社会稳定
	推动世界文明	选才方式在唐朝时就被东亚文化圈国家所采用，并成为其政治制度的重要组成部分；近代被西方国家吸收并改造成为近现代文官考试制度
消极影响	重才轻品	选拔人才有时过于重视才学标准，忽视品德，造成一些官员道德素质低下
	官本位思想	直接促进了中国古代官本位社会的发育；科举文化所孕育而成的官场文化，至今仍有消极影响
	禁锢思想	强化了儒家的正统地位，禁锢了人们的思想发展；抑制了科技进步和新知识、新学科的产生和发展

三、盛唐气象下的文化特征（见表6-34）

表6-34　盛唐气象下的文化特征表

艳丽明快的色彩	既体现在唐三彩、铜镜、丝绸织物、金银器、敦煌壁画等物质性文化上，也体现在盛唐诗歌中
生动自然的情调	唐人自信，思想解放。一些壁画中，世俗人物高大不凡，唐人率性，较少做作

续表

博大恢宏的气势	唐长安聚集了许多国家和地区的使节、商人、侨民，成为当时的国际大都会
雍容华贵的风度	洛阳龙门石窟是盛唐文化典雅秀美、雍容华贵的集中体现。观赏牡丹成为当时最时髦的娱乐活动，也是唐人风度的一个象征
昂扬坚定与开放进取的精神风貌	唐朝的时代精神，可以用开放、进取、尚武、多元等词语进行概括，这是一种新民族新文化的优势所在。人们在社会生活中有多元化的选择和较大的个人空间

真题实战·模拟演练

真题实战

1. （2020 天津卷·2）北朝民歌《木兰诗》在北宋时被收入《乐府诗集》。诗中描写木兰"归来见天子，天子坐明堂。策勋十二转，赏赐百千强"，其中"策勋十二转"是唐代对军功的奖赏。由此能够确定《木兰诗》（　　）

A. 记载了古代政治制度的变迁　　B. 属于宋代文人创作的诗歌

C. 在流传中融入新的历史内容　　D. 没有研究历史的史料价值

2. （2020 全国Ⅲ卷·26）唐代书法家张旭曾说："始吾闻公主与担夫争路，而得笔法之意。后见公孙氏舞剑器，而得其神。"据此可知，张旭书法呈现出（　　）

A. 书写结构的严整性　　B. 书写气象的灵动性

C. 书写笔画的繁杂性　　D. 书写技法的内敛性

3. （2020 全国Ⅱ卷·25）敦煌莫高窟 61 号洞中的唐代壁画"五台山图"中有一座"大佛光之寺"，梁思成、林徽因按图索骥，在山西五台山地区发现了其实物——佛光寺。这一事例说明此类壁画（　　）

敦煌壁画中的"大佛光之寺"　　　　　　　五台山佛光寺

A. 创作源于艺术想象　　　　　　B. 能完整还原历史真实

C. 可与文化遗存互证　　　　　　D. 价值来自学者的发掘

4.（2019 全国Ⅲ卷·25）在今新疆和甘肃地区保存的佛教早期造像很多衣衫单薄，甚至裸身，面部表情生动；时代较晚的洛阳龙门石窟中，造像大都表情庄严，服饰亦趋整齐。引起这一变化的主要因素是（　　　）

A. 经济发展水平　　　　　　B. 绘画技术进步

C. 政治权力干预　　　　　　D. 儒家思想影响

模拟演练

1.（2020 江西南昌二模）汉朝时期，国家建立了以察举为主的选官制度，由地方向中央推荐人才。曹魏时，中央委任中正官为各地人才评定等级，共分九等，朝廷依此授以相应的官职。这种变化（　　　）

A. 加强了中央权力　　　　　　B. 保障了公平公正

C. 迎合了豪强地主　　　　　　D. 催生了门阀士族

2.（2021 山西阶段性测试）下图是唐代三省位置图，此图可以用来说明当时（　　　）

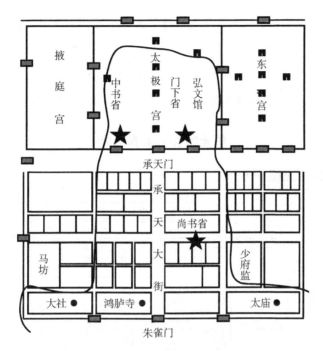

唐代三省位置图

（注：太极宫是皇帝居住和办公地）

A. 中书门下是皇帝的内廷机构　　　B. 尚书省的职权最为显要

C. 三省的地位取决于皇帝意志　　　D. 三省布局体现权力格局

3.（2020 北京朝阳区六校联考）下列有关古代赋税（役）制度的描述，最早出现于唐代的是（　　）

A. 量地计丁，丁粮毕输于官　　　B. 为田开阡陌封疆，而赋税平

C. 惟以资产为宗，不以丁身为本　　D. 约法省禁，轻田租，十五而税一

4.（2020 湖北武汉模拟）唐代初年的统治者在文化上颁布《五经定本》和新的五礼来垄断儒家经典话语的解释权，推定"三教"次序以提升政治权力在思想界的权威。该历史现象主要表明（　　）

A. 三教合流趋势开始出现　　　B. 政治需求影响文化政策

C. 儒学主流地位空前强化　　　D. 儒学危机推动儒学复兴

5. 繁荣的唐代传奇，大多由科考士人创作，分神怪、爱情、历史、侠义

诸类，描写了各种世态，生活气息浓厚，主人公有社会上层的，也有下层的。这反映出当时( )

A. 开放且丰富的社会风貌   B. 士人多以文为生

C. 现实主义文学风格流行   D. 传奇为科考内容

单元整合·素养达成

宏观图解（见图6-6）

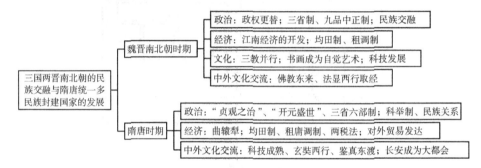

图6-6 单元整合素养宏观图解

知识整合

一、魏晋南北朝时期民族交融的途径、表现和意义

1. 民族交融的途径

（1）民族迁徙：魏晋以来，匈奴、鲜卑、羯、氐、羌等少数民族大批内迁，原有民族布局被打乱，各族之间差异慢慢缩小。

（2）联合斗争：西晋末年统治者对各族人民残酷剥削和压迫，十六国时期连年战乱，北方经济遭到严重破坏，各族民众联合起来，共同斗争，从而使不同民族之间的联系更加密切。

（3）友好往来：魏晋以来，我国出现了几次局部统一局面，在和平时期，各族民众频繁交往，使民族交融进程进一步加快；在战乱时期，这种交往也始终未断。

（4）少数民族统治者的改革：北魏孝文帝改革，实行汉化政策，促进了民族交融。

（5）战争：各民族政权间的混乱，使其统治地盘不断变化，各族民众也不断混杂，客观上有利于民族交融。

2. 民族交融的表现

（1）东汉末年以来，迁居中原的匈奴、鲜卑、羯、氐、羌等北方少数民族，经过与汉族的通婚杂居、相互学习，至北朝末年，少数民族与汉族的差异逐渐削弱，实现了民族交融。

（2）少数民族在语言、服饰、风俗习惯和民族心理等方面基本汉化。汉族吸收了胡服、胡食、胡乐等少数民族优秀文化。

（3）少数民族接受中原文化，逐渐封建化，其封建化又促进民族间的交融。

3. 民族交融的意义

（1）打破了原来的民族布局。

（2）丰富了中华文化的内涵。

（3）使农耕文明与游牧文明的界线发生变动。

（4）促进了内迁少数民族的封建化。

二、京杭大运河开通的意义

1. 政治方面

运河的开通有效地减少了区域分割和地方主义等问题的出现。运河沟通南北，成为维系中央集权和中国统一局面的纽带。

2. 经济方面

（1）便利了南北交通运输。京杭大运河是连接五大水系的交通大动脉，不论是北方的皮革、木材南运，还是南方的粮米、茶叶、竹编北运，都更加便捷。

（2）促进了农业的发展。运河区域的水利田获得大幅度扩展；南北方农作物品种的交流促进了南北方农业经济的发展。

（3）促进了运河区域城市和商业的繁荣。以运河为主干线的水上渠道不断地将各地区的商品输送到各类城镇市场，形成了完整而系统的商业体系，打破并改善了地域性商业的闭塞状况。运河经济带在带动全国经济发展方面起了巨大作用。

3. 文化方面

大运河的修建加速了南北方的文化交流和民族交融。南方水乡文化传入北方，北方草原游牧文化传入南方，多民族文化互相交融促进了中华文化的繁荣。

4. 水利工程方面

大运河的开通使我国形成了一个贯通南北东西全方位的大水网，表明中国古代水利航运工程技术领先于世界，留下了丰富的历史文化遗存。

三、唐代三省六部制的特点

1. 分权制衡

中书省制定政令，门下省审核政令，尚书省执行政令，这样既能互相制衡，也能分工合作。与现代分权理论有相似之处，是中国古人智慧的体现。

2. 职权分明

与两晋时期的三省相比，唐代的三省职权职责明确，一切政令经起草（中书省）、审核（门下省）、执行（尚书省）三个环节，从而提高行政效率，有利于减少决策失误。

3. 加强皇权

与秦汉时期的丞相位高权重相比，三省六部下宰相数量增多，地位降低，有利于皇帝对丞相的控制，从而削弱了相权，加强了皇权。

4. 节制君权

皇帝所颁政令，未经政事堂通过，不能施行，从而有利于相权节制君权，有利于弥补君主专制存在的缺陷。

视角解读

历史学科素养中的史料实证是指对获取的史料进行鉴别和辨析，去伪存真，提炼有效信息并进行整合与归纳，从而提出历史认识和培养重视历史真实的态度、方法与能力。历史过程是不可逆的，认识历史只能通过现存的史料。要形成对历史的正确、客观的认识，必须重视史料的搜集、整理和辨析，去伪存真，这是历史学的重要方法。郭沫若曾说："无论作任何研究，材料的鉴别是最必要的基础阶段。材料不够固然大成问题，而材料的真伪或时代性如未规定清楚，那比缺乏材料还要更加危险。"有鉴于此，史料实证特别强调对史料的"去伪存真"。

典例感悟

【例题】（2020 北京学业水平等级性考试适应性测试）

玄武门之变

五代时期官修的《旧唐书·尉迟敬德传》历来是研究玄武门之变的重要史料。其中记载："太宗命（尉迟）敬德侍卫高祖（李渊）。敬德擐甲持矛，直至高祖所。高祖大惊，问曰：'今日作乱是谁？卿来此何也？'对曰：'秦王（李世民）以太子（兄李建成）、齐王（弟李元吉）作乱，举兵诛之，恐陛下惊动，遣臣来宿卫。'高祖意乃安。"

1908 年发现的敦煌文书中，有一件武则天时期的俗讲话本《唐太宗入冥记》。其中描述了阎罗王手下判官崔子玉在冥间审问唐太宗的故事，"问：'大唐天子太宗皇帝……为甚杀兄弟于前殿，囚慈父于后宫？'……（太宗）闷闷不已，如杆中心。"

（1）辨析上文所引史料，据此能够确认的玄武门之变的史实有哪些？

（2）指出上文所引两则文献史料的类型，并分析其价值。

【信息提取】（见表 6-35）

表 6-35　玄武门之变题目信息提取表

题号	设问		显性信息	隐性信息
第(1)问	确认史实	史料实证	"秦王（李世民）以太子（兄李建成）、齐王（弟李元吉）作乱，举兵诛之，恐陛下惊动，遣臣来宿卫"	李世民发动玄武门之变；在玄武门之变中，李世民杀了兄弟
			"太宗命（尉迟）敬德侍卫高祖（李渊）。敬德擐甲持矛，直至高祖所。高祖大惊，问曰：'今日作乱是谁？卿来此何也？'"	李渊并未参与玄武门之变
第(2)问	类型	史料实证	"五代时期官修的《旧唐书·尉迟敬德传》历来是研究玄武门之变的重要史料"	《旧唐书·尉迟敬德传》是官方史书
			"1908 年发现的敦煌文书中，有一件武则天时期的俗讲话本《唐太宗入冥记》"	《唐太宗入冥记》是文学作品
	价值	历史解释	"五代时期官修的《旧唐书·尉迟敬德传》"	五代时期编成、代表了后世的官方评价、流传更久、对玄武门之变的传统评价影响很大，更具有权威性
			"武则天时期的俗讲话本《唐太宗入冥记》"	成文的时间更早，是当时的一种民间看法，但属于近代发现的新史料，相对于《旧唐书》提供了新的研究视角

素养感悟

　　玄武门之变是一场李世民为夺得皇位而发动的宫廷政变，属于统治阶级内部争权夺利的行为。在中国古代专制社会里，关于国家最高权力的交接，虽然有"兄终弟及""嫡长子继承制"等制度安排，但大量的历史证明，这些制度都不能保证最高权力的和平交接。在最高权力的交接过程中，往往伴随着屠杀、流血和战争，可以说，这是专制社会所无法根除的现象。玄武门之变就是其中的一例。唯有建立一个法治社会，才能有效避免这种现象的发生。

答案：

（一）知识排查·教材深化

情境体验1提示　科举制度较为合理地选拔出国家所需的人才。

情境体验2提示　三省六部制、科举制和两税法。

情境体验3提示　中书省、门下省、尚书省。

情境体验4提示　爱国忧民的情怀。

情境体验5提示　佛教盛行，广建寺庙，耗费了大量的钱财，很多劳动力不事生产，严重影响了财政收入。

情境体验6提示　鉴真主持修建了日本唐招提寺。

特点：兼收并蓄，双向交流。

（二）主题探究·能力提升

主题一

探究1提示　分散相权，体现皇权下的集体决策；中央各部门相互间既配合又牵制；相权对皇权有制约作用。

探究2提示　提高了儒学的地位；把选官权集中到中央政府；造成了社会阶层的对流；扩大了统治基础；提高了官员的文化素质。

主题二

探究1提示　借助本土文化思潮和民间习俗，采取民众易于接受的传播方式；迎合儒家的道德观念。

探究2提示　态度：对佛教的盛行深感忧虑，极力提倡将儒家思想中孔孟仁义道德之说列为国家的正统学说，以抵制异端邪说的盛行。

实质：说明当时社会上三教并行，佛教对儒学正统地位形成冲击。

（三）真题实战·模拟演练

真题实战

1. C　本题考查唐宋时期的社会统治。根据材料中"'策勋十二转'是唐代对军功的奖赏"，而《木兰诗》作为北朝民歌记载了这一现象，说明

《木兰诗》在流传的过程中融入新的历史内容，故 C 项正确。材料并未涉及古代政治制度的变迁，故 A 项错误；《木兰诗》是北朝民歌，不是宋代创作的，故 B 项错误；《木兰诗》作为北朝民歌，经唐代传诵，北宋时被收入《乐府诗集》，有一定的史料价值，故 D 项错误。

2. B　本题考查中国古代的书法艺术。唐代的张旭是草书大家。"公主与担夫争路"比喻草书行笔中的穿插避让之理，"公孙氏舞剑器"比喻草书行笔蕴含低昂回翔之状的神韵，这些均呈现出张旭草书书写气象的灵动性，故 B 项正确。书写结构的严整性强调书法的规范和法度，这是楷书的特点，故 A 项错误；草书讲究简化、随意而为，不追求繁杂，故 C 项错误；书写技法的内敛性强调含蓄深沉、不外露，但草书强调狂放不羁，故 D 项错误。

3. C　本题考查史料的印证。根据材料信息，可知梁思成和林徽因根据敦煌莫高窟 61 号洞中的唐代壁画按图索骥发现了五台山的佛光寺，说明此类壁画可以与文化遗存相互印证，故 C 项正确。敦煌壁画的创作源于实际存在，而不是凭空的艺术想象，故 A 项错误；壁画是经过加工的艺术，不能完整地还原历史真实，故 B 项错误；壁画的价值在于开拓历史研究的思路和领域，其价值不是来自学者的发掘，故 D 项错误。

4. D　本题考查儒家思想的影响。西汉时期儒学确立了正统地位，汉代佛教传入中国以后就面临着如何处理好与儒家思想关系的问题。题干材料反映了佛教在中国传播早期的造像，明显带有异域风格；洛阳龙门石窟主要开凿于北魏迁都以后，其造像更符合当时社会主流阶层的审美观念，这种观念主要受到儒家思想的影响，故 D 项正确；本题材料主旨是佛教造像的外部表现，与经济发展、绘画技术、政治权力没有直接的关系，故可排除 A、B、C 三项。

模拟演练

1. A　材料"汉朝时期……由地方向中央推荐人才。曹魏时，中央委任中正官为各地人才评定等级"说明中央对选官的控制加强，加强了中央权力，故选 A 项。曹魏九品中正制的标准是门第，不能保障公平，排除 B 项；材料"中央委任中正官"强调中央集权，未体现迎合豪强，排除 C 项；察举制催生了门阀士族，不是九品中正制，排除 D 项。

2. D　由唐代三省位置图可知，起草诏令的中书省、审核诏令的门下省邻近皇帝居住和办公的太极宫，而不参与决策、只负责执行诏令的尚书省则位于皇宫之外，在承天大街的东边，因而其布局体现了三省的权力格局，故选 D 项。内廷机构是掌管皇宫事务的机构，题干中的中书省和门下省都属于管理国家事务的机构，不是内廷机构，排除 A 项；尚书省属于执行政令的机构，相对而言，中书省和门下省才是职权更为显要的机构，排除 B 项；三省六部制下，三省的地位取决于其职权范围，而不是皇帝的意志，排除 C 项。

3. C "惟以资产为宗，不以丁身为本" 是唐代两税法的内容，体现了中国古代赋税征收标准由人丁为主向土地为主转变的趋势，故选 C 项。A 项是明代张居正推行的 "一条鞭法" 的内容，排除；B 项是商鞅变法的创举，排除；D 项是西汉初年休养生息的做法，排除。

4. B　三教合流趋势出现是在魏晋时期，故 A 项错误；材料 "推定'三教'次序以提升政治权力在思想界的权威" 说明统治者通过政治手段加强思想影响，故 B 项正确；此时，儒学地位受到冲击，故 C 项错误；儒学危机推动儒学复兴在材料中没有体现，故 D 项错误。

5. A　据材料 "繁荣的唐代传奇，大多由科考士人创作，分神怪、爱情、历史、侠义诸类，描写了各种世态，生活气息浓厚，主人公有社会上层的，也有下层的"，可知唐代的传奇种类多、描写的范围广，说明当时社会环境相对宽松，故选 A 项。唐代士人以追求仕途为己任，以文为生的是少数，排除 B 项；从材料无法判断小说的艺术风格，排除 C 项；唐代科考的内容不包括传奇，排除 D 项。

（四）单元整合·素养达成

例题参考答案

（1）史实：李世民发动玄武门之变；玄武门之变中，李世民杀了兄弟（李建成和李元吉）；李渊并未参与玄武门之变。

（2）类型：史书与文学作品或俗讲话本（传世文献与出土文献；官方史料与民间史料）。

（3）价值：《旧唐书》是五代编成，代表了后世的官方评价，流传更久，对玄武门之变的传统评价影响很大，更具权威性。《唐太宗入冥记》成文的时间更早，是当时的一种民间看法，但属于近代发现的新史料，相对于《旧唐书》，提供了新的研究视角。

◎ 第五节　两宋的政治和军事与辽夏金元的统治

本节课课程标准与热词聚焦见表6-36。

表6-36　课程标准与热词聚焦

课程标准	热词聚焦
（1）通过了解两宋的政治和军事，认识这一时期在政治方面的新变化 （2）通过了解辽夏金元诸政权的建立、发展和相关制度建设，认识北方少数民族政权在统一多民族封建国家发展中的重要作用	精巧的分权制衡，叠层的政治架构，创新的地方制度，开放的文人仕途，并立的民族政权

时空坐标（见图6-7）

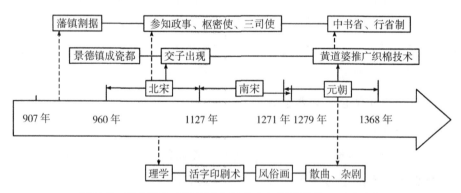

图6-7　辽宋夏金多民族政权的并立与元朝的统一时空坐标

阶段特征

宋元时期是我国民族交融进一步加强和封建经济继续发展的时期。

（1）政治：从若干民族政权并立逐步走向统一，中央集权制度进一步发展完善。民族政权长期并存，少数民族政权封建化；出现了又一次民族交融的高潮，形成新的民族。

（2）经济：封建经济继续发展，商品经济水平超过前代；南方经济获得较快发展，经济重心南移完成；封建生产方式向边疆地区扩展；海路和陆路的对外交往空前繁荣。

（3）文化：封建文化高度繁荣；各族文化交融；科技成就突出，印刷术、指南针和火药外传；理学有了较大发展；文学艺术逐渐平民化、通俗化，突出代表有宋词、元曲和反映市民生活的风俗画。

知识排查 · 教材深化

一、宋初中央集权的加强、边防压力与财政危机

1. 宋初中央集权的加强

（1）背景

①北宋建立后，结束了五代十国的分裂局面。

②鉴于唐后期以来军阀割据、政局动荡的历史教训。

（2）目的：强化中央集权、维护政权稳定。

（3）措施

①加强中央对地方的控制（表6-37）

表6-37　北宋加强中央集权详情表

行政——削实权	中央派文官出任地方各州的长官知州，节度使逐渐变为虚衔
财政——制钱谷	设诸路转运司统管地方财政，保证各州赋税绝大部分上缴朝廷
军事——收精兵	将地方精锐部队编入禁军，拱卫京师，镇守地方，定期更换驻地

②分散机构权力（表6-38）

表6-38　北宋分散机构权力表

中央	①枢密院专掌军政，三司专掌财政，与宰相分权，并增设参知政事为副相 ②枢密院与禁军管理机构"三衙"分权，前者有调兵权但并不统兵，后者统兵但无权调兵
地方	①先后设立了平行的四个路级机构，合称"四监司"，从不同方面对各州进行监控 ②州一级增设通判，与知州共同签署文书，彼此制约

③崇文抑武：罢免宿将兵权，用文官担任枢密院长官；大力提倡文治，扩大科举规模，抬高文官和士人的地位。

（4）评价

①积极：有效地预防了内部动乱，巩固了国家的统一，强化了中央集权。

②消极：制度过于僵化，权力分割过细，影响了行政效率，助长了因循保守的政治风气。

2. 边防压力

（1）宋辽关系

①辽的兴起：北宋建立之前，契丹族建立的辽朝在北方草原崛起，占领了燕云十六州，对中原形成严重威胁。

②宋辽战争：北宋统一后，两次发起夺回燕云十六州的北伐，均告惨败。

③宋辽和议（见表6-39）

表6-39　宋辽和议具体内容

内容	维持已有边界，辽宋皇帝以兄弟相称；北宋每年送给辽一笔钱物，称为"岁币"
影响	北宋获得了北部边防的基本安定

（2）宋夏关系

①宋夏战争：北宋与西北党项族新建立的西夏发生战争，屡战屡败。

②宋夏和议：西夏向北宋称臣，但实际上保持帝号，北宋每年送给西夏

钱物，称为"岁赐"。

3. 财政危机

（1）原因

①军队不断扩编，导致军费直线上升，占到国家财政开支的大半。

②政府机构设置重叠，官僚子弟入仕过滥，致使官僚队伍不断膨胀。

（2）后果：养兵和养官成为朝廷的沉重负担，财政状况日益恶化。

二、王安石变法和南宋的偏安

1. 庆历新政

（1）背景：北宋的政治风气因循保守，行政效率低下。

（2）过程：宋仁宗在位时，大臣范仲淹曾发起以整顿官僚机构为宗旨的改革，史称"庆历新政"。

（3）结果：新政明显触犯了官僚集团的既得利益，引发抵制，很快归于失败，但此次新政揭开了北宋变法改革的序幕。

2. 王安石变法

（1）开始：1069年，宋神宗任用王安石主持变法。

（2）目的：富国强兵，巩固封建统治。

（3）原则：加强国家对农业、商业、军事、教育等领域的管理和控制。

（4）范围：涉及农业、商业、军事、科举、教育等诸多领域。

（5）内容（表6-40）

表6-40　王安石变法内容情况表

富国方面	官府通过向农民提供农业贷款、拨巨资从事商业经营等手段，力图在调控经济的同时开辟财源
强兵方面	对农民进行编制管理和军事训练，希望借以逐渐恢复"兵农合一"的征兵制，取代募兵制

（6）结果

①王安石变法达到了富国目的，增加了大笔收入。

②强兵的效果并不明显，北宋与西夏开战，又以失败告终。

③一些措施在执行过程中加重了人民的负担，也引起激烈争议。

④统治集团内部的分裂日益严重，北宋逐渐走向衰亡。

3. 南宋的偏安

（1）南宋建立

①1127 年，北宋被东北女真族建立的金朝攻灭，徽宗、钦宗被俘虏北去，史称"靖康之变"。

②赵构（宋高宗）在应天府称皇帝，后定都临安，史称南宋。

（2）绍兴和议

①背景：南宋初年，岳飞指挥的"岳家军"战绩卓著；宋高宗和宰相秦桧主动向金朝求和。

②过程：1141 年，南宋与金订立绍兴和议。

③内容：以东起淮水、西至大散关一线划界，南宋对金称臣，每年向金朝缴纳一笔财物，称为"岁贡"。

（3）宋金对峙

此后经过几次战争，南宋地位稍有上升，不再向金称臣，继续维持南北对峙的局面。

思维点拨　宋代崇文抑武政策

为了吸取唐末五代藩镇割据、武将权重，乃至操纵政权的教训，宋初统治者开始推行崇文抑武的方针。崇文抑武方针推动了宋代科举考试的发展，为士人地位的提高提供了条件，但也为宋代的"积弱"埋下了隐患。宋代的文官制度是中国古代政治文明的重要组成部分。

拓展提升　正确评价《澶渊之盟》

（1）消极作用：《澶渊之盟》是在宋辽双方势均力敌，都无力战胜对方，宋朝作了较大让步的情况下签订的和约。这个和约加重了北宋人民的负担，加剧了北宋的财政困难。

（2）积极作用：维持了宋辽边界长期的和平，促进了两国的经济文化交流，保证了北宋社会经济的继续发展，也促进了民族交融。

情境体验1　北宋时期禁军人数激增图（见图6-8）

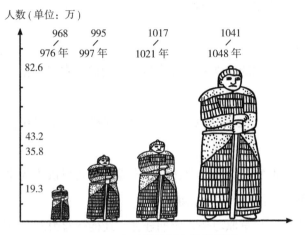

图6-8　北宋时期禁军人数激增图

材料中的数据说明了什么问题？有什么后果？

思维点拨　北宋中期的财政危机即我们经常说的"积贫"，其主要原因是北宋时期出现的"三冗"局面，即"冗官、冗兵、冗费"，而"三冗"局面的形成原因在于宋太祖为加强中央集权所采取的"收精兵、削实权、制钱谷"措施。

情境体验2　结合漫画（见图6-9）和所学知识，谈谈造成王安石变法失败的原因有哪些？

图6-9　"王安石变法失败"原因漫画图

三、辽与西夏和金朝入主中原

1. 辽朝的建立

（1）兴起：辽朝的建立者契丹族与鲜卑同源，在辽河上游过着游牧、渔猎生活。

（2）建国：916 年，契丹族首领耶律阿保机建立契丹国，定都上京，后来改国号为辽。

（3）创制：职官分为南、北面官，南面官负责以汉人为主的农耕民族事务，北面官负责契丹等游牧民族事务。

（4）特点：保持草原习俗，定期迁徙，迁徙行营为国家政治中心。

（5）辽宋对峙：辽与北宋长期对峙，大部分时间里维持了和平局面，通使频繁，贸易活跃。

2. 西夏的建立和夏金关系

（1）西夏的建立

①起源：西夏的建立者党项族是古代羌人的分支，唐末在今陕北、宁夏一带形成边疆藩镇，宋初仍然保持半独立的地位。

②建国：1038 年，党项族首领元昊脱离宋朝称帝，定都兴庆府，国号大夏，史称西夏。

③建制：基本模仿北宋，中央机构除汉式官称外，同时有一套本民族称谓的官称。

（2）夏金关系：北宋灭亡后，西夏向金朝称臣，仍然保持事实上的独立。

3. 金朝入主中原

（1）起源：金朝的建立者女真族活动于黑龙江、松花江流域，以农业、狩猎、畜牧为生。

（2）建国：1114 年，女真族首领完颜阿骨打举兵反辽，次年称皇帝，建立金朝，定都会宁府，会宁府也称上京。

（3）征战：1125年，金灭辽，两年后又灭北宋，与南宋逐渐形成对峙局面。

（4）迁都：1153年，金迁都燕京，将燕京改名为中都。

（5）建制

①性质：女真民族的管理系统——猛安谋克。

②内容：凡女真民户，每三百户编为一谋克，十谋克编为一猛安。他们被大批迁入中原，在汉族村落之间筑寨居住，平时耕作，战时选拔丁壮出征。

（6）鼎盛：12世纪后期金世宗在位，金朝进入鼎盛时期，政治稳定，经济繁荣，史称"大定之治"，世宗被百姓誉为"小尧舜"。

（7）衰落：世宗死后，金朝受到北方游牧民族的袭扰，猛安谋克又日益腐化，统治逐渐衰落。

四、从蒙古崛起到元朝统一及元朝的民族关系

1. 从蒙古崛起到元朝统一

（1）统一草原：1206年，漠北蒙古部首领铁木真统一草原各部，建立蒙古汗国，被尊为"成吉思汗"。

（2）征战四方：蒙古军队先后灭掉西辽、西夏和金朝，收服吐蕃诸部，兼并云南的大理政权，还远征到中亚、西亚、东欧地区。

（3）元的建立

①1260年，忽必烈即位，开始推行中原传统政治制度，兴建大都。

②1271年，忽必烈定国号为大元，他就是元世祖。

③蒙古在其他统治区形成了四大汗国，它们在名义上仍将元朝尊为宗主国。

（4）元的统一

①1276年，元军占领南宋都城临安。

②1279年，元军在崖山海域击败南宋余部，完成统一。

（5）巩固措施

①中央：宰相机构是中书省。

②地方：实行行省制度（见表6-41）。

表6-41　行省制度具体信息表

内容	中央委派官员代表中书省处理地方事务，称为行中书省，简称行省。除今天的河北、山西、山东地区由中书省直辖外，全国共设10个行省
特点	行省辖区广阔，军政大权集中，提高了行政效率，巩固了多民族国家统一
意义	提高了行政效率，巩固了多民族国家统一，也促进了边疆少数民族地区政治、经济和文化的发展。它的创立是中国古代地方行政制度的重大变革，是我国省制的开端

③交通：修筑驿道，设立驿站，为公差人员提供交通和生活服务，并运输官府物资；相隔一定距离分设急递铺，负责传递公文。

④边疆：吐蕃地区，由直属中央政府的宣政院进行管理。元朝设北庭都元帅府、宣慰司等管理军政事务，加强了对西域的管辖。元朝还在澎湖设置巡检司，以经略台湾。

2. 元朝的民族关系

（1）民族的形成

①蒙古族：蒙古原是漠北的一个游牧部落，铁木真统一草原后逐渐将其他部落融入其中。

②回回：来自中亚、西亚的波斯人、阿拉伯人等移居中国，同汉、蒙古、畏兀儿等民族长期相处、不断通婚，逐渐被吸收、融合而形成我国回族的前身——回回。

（2）"四等人制"

蒙古统治者在很多方面对不同民族采取差别对待措施，被后人概括为"四等人制"，将人口依次分为蒙古人、色目人、汉人、南人四个等级。

（3）民族交融

①14世纪中叶，农民起义相继爆发，元朝灭亡。以宫廷贵族为核心的一部分蒙古人退回草原。

②大批留居内地的蒙古人、色目人等，逐渐与汉族相融合。

拓展提升　理解王安石变法的失败

当时社会问题的主题是：加强中央集权所导致的官僚机构的臃肿，而王安石变法只集中在社会经济改革的层面，即使改革真的可以消除财政赤字、增强军事力量，也会进一步加剧政治结构与经济发展不相协调的矛盾。

拓展提升　正确认识两宋与少数民族政权之间的和议

两宋时期的宋辽和议、宋夏和议、宋金和议，对两宋政府来说都是接受屈辱条件以求得短暂和平，也给宋朝人民带来了沉重的负担。但和议本身是民族间友好和睦的表现，和议之后，双方减少了战争，客观上有利于生产的发展和民族间经济文化的交流，促进了民族的交融。

图示解史：北宋与辽的关系（见图6-10）

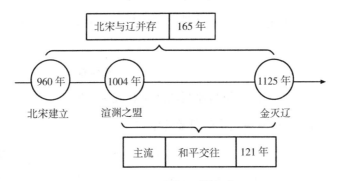

图6-10　北宋与辽的关系图

概念阐释　猛安谋克

猛安谋克是金朝女真社会的最基本组织。它产生于女真原始社会的末期，由最初的围猎编制进而发展为军事组织，最后变革为地方的行政组织，具有行政、生产与军事合一的特点。

思维点拨　铁木真能够统一蒙古各部的原因

客观上，当时蒙古草原各部相互混战，人民渴望统一；主观上，铁木真意志坚强、机敏果敢。

思维点拨　行省制的作用

从元代开始，行省区划主要以中央军事控制为目的，采取"犬牙交错"

的原则，任意将自然环境差异极大的地区拼成一个省级行政区。这样削弱了地方的经济、文化认同感，从而使行省失去了扼险而守、割据称雄的地理环境，从而大大加强了中央集权，是我国省制的开端。

主题探究·能力提升

主题一　宋代的国家治理制度

探究1　史料实证——北宋的分权制衡

材料　诸府置知府事一人，州、军、监亦如之。掌总理郡政……其赋役、钱谷、狱讼之事，兵民之政皆总焉。

建隆四年，诏知府公事并须长吏、通判签议连书，方许行下……职掌倅贰郡政，凡兵民、钱谷、户口、赋役、狱讼听断之事，可否裁决，与守臣通签书施行。

——摘编自（元）脱脱等《宋史》

根据材料，指出宋代知州与通判的地位和关系如何。

探究2　唯物史观——崇文抑武的治国方略

材料　艺祖（宋太祖）革命，首用文吏而夺武臣之权，宋之尚文，端本乎此。……自时厥后，子孙相承，上之为人君者，无不典学，下之为人臣者，自宰相以至令录（指县令一级的地方官员），无不擢科（科举登科），海内文士，彬彬辈出焉。

——摘编自（元）脱脱等《宋史》

根据材料并结合所学，概括宋初加强中央集权的特点，并分析这一特点对北宋历史的影响。

认知深化　北宋加强中央集权的特点

（1）守内虚外：宋朝吸取唐朝外重内轻造成藩镇割据的教训，制定了守内虚外的国家战略，重点防范内部可能出现的隐患，而放松外部存在的威胁。这导致了宋代边境的空虚，在与少数民族政权的战争中几乎是屡战屡败。

（2）强干弱枝：鉴于唐朝的藩镇割据，宋代从军事、经济上大规模削弱地方实力，强化中央对地方财政的控制，虽然防止了割据势力的出现，但是也造成了地方实力不足，不利于边疆地区的防卫。

（3）分化事权：宋代普遍分化军权、相权、地方权力，使其互相牵制，有效地加强了君主专制和中央集权，但是，分权过细，造成保守拖沓的政治风气；官员过多过滥，造成财政危机。

（4）崇文抑武：这是两宋的基本国策，一方面，文人的社会地位提高，使宋代的文化空前繁荣；另一方面，军事人才受到打压，不利于宋代对少数民族的战争。

主题二　两宋时期的民族关系

探究1　史料实证——两宋时期的民族交融

材料　契丹旧俗，事简职专，官制朴实……至于太宗，兼制中国（指得幽云十六州后，统治区域扩及中原），官分南北（官制分南面官和北面官），以国制（辽固有的制度）治契丹，以汉制待汉人。……北面治宫帐、部族、属国之政，南面治汉人州县、租赋、军马之事。因俗而治，得其宜矣。

——摘编自（元）脱脱等《辽史》

探究根据材料并结合所学知识，说明辽统治者在政治制度上有何创新，并评价其历史作用。

认知深化　两宋时期民族关系的特点

（1）民族政权并立，如辽、北宋、夏的并立；南宋与金的并立。民族矛盾突出，两宋、辽、西夏、金等政权都亡于民族政权的进攻。

（2）两宋政权的民族政策以软弱为主，多次用兵失败，对辽、西夏、金以"岁币""岁赐""岁贡"等方式换取和平。

（3）民族交融是主流，北宋与辽、西夏分别在边界地区开设榷场进行贸易；南宋时大批契丹人、女真人进入中原地区，与汉族人民共同生活、劳动，差别逐渐缩小。

（4）民族间经济交流频繁，中原地区先进的封建生产方式不断向边疆地区扩展。

素养感悟　民族交融是历史发展的主流

两宋时期，各民族之间经济文化交流日益加强，尤其是各少数民族政治家对汉族政治制度文化的吸收，加速了这些民族的封建化进程和彼此交融。

主题三　元朝的历史地位

探究1　史料实证——国家治理上的抉择

材料　元初，西北藩王遣使入朝质问："本朝旧俗与汉法异，今留汉地，建都邑城郭，仪文制度，遵用汉法，其故何如？"

——摘编自《元史》

根据材料，概括元初在国家治理问题上存在着怎样的争执，其实质是什么。

探究2　史料实证——元朝行省制度的特点

材料　元朝行省的划界原则，一改前代以山川形便为主的做法，明确以犬牙交错为主导，目的是从根本上消除行省赖以自重的自然地理之险、区域经济之利、一方民众之心，这在中国古代地方行政区划史上具有转折意义。行省实行群官负责和圆署会议制，行省官员通常由左丞相、平章、右丞、左丞、参知政事等六七人组成。……无论行政、财政、军事、司法诸事权，朝廷总是在直接掌握某些基本权力（如主要军队、官吏任用等）的同时，把相当一部分权力分寄于行省，然后借行省集权于中央。

——摘编自李治安《元代行省制的特点与历史作用》

根据材料，概括元代行省制度的特点。

认知深化　全面认识元朝在中国古代史上的历史地位

（1）它结束了长期分裂割据的局面，重新实现了国家的统一，是元明清六百多年统一局面的开创者。元朝统一后的有效管辖，使元朝发展为中国历史上最幅员辽阔的朝代。西藏、台湾都正式纳入中央政府的管辖之下。

（2）首创行省制度，设岭北、辽阳、云南行省，加强对边疆地区的管辖。这是地方行政管理制度的一项重大改革，对后世乃至今天都产生了深远的历史影响。

（3）民族交融出现高潮。元朝是统一多民族国家发展的重要时期，蒙古族等边疆少数民族大量内迁，汉族人民向边疆地区流动。

（4）经济繁荣，漕运、海运规模空前，对外贸易发达，大都成为闻名世界的商业大都市。

综上所述，元朝的统一顺应了历史发展趋势，具有承上启下、继往开来的历史地位。

素养感悟　中华民族多元一体格局逐渐形成

行省制度把各族人民统一在一个中央政府管辖之下，便于民族间友好相处和交流，促进了民族交融，使中华民族的向心力和凝聚力加强，成为一个不可分割的整体。

纵联横合·思维升华

一、中国古代地方行政机构演变的规律性认识

（1）中央集权是推动地方行政层级变化的主因。王朝建立初期，一般都要强化对地方的控制，对地方机构进行改革；王朝后期，中央集权制受到破坏，对地方的控制也随之减弱。

（2）分权是地方行政机构改革的基本方法。比如宋代设置通判监督知州，设置转运使削弱地方财政权等，但分权易导致效率降低。

（3）沿袭变革是历代地方行政层级变迁的主线。中国历代地方行政层级变迁的一条主要线路是对前代地方行政制度的基本沿袭和改进，沿袭为主，变革为辅。

（4）下稳上动是地方行政层级结构变化的特征。纵观中国2000多年的封建史，县作为地方行政层级的基层政区，是相对稳定的，而县之上的州、府、省则变化很大。

二、宋元时期少数民族政权统治的特点

（1）少数民族政权的封建化：宋元时期，北方先后出现了辽、金、元

等，西北出现了西夏，西南出现了大理等，这些少数民族政权在宋元时期先后完成了封建化过程。

（2）民族特色的制度建设：少数民族政权一般都保留了符合本民族历史传统的政治制度，比如辽的南、北面官制度，金的猛安谋克制度，等等，这些制度丰富了古代中国政治治理的历史选择，体现了政治制度建设的多样性。

（3）边疆地区的进一步开发：宋元时期，边疆地区少数民族政权都促进了边疆的开发，边疆地区的经济发展水平与中原地区渐趋接近，成为民族政权与两宋政权并立的经济基础，也为明清时期统一国家的建立打下了基础。

（4）统一的历史趋势：五代十国以来，民族交往、交融进一步发展，统一的趋势日渐明显，元朝的统一顺应了这一历史发展潮流。

真题实战·模拟演练

真题实战

1.（2020 全国Ⅱ卷·26）宋太祖开宝六年（973 年）省试后，主考官李昉徇私录取"材质最陋"的同乡武济川一事被告发，太祖在讲武殿出题重试，殿试遂成常制。经此事后，宋代科举（   ）

A. 否定了世家大族特权

B. 确立了省试考试权威

C. 完善了考试录取程序

D. 提高了人才选拔标准

2.（2019 全国Ⅲ卷·26）北宋实行募兵制，兵士待遇较为优厚，应募者以此养家糊口，兵员最多时达 120 多万人。这一制度（   ）

A. 加重了政府财政负担

B. 提升了军队的战斗力

C. 弱化了对地方的控制

D. 加剧了社会贫富分化

3.（2018 全国Ⅲ卷·25）

宋代宰相祖辈任官情况表

曾祖、祖父或父 亲任官情况	宰相人数	
	北宋（71）	南宋（62）
高级官员	20	8
中级官员	15	10
低级官员	12	8
无官职记录	24	36

上表据学者研究整理而成，反映出两宋时期（　　）

A. 世家大族影响巨大　　　　B. 社会阶层流动加强

C. 宰相权力日益下降　　　　D. 科举制度功能弱化

4.（2018 天津卷·2）元朝在地方实行行省制度。行省"掌国庶务，统郡县，镇边鄙……凡钱粮、兵甲、屯种、漕运、军国重事，无不领之"，但地方官吏的选用主要由中书省和吏部负责，调动行省所属军队须皇帝批准。这表明元朝（　　）

A. 地方拥有适度权力　　　　B. 地方缺乏实际权力

C. 行省权力集中专断　　　　D. 君主专制得以加强

模拟演练

1.（2020 山东青岛二模）发运使是宋代重要的官职之一，管理一支庞大的漕运系统，总领几路上供，职责除漕运外还监管茶盐、赈灾、按察地方等，但与转运使无隶属关系。发运使的设置（　　）

A. 与三司使转运使三权分立　　B. 激化了中央和地方的矛盾

C. 加强了中央集权　　　　　　D. 是宋贫弱的根源

2.（2020 山西太原二模）《宋史》中有"君主当与士大夫共治天下""权归人主，政出中书，天下未有不治"的记载。当君主表现出揽权的趋向，也常常会引发群臣的抗议。由此可知，宋代（　　）

A. 决策机制发生异变　　　　B. 君民共治得以实现

C. 文官政治逐渐形成　　　　D. 权力结构有所制衡

3. 在宋辽交往中,《周礼》《孟子》《论语》等儒家经典书籍经由榷场流入辽国,潜移默化地改变着辽国人的阅读习惯和思维方式。这体现了榷场的设置(　　)

A. 结束了宋辽的敌对状态　　　　B. 促进了民族之间的交融

C. 体现了民族平等的原则　　　　D. 展现了中原文化的优越

4. (2020陕西宝鸡三模)忽必烈即汗位后,立即遣使进藏清查户口,设立大小驿站共35处,此后还多次赈济贫困站户。此举旨在(　　)

A. 改善当地交通闭塞状况　　　　B. 强化对边疆的行政控制

C. 打通东西方间国际商路　　　　D. 促进汉藏文化交流传播

5. (2020甘肃二模)行御史台是元朝独创的监察官署,是御史台的派出和分设机构,其职能以监察行省长官为主。行省与行御史台的最高行政长官都是从一品,地位权力上平行且行御史台的人事任免由御史台掌握。这有利于(　　)

A. 形成独立的地方监察体系　　　　B. 确保两机构相互制衡

C. 完善地方权力的监督机制　　　　D. 进一步维护中央权威

答案:

(一) 知识排查·教材深化

情境体验1提示　军队数量猛增。出现"冗兵"局面,加重了政府财政负担。

情境体验2提示　触犯大地主大官僚利益,遭到激烈反对;执行过程中用人不当,引起民间不满;王安石变法无法从根本上解决当时的社会问题。

(二) 主题探究·能力提升

主题一

探究1提示　地位和关系:知府虽然总理郡政,但受通判牵制,重要公文必须与通判联署才有效。通判虽是知府的副手,但是可以监督知府,并且可以独立行使自己的权力。

探究 2 提示　特点：崇文抑武。影响：统治者重视学习文化知识；推动了科举制的发展，提高了官员的文化素质；培养了大量人才，推动了文化的繁荣。

主题二

探究 1 提示　创新：南、北面官制度。历史作用：这种承认汉法、设立南面官的做法，实际上是对先进封建文明的肯定和保护，并促进了契丹社会向封建制过渡，有利于民族交融。

主题三

探究 1 提示　争执：旧俗与汉法之争。实质：文明（农耕文明与草原文明）的冲突与交融。

探究 2 提示　遵循犬牙交错的划界原则以消除割据隐患；实行集体负责制度，防止大臣擅权；行省是中央的派出机构，受中央节制管辖，有利于加强中央集权。

（三）真题实战·模拟演练

真题实战

1. C　本题考查宋代的科举制。材料反映了宋太祖时期对科举选拔的人才重新命题测试，并且使殿试成为常制。通过改革，宋代科举完善了考试录取程序，故 C 项正确。科举制下，选拔人才的标准是真才实学，材料并未涉及对世家大族特权的打击，故 A 项错误；材料反映了进行殿试成为常制，而不是确立省试考试的权威，故 B 项错误；材料反映的是完善科举考试的程序，并未涉及选拔人才标准的变化，故 D 项错误。

2. A　本题考查宋代的募兵制。题干材料描述了宋代募兵制的状况，即士兵待遇优厚、兵员数量多，这就加重了政府财政负担，故 A 项正确；B 项说法不符合史实，排除；宋代军队中的精锐力量都直接控制在中央手中，这一措施强化了对地方的控制，故 C 项错误；题干中的军费是政府支出，与社会上贫富分化现象无直接关系，故 D 项错误。

3. B　本题考查两宋时期的选官制度。从表中数据可看出两宋时期出身于"无官职记录"（即平民）家庭的宰相数量所占比重最大，且从北宋到南宋人数增加，说明宋代科举制促使平民政治取代贵族政治的趋势加速，故 B 项正确。从表中数据可看出出身于高、中级官员家庭的宰相数量在减少，说明世家大族的影响在减弱，故 A 项错误；题干中未涉及宰相的权力，故 C 项错误；题干中表格数据的变化是宋代科举制发展的结果，反映了科举制度的功能在增强，故 D 项错误。

4. A　本题考查元朝的行省制度。从题干中可以看出行省掌管地方的行政、财政、统兵等各项权力，但是官吏任免权和调兵权则在中央，因此材料表明行省拥有部分权力，故 A 项正确，B 项错误。行省只是拥有部分权力，不可能集中专断，故 C 项错误；题干强调的是中央和地方的权力分配，属于中央集权的内容，不是君主专制，故 D 项错误。

模拟演练

1. C　发运使总领几路上供，但与转运使无隶属关系，也没有遍设各路的地方机构，这既保证了上供漕运，加强了中央集权，又防止了转运使权力膨胀，故选 C 项。三权分立是西方启蒙运动时期提出来的，且发运使、三司使、转运使都属于行政权的范畴，排除 A 项；发运使的设置是宋代重新调整中央与地方关系的结果，并未激化中央与地方的矛盾，排除 B 项；发运使只是一个文官职务，不会造成军队战斗力下降，排除 D 项。

2. D　根据材料"权归人主，政出中书，天下未有不治"可知宋代相权对皇权有所制约，权力结构有所制衡，故选 D 项。根据材料"权归人主，政出中书，天下未有不治"可知宋代皇帝拥有最高决策权，决策机制未发生异变，排除 A 项；此时为君主专制，并非"君民共治"，排除 B 项；文官政治的形成是由于崇文抑武方针的确立，与材料主旨无关，排除 C 项。

3. B　材料反映了通过榷场，宋代文化对辽国产生影响，这本质上是一种民族交融的方式，B 项正确。澶渊之盟后，宋辽大规模的战争结束，但两国仍是敌对状态，A 项错误。榷场的设立是为了互通有无，防止少数民族南下掠夺短缺的生活物资，与体现民族平等、展现中原文化的优越无关，C、D 两项错误。

4. B　由材料"立即遣使进藏清查户口，设立大小驿站共35处，此后还多次赈济贫困站户"可知，忽必烈加强对边疆地区的管理控制，故选 B 项。忽必烈的目的在于维护自身的统治而非改善交通状况，排除 A 项；东西方的国际商路指的是海上丝绸之路和陆上丝绸之路，排除 C 项；材料中的措施促进了汉藏文化交流，是影响而非目的，排除 D 项。

5. D　由材料"行御史台的人事任免由御史台掌握"可知中央权威较大，故选 D 项。材料中"行御史台的人事任免由御史台掌握"，即并非独立的地方监察体系，排除 A 项；材料中地方的行御史台对御史台没有制约，故无法形成相互制衡的局面，排除 B 项；材料中并未涉及此前是否有地方权力的监督机制，故"完善"机制无从谈起，排除 C 项。

史料实证素养培养下的高考历史
要掌握的 25 个重点问题

一、三省六部制最大限度追求"体制内的民主"

具体情况见附表1。

附表1　三省六部制特点

实现权力有效监督	把朝廷的职能分成三个部分，分别由中书、门下和尚书三省来承担，按照决策、审议、执行的行政程序前后相继，并呈循环往复的动态过程。通过合理分散权力来加强民主决策，并对权力运作形成监督和制约
实现权力分配均衡	"三省六部制"将以往的个人施政变为集体施政。其行政体制设计注重权力之间的相互或单向制约，从制度上避免政策失误和朝令夕改，通过正确的决策以保持政策的连续性
决策与行政分离	三省六部制的政权系统中，决策与行政分离已经完成并成熟，中书省和门下省成为独立于皇权之外的决策、发令系统，而尚书省的决策权转移到中书省和门下省，行政权保留下来，尚书省向职能化方向发展
部门协同机制	三省六部制具有部门协同机制，宰相集体办公的政事堂是协助皇帝统治全国的最高决策机关，一切军国大政都在这里讨论商定，集思广益，最后由皇帝裁决施行
平衡君权	任何政令未经中书、门下而发出者，均属违制，一切皇帝诏令必经中书、门下两省，这对君权有一定的限制作用

二、百家争鸣

1. 百家争鸣中的"争鸣"

（1）天人之辩：孟子认为人性与天命相通，人性、天性都有仁、义、礼、智的特质。荀子提出"明天人之分"，强调天作为自然的客观性，同时"制天命而用之"，突出人利用和改造自然的能动性。

（2）性善性恶之辩：孟子是性善论者，认为人性本善，其品质之所以会变坏，是受了环境影响。荀子认为人性本恶。

（3）国家治理之辩：法家强调国君依靠国家权力实行法治。道家主张"无为而治"，顺乎自然。儒家要求统治者施仁政于天下。

（4）用兵寝兵之辩：墨子"非攻"思想，并不是一概反对战争，而是注意到了战争的正义性与否。儒家强调政治因素与民心向背对战争的影响。

（5）义利之辩：孟子继承孔子思想，把义、利对立起来。荀子冲破儒家义利观樊篱，将义、利与社会现实相联系，认为对利的追求为人的本性，但要有度，用礼制约束欲望。

（6）"富民"与"富国"的关系：儒家推崇民富先于国富，富民与富国有机结合。道家反对统治者干预人民的经济活动。法家以富国立论，虽重视富民，但是以充实国库、富国强兵、开疆拓土为目的。

（7）国家体制：孔子心中的理想模式为西周分封制下的政治体制与国家结构，通过亲疏、尊卑、贵贱、上下的严格划分来确立中央与地方的权利义务关系。道家主张松散的国家联盟，人民之间不相往来。法家主张专制集权，"事在四方，要在中央。圣人执要，四方来效"。

2. 百家争鸣中的"共鸣"

（1）诸子立论的中心议题为如何得到统治者重视从而治理国家，重整社会秩序。

（2）诸子皆坚持己见，思想具有排他性，主张思想统一为社会秩序稳定的前提。

（3）强烈的托古心态，以古老的传统、先圣先贤的名号，增强本派学说的权威性。

（4）普遍主张立君为民、天下为公，突出强调君主的存在有助于实现天下苍生的福祉和利益。

3. 百家合流

百家争鸣在前期和中期表现为争鸣，后期则主要表现为合流。

（1）理论上的合流。如荀子的礼法并施思想。

（2）实践上的合流。当时的统治者出于自身需要，同时确立几种思想作为治国的主导思想以及辅助思想，如汉代的外儒内法。

4. 儒、墨、道、法思想的本质

（1）孔孟以德治国方案的本质是道德救世。其途径是通过统治者及其附属的知识阶层榜样的力量，调动人们心中向善的力量，使全社会都成为道德人，进而实现家庭和谐、社会和谐和对外和谐。西周初年的"礼治"是他们心目中的德治样板。

（2）墨子的以爱治国方案的本质也是道德救世，不过他的道德不是孔孟的忠孝仁义，而是全社会成员互相爱护、互相帮助之心。其途径是教育全社会成员都要有"爱心"和爱的行动，以爱维护社会秩序，实现社会和谐。

（3）老庄的"以道治国"方案的本质是救世理念。自然规律、社会规律和人们的心理变化规律都必须遵守，不可人为地予以破坏，这是他们的基本理念；为了追求人的精神自由，必须遵守自然规律和社会规律，这是他们的另一基本理念。遵守自然规律，实现"风调雨顺"；遵守社会规律，实现"国泰民安"；遵守心理变化规律，实现"心态平衡"，是他们社会和谐方案的基本内容。

（4）法家的"以法治国"方案的本质是制度救世。其途径是制定法律，建立执行法律的行政系统，激励民众正当地获取物质利益和精神需求，制裁民众有碍社会运行的行为，使得整个社会在权力制约下有序发展。

三、宋代文官政治的形成

两宋时期，文臣群体的政治地位不断提高，以科举出身为主体的文官队伍成为政治的中坚力量，独具特色的文官士大夫政治体制得以确立。

1. 原因

（1）封建土地私有制得以迅速发展，租佃契约关系日益普遍，社会流动性空前增强，为宋代士大夫阶层登上政治舞台准备了条件。

（2）吸取前代武人拥兵自重而皇权式微的教训，确定了以文治国的方针。

（3）科举制度得到了较大发展，削弱了门第血统在科举中的作用，增加了寒门士人进仕的机会，促使科举考试向整个社会敞开大门。

（4）宋代教育事业得到了前所未有的发展，官学、私学的数量和规模都超过了前代，这既提高了社会整体文化水平，也为文官政治的确立奠定了基础。

2. 表现

宋初最高统治者将兵权、行政权、财政权集于中央，各路监司、各州的长官，大多重用文人，并以文人掌兵权，根除藩镇跋扈之祸。同时，宋初统治者又提倡文教，复兴儒学，扭转五代颓风，激励士大夫的忠义节气，养好士风。"兴文教，抑武事"，崇尚文治，奖励儒术是宋代基本国策。

3. 评价

（1）积极：宋代文官制度使传统的贵族政治、武人政治从此基本上退出了封建中国的历史舞台；宋代文官制度使权力收纵自如，无尾大不掉之虞；宋代文官制度使书院兴起，学者辈出，经学、史学、文学、科学技术等均甚发达。

（2）局限：政出多门，效率低下；冗费增多，财政拮据；容易形成党争；头重尾轻，地方凋敝。

四、唐宋变革

具体情况见附表 2。

附表 2　唐宋变革详情表

政治方面	中枢机构	由三省制向中书门下体制转变，宰相职权进一步朝着掌管具体政务的方向发展——宰相政务官化，逐渐形成二府三司体制；文官政治形成
	选官制度	自隋朝开始确立的科举制至宋代在选官中完全确立主导地位，促进中国古代封建社会由贵族社会向官僚社会的过渡。社会阶层流动加强，门阀士族衰落，庶族地主兴起
经济方面	经济形态	唐宋之交实物经济终结，货币经济开始。纸币交子出现
	经济中心	由内陆地区中心向运河地带中心转变，到晚清时期则开始以海岸为中心
	商业及商业监管	（1）取消坊市制度，时空界限被打破，商业活动不再受政府直接监管，城市经济功能大大增强 （2）海上贸易兴盛
	阶层变化	市民阶层兴起，影响社会价值取向
	土地政策	土地私有制进一步发展，租佃关系成为最基本的生产关系
	禁榷制度	由政府直接专卖到"官商共利"间接专卖
文化方面		由贵族文化转向平民文化，进一步世俗化、大众化
民族关系		以互市为手段处理与周边少数民族的关系，出现了签约议和等新现象
中外交流		中外文化交流日益深入；宋代在东南沿海地区大力开拓海上贸易，海上贸易的重心地位日益巩固

五、市民阶层的概念、影响

1. 市民阶层概念

"市民阶层"主要是指平民阶级中的商人与手工业者。明中叶以后，商品经济日益发达，以商贾和手工为主体的市民阶层逐渐壮大，社会影响日益扩大。市民阶层所要求的商业社会的原则和封建传统体系产生冲突，既有经济基础的矛盾，又表现在上层建筑方面，从而影响到晚明社会的整体风貌。

2. 市民阶层影响

具体情况见附表 3。

附表 3 明代市民阶层影响方面

社会风气	明代"万般皆下品，惟有读书高"不再是士人标榜的信条，仕途未明而弃儒经商者比比皆是；进一步导致传统等级地位的松动
个性解放	反抗封建礼教束缚，明末启蒙思想家把学术同时政相联系，提出"经世致用"的思想，与市民阶层要求参政议政的社会思潮相一致
构筑价值体系	市民阶层的思想意识具有"对友谊和忠义的崇拜""劝善戒恶的道德观"等特点。市民阶层已开始构建自己的价值系统
世俗文学发展	戏曲、小说等"杂书"的消费成为江南地区的一种时尚
市民意识觉醒	市民享乐意识、自主意识与商业意识觉醒。随着市民意识的觉醒，人们的生活方式与价值观念也发生了一定程度的变化，给传统社会注入了新的活力

3. 史学界对中国古代市民阶层的一般情况的认识

（1）中国古代市民阶层的研究主要是对工商业者阶层的研究。

（2）对市民阶层在中国古代的社会地位等问题有初步的认识，如认为：

①中国古代的市民阶层只是集权专制体系中被统治的对象；

②在政治上处于边缘地位；

③专制政府只允许工商业者在有限的范围内发展；

④工商业者的力量在宋元特别是明清以后有所发展并努力寻求主流社会地位。

4. 宋明市民文化

具体情况见附表 4。

附表 4　宋明时期市民文化表现

宋代	市民文化	形式多样，表现的都是市井生活。《清明上河图》展现了宋代繁华市井文化的场景
	消费意识强烈	茶坊酒市、娱乐业等第三产业繁荣发展。"瓦子""勾栏"等娱乐场所纷纷涌现，百戏伎艺竞演，市民集中观看。快速的都市生活节奏与情感节奏，决定了市民文化热情奔放、浅俗直白的倾向
明代	社会风尚	改变了前期的"简质"之风，代之以"导奢导淫"之风。但在传统中国社会，单纯的炫富往往会遭致他人的鄙视，而古玩书画消费则成功地把奢俭之争转化为雅俗之辨，使有闲阶层为奢侈找到了合理的借口
	价值观念	明代后期拜金之风盛行，商人的社会地位也相应地提高。商业性书坊繁盛一时，以刻印科举参考书、时文和通俗小说谋求利润，出现文学作品商品化的倾向
	市民文学	明代以后，市民文学取代士大夫文学并占主导地位。《三国演义》、《水浒传》、《西游记》、《金瓶梅》、"三言、二拍"等杰出作品都有着明显的市民文化的痕迹

六、晚明大变局

所谓晚明大变局是指，在欧洲 15、16 世纪新航路开辟及早期殖民扩张背景下，由中国江南经济发展及全球白银流动所引发的晚明到清初的经济、军事及文化变局。具体而言：

1. 经济变局

包括江南早期工业化（江南地区形成相互紧密联系的核心经济体，且以"核心——边缘"的方式辐射全国其他地区及海外地区，农村与城市手工业生产在整个经济体系中所占地位及比重的提高，商标品牌意识的出现）、白银内流（中国的白银主要来自西班牙控制的美洲与经葡萄牙、荷兰转手贸易的日本)、海禁——朝贡体制的突破及早期全球化的"丝银贸易"。

2. 军事变局

主要指以热兵器军事革命为标志的中外战争(郑成功打败荷兰殖民者,收复台湾),它是大国在东亚国际秩序权力真空条件下经济利益冲突的必然产物。

3. 文化变局

主要指以经济贸易为媒介所引起的西学东渐。中国江南经济、欧洲新航路开辟、白银、贸易与军事冲突等是这场变局的核心要素,也是高考的关键词。除此之外,晚明白银内流与隆庆开关;晚明白银涌入与张居正"一条鞭法"赋税改革及江南由农业作物向经济作物种植的转向;"丝银贸易"下的江南市镇经济与奢侈风俗的变迁;白银引起的中英奢侈消费革命对比;白银涌入与女性地位的提升;白银与明末清初的政治危机、移民运动、改土归流的因果关系;等等,也成为当前学术热点,极有可能在高考中出现。

七、明清时期中西方差异比较

具体情况见附表 5。

附表 5 明清时期中西方差异比较表

	中国	西方
政治	(1) 君主专制制度空前加强,封建制度渐趋衰落 (2) 统一多民族国家巩固发展,奠定了近现代中国的政治版图	(1) 资本主义政治制度逐步确立 (2) 教会失去了对欧洲的统治权 (3) 民族国家不断涌现
经济	(1) 自给自足的小农经济仍占主导地位 (2) 资本主义萌芽开始出现,但发展缓慢 (3) 玉米等高产农作物被引入中国	(1) 西欧封建制度下农奴制解体,资本主义经济快速发展 (2) 新航路开辟,西方开始进行资本原始积累 (3) 18 世纪 60 年代,西方开始第一次工业革命

续表

	中国	西方
思想文化	（1）儒家文化占据统治地位 （2）八股取士和"文字狱"束缚了人们的思想 （3）李贽、黄宗羲、王夫之、顾炎武等人对儒学进行改造 （4）西学东渐、西方思想开始影响中国	（1）封建文化受到破坏，人们走出"黑暗的中世纪" （2）文艺复兴、宗教改革、启蒙运动三次思想解放运动解放了人们的思想
外交	（1）仍然实行朝贡体制 （2）实行闭关锁国政策 （3）与西方国家有一定的交流	新航路开辟，开始对外殖民掠夺，瓜分世界
军事	仍以冷兵器作战为主	火药传到欧洲，枪炮不断更新，成为主要作战兵器，进入热兵器时代
科学技术	（1）《本草纲目》《天工开物》《农政全书》《徐霞客游记》等书总结了以往的经验 （2）停留在经验总结的基础上，没有形成真正意义上的科技	（1）造船术、航海术发展，为新航路开辟奠定了条件 （2）蒸汽机的发明与改良，推动了工业革命的兴起 （3）此时技术虽仍停留在经验总结基础上，但出现科学与技术相结合的趋势
阶级矛盾	地主阶级与农民阶级的矛盾仍是主要矛盾	（1）新兴资产阶级战胜了封建贵族、地主阶级 （2）随着工业革命的不断深入，资产阶级与工人阶级的矛盾不断激化

八、古代雅典政权机构简表

具体见附表6。

附表 6　古代雅典政权机构简表

机构名称	主要职能	人员构成	产生办法
公民大会	最高权力机关，管理内政、外交、军事，集体选举、审查、任免官员	全体公民	全体公民自觉参加
五百人议事会	常设管理机构，召开公民大会并提出议题；处理公民大会闭会期间的日常事务	从 10 个部落中各选 50 人组成	抽签决定人选
十将军委员会	执行机构，统率军队，参与政治；首席将军执掌军政大权	每部落一名将军	各部落首先进行差额选举，公民大会举手表决
陪审法庭	司法、监察机构，审理各类重要案件，监督公职人员	普通公民	从公民中抽签决定

九、世界的发现与世界意识

（一）地理大发现的影响

1. 商业革命

以欧洲为中心的世界市场的雏形开始出现，世界贸易范围扩展，商业中心转移到大西洋沿岸，重商主义盛行，商业进步，出现价格革命（大量黄金、白银流入欧洲，导致货币贬值，封建贵族地位衰落，新贵族和资产阶级兴起，农民更加贫困）。

2. 物种交流

扩大世界物种的交流，农业技术传播和农业发展。

3. 世界市场

全球性经济关系的出现，洲际贸易的发展。

4. 社会领域

疾病的传播与医学的发展，世界范围的移民和新民族的形成，世界人种的新分布。

5. 观念和知识的改变

海洋观念树立，重视海洋权益。促进医学、地理学、天文学和航海技术等的发展，人文精神进一步传播。

（二）世界意识

1. 内涵

主要是指站在世界的高度了解世界历史和当今国际社会、关注人类共同的命运、评价本国的地位和作用、认识自己的权利和义务的意识。它强调一国在处理问题时应把本国的发展同世界的发展联系起来，从世界格局的高度和人类历史发展的深度上来思考问题。

2. 具体内容

（1）世界整体意识。强调用整体史观去研究历史，而不是只站在某一地区和国家的角度上。1500 年以来，人类联系逐渐增多，今天的世界是一个不可分割的整体。

（2）世界多样化意识。多样化的核心是人类文明多样化。

（3）交流合作意识。各种文明要相互交流，互相帮助。

（4）和谐关爱意识。人类应互相关爱，与自然和谐相处。

（5）国际竞争意识。在世界分成国家、民族、地区的组织结构下，相互竞争不可避免。

十、两次工业革命的影响

1. 生产技术的飞跃

手工生产被机器生产取代，人类创造物质财富的能力大大增强。

2. 国际格局的变化

亚洲迅速衰落，非洲日益贫困，拉丁美洲发展停滞，东方从属于西方的局面逐渐形成。欧洲内部，较早进行工业革命的英国、法国、德国迅速崛起，俄国、奥匈帝国和西班牙则逐渐衰落。

3. 社会关系的变革

新兴的工业资产阶级取代封建领主成为社会的主宰，社会贫富分化加剧，工人阶级不满足自己低下的经济和政治地位，奋起抗争，推动了民主化进程和社会分配方式的变革；资产阶级和无产阶级成为两大直接对立的阶级，社会矛盾尖锐，社会主义运动兴起。

4. 科技教育的普及

科学技术进步，教育发展和普及。在第二次工业革命期间，一般民众大都接受了较为完整的基础教育，国民素质进一步提高。

5. 社会生活变化

提倡消费逐渐取代了传统的勤俭节约，新的消费观念、新的生活方式逐渐形成，城市取代乡村成为人们生活的主要场所，城市化成为一股历史潮流。

6. 生存环境的恶化

煤炭的大量使用污染了空气、水、土地等，大大恶化了人类的生存环境，威胁着民众的健康。

十一、从朝贡体系到不平等条约体系的转变

（一）"夷夏观念"

1. 概念

华夷之辨，或称"夷夏之辨""夷夏之防"，用于区分华夏与蛮夷。古代华夏族群居于中原，为文明中心，因此逐渐产生了以华夏礼仪为标准进行族群分辨的观念，区分人群以礼仪，而不以种族：合于华夏礼俗者并与诸夏亲昵者为华夏人，不合者为蛮夷、化外之民。

2. "夷夏之辨"在近代的嬗变

（1）从"夷"到"洋"的称谓以及涉外事务从"夷务"到"洋务"的变化，从本质上反映了中国人思想观念中对传统的"华尊夷卑"思想的纠误，反映了中国人对西方列强的重新定位，这是一个巨大的突破。

（2）从"宗藩体制"到"条约外交"的转变，是传统的"华夏中心论"

"华夷朝贡体系"等观念走向没落的表现。

（3）具有近代意义的大民族观的萌生与形成，辛亥革命期间"夷夏之辨"重新被提起，目标直指清朝贵族，这是革命形势的需要。之后，在革命继续深入的过程中，民族革命、大民族精神被唤醒，即近代意义上的民族观形成。

（二）晚清至民国时期外交体制的变化

1. 1840 年前清朝的外交体制

1840 年以前，中国传统的涉外制度是"朝贡"和"理藩"制度，浸透着浓厚的"夷夏"观念，并没有专门机构管理涉外事务。理藩院既管理少数民族事务又管理涉外事务。礼部下设主客司和会同四译馆，负责外事礼仪接待及翻译工作。另外，鸿胪寺和军机处也参与对外事务。

2. 晚清外交体制的变化

（1）专门性外交机构的设立

①总理衙门：1861 年，清政府成立总理衙门，成为办理洋务及外交事务的特设机构。总理衙门的设立，使清政府的内政与外交有了较为明确的分工。1901 年，《辛丑条约》签订，总理衙门改为外务部，位列六部之上，标志近代中国外交体制的正式确立。

②南、北洋通商大臣：《南京条约》签订后，清政府先后设立五口通商大臣，后演变为南洋通商大臣（办理江浙闽粤内江各口通商事务）。另有北洋通商大臣，其前身为 1861 年设在天津的三口通商大臣（统管直隶、山东、奉天三省通商交涉事务，兼管北洋洋务，等等）。

③总理衙门和南、北洋通商大臣的设立，是中国近代外交体制的重大进步。中国官员在与外国人的交往中改变了传统的夷夏观念，开阔了视野，学习了近代科技知识，逐渐掌握了利用外交手段谋取本国利益的策略。外务部则建立了领事制度，厘定了派外使节职制，制定了外交规章，重用受过西式教育与留学西洋的人才，重视职业外交官的培养，在选拔官吏时较为强调专业知识，使得清末外交人员的素质大为提高，改变了中国外交官员对于世界

形势、外交惯例懵懂无知的局面，较大地提高了工作效率。

（2）近代驻外机构的设立：第二次鸦片战争以后，在外国逼迫下，清政府允许各国在北京设常驻公使馆。1877 年，清政府在英国设立的领事馆是中国在海外设立的第一个领事馆，之后逐渐增多。清政府的外交体制逐步完备，对促进中国与世界各国的文化、经济、科技等方面的交流，保护海外华侨利益，密切华侨与祖国的关系等方面有积极作用。

3. 民国初期的外交改革

（1）拟订外交部组织法，制定《外交部官制》，创建了较为完善的外交人才培养体系。

（2）在外交人才的选拔上，废除前清时期的保举制，制定了外交官领事官任用暂行章程，把兼通一国以上外国语言规定为外交官录用的必要条件，进一步淘汰了清末外交官中的传统型外交人员。

（3）在驻外使领馆方面，收回驻外使团的人事任免权，规定领事按年度编制预算交外交部审核，经费按月拨发，理顺了驻外使领馆与外交部之间的关系。

（三）晚清外交观念的转变

1. 中西交往中的文书格式的变化

放弃"谕""批"等居高临下的回复夷书定例，改用"照会"样式，这一样式很快被中英同类文书所仿效，成为其后清朝外交文书的重要范式。

2. 中西方官方之间平等往来

以条约形式规定中西方官员间平等往来，如设立总理衙门作为外事管理机构。

3. 对外派遣常驻使节

1860 年《北京条约》签订后，各国先后派遣使臣常驻京城，以便直接与中国交涉。清政府开始遣使出洋，并在一定程度上了解了遣使出洋的具体操作模式。1877 年，郭嵩焘作为清廷向外国派出的第一位常驻使节抵达英国。

十二、经世致用思想在近代的发展

(一) 中国近代经世致用思想的主要内涵

1. 倡导学习西方

鸦片战争后，中国思想界出现了一批潜心研究世界地理、历史以及研究西方社会的著作，开始了对富国强兵道路的探索。

2. 对社会现实的批判

在政治上，声讨腐朽政府的管理败坏，斥责当权官僚士大夫的昏庸和不作为。抨击文武官员们在严重的民族危机下粉饰太平、征逐歌舞的丑恶行径。在经济上，指出土地兼并造成贫富不均日益严重化。在文化上，谴责科举制度的刻板禁锢，认为当今的八股取士千篇一律，严重限制考生的思维，毫无用处。

3. 极力提倡改革弊政

对农田占有、西北边防、科举官制等提出"改图更法"的主张。尤其对弊端最严重的漕运、盐政、河工和兵饷等改革特别关注。在改革漕运方面，积极倡导以海运代河运。在盐政改革方面，实行"盐票法"，实行食盐自由运销，政府抽税制度。对于治理黄河、防治水害方面，主张以治为主、防为辅，加强治理入海口。兵饷问题实质上是财政问题，经世思想家们提出"除弊""节用""塞患""开源"等措施，强调精兵简政。

4. 身体力行，振兴实学

经世致用的思想家们不仅勇于批判现实，倡言变革，还身体力行，从事致用之学的研究，力图振兴实学，开辟学术经世的道路。鸦片战争后，经世致用的思想家们特别是龚自珍、魏源等继承和发展了清代复兴的今文经学的治学方法，他们对今文经学的研究更加带有强烈的经世致用倾向。

5. 关注边疆史地问题的研究

一些经世致用的思想家们，抱着爱国之心，潜心研究边疆史地，目的是要巩固边防，抵御外侮。

6. 出发点都是救国自强

近代中国面临着内忧外患的严峻形势，知识分子为救国自强，沿袭传统的经世致用思想，企图寻找救国之路以实现大同理想。爱国主义是经世致用思想的主导。

（二）中国近代经世致用思想的历史影响及其局限性

1. 历史影响

（1）近代经世致用思想及其学术学风的导向，为有识之士探索救国救民的真理提供了积极的思想底蕴。这种以务实革新的思想和求真求变的学风为标志的"经世"爱国传统，对后世有着广泛而深刻的影响。

（2）近代经世致用思想对西学的引进和传入有着积极的促进作用。

（3）经世致用思想的扩展和延伸，使近代中国的儒家知识分子群体发生了分化和改组，使得中国近代历史发展中各种各样的思想斗争此起彼伏，影响着近代中国社会发展的走向与脉络。

2. 局限性

（1）经世致用思想只是局限于当时少数知识分子中，并未获得清朝当局的认同和社会的广泛认同。

（2）经世致用思想家们虽然对中国社会近代化等问题进行了积极的探讨，却未能形成大规模的运动，也没能取得实质性效果。

（3）经世致用思想虽然在一定程度上能够促进人们在抵御列强欺凌和救亡图存过程中不断探索，寻求真理，但它本身所固有的功利性、短视性、浅薄性，决定了它当时不可能作为一种先进的、行之有效的思想体系指导中国先进的知识分子找到一条御侮自强、救国救民之道。

3. "中体西用"模式在中国近代史上所产生的深刻影响

（1）人们在思想上开始由"传统"向"现代"嬗变。洋务派主张的"中体西用"在理论上已确认了西学的优越性和合理性，这也等于承认中学的不足，还有待于西学的补充，从而使"礼仪至上"的传统伦理价值观的绝对权威地位开始动摇。

（2）动摇了僵化的传统教育体系。洋务派主张教育要务实，倡导益智救亡的教学宗旨。洋务派创办了新式学堂如湖北自强学堂、广东水陆师学堂、农务学堂等，教学内容不再局限于经文之学，增加了西方的算学、绘画、矿物、医学及声、光、化、电等西艺。派遣幼童出国留学，培养精通西艺的专才，这些教育变革推动了中国近代文化教育的发展。

（3）引起了晚清社会生产关系的变化。在洋务派创办的民用工业中，如19世纪70年代开始创办的轮船、电报、纺织、煤炭、采矿和冶炼等民用工业企业，都普遍采用雇佣劳动的形式。这些新式企业不仅大量招募雇佣工人，而且以私人投资为主，产品计价出售，有明确的获取利润的目的，进行的是商品生产，企业明显具有现代资本主义的生产关系。

十三、清末新政——"中体西用"指导下的清政府的自救运动

具体见附表7。

附表 7　清末新政详情表

	背景	措施	积极影响	消极影响
政治	义和团运动和八国联军侵华的打击；资产阶级民主革命运动的兴起；清政府内部改革派推动	包括"裁冗衙""裁吏役""停捐纳"。1901年7月将总理衙门改为外务部，位列六部之首	政权机构近代化。"新政"使清末政权机构发生了很大的变化。除内阁、军机处仍照旧外，新设立或改名称的有：外务部、学部、民政部、商部、陆军部。新政促进了资产阶级革命的爆发	催生边疆问题。清末新政时期，清政府开始改变原有的边疆地区治理模式，开放"蒙禁"，在西南地区"改土归流"；将内地汉人大批移民于边疆地区；由于"新政"操之过急、措施不当，产生一系列问题

续表

	背景	措施	积极影响	消极影响
经济	自然经济进一步解体；民族资本主义初步发展	重工商，振农业。1903 年成立商部，各省设商会；颁布了一系列工商业规章和奖励实业办法，允许自由发展实业，奖励兴办工商企业，鼓励组织商会团体	推动自由经济发展；否定了传统的重农抑商政策，使资本主义经济得到发展	增加人民负担。新政在实施过程中大大增加了人民的税捐负担，百姓怨声载道
思想文化	"中体西用"思想的指导	建学堂、兴留学、废科举。1905 年，在中国历史上延续了 1300 多年的科举制度被废除	新学教育兴隆，结束了科举制度的历史；清末出现了办学、留学的热潮；促进西方近代思想的传播	—
军事	清朝军队战斗力弱，急需改革	改军制，扩新军。编练新军成为清政府"新政"的核心内容	中国军队近代化。新建陆军是中国真正意义上的近代军队的首次努力，对日后中国军队的军制、作战、训练、编制等方面都有重大影响	袁世凯集团崛起。袁世凯在天津小站编练新军，成为其崛起的资本

续表

	背景	措施	积极影响	消极影响
法律	法律体系落后且不健全	参酌各国法律，修订律令	促进法律近代化。《大清刑事民事诉讼法》《大清新刑律》《民律草案》，分别在程序法和实体法领域为中国法律的近代化奠定了基础	—

十四、中国近代民族主义

（一）中国传统民族主义与西方近代民族主义的不同内涵

1. 中国传统民族主义

（1）主要观点：一是华夏中心观，二是华尊夷卑观，三是建立在华尊夷卑观基础之上的"夷夏之辨"的观念。

（2）划分民族的方法：以文化上是否归附为标准，中国乃文明之国，非方位、界域、种族所限。

（3）中外关系基础：不是各国拥有各自的权利和义务，世界秩序也不是独立、平等的民族国家集合体，而是以中国为中心的同心圆，其他民族只是中国文化教化的对象。

（4）中国传统民族思想：基础包括两个方面，一是相信中国文化是最优秀的，二是认为这一优秀的文化是民族认同的最主要的甚至是唯一的符号。因此，在中国人看来，维护民族利益主要表现在维护中国的文化和制度，特别是纲常名教上。

2. 西方近代民族主义

西方近代民族主义的内涵有：

（1）各民族建立政治实体和现代民族国家的历史过程。

（2）建立民族国家过程中所体现的理论、原则和理想。

（3）政治集团追求民族国家的行动。

（4）民族成员的心理状态，即表现出对民族国家超越一切的高度忠诚和对本民族优越性的坚定信仰。

（二）近代中国民族主义

1. 原因

（1）外来侵略：帝国主义对中国侵略和压迫所造成的社会危机是近代民族主义产生的社会根源。

（2）原有传统：固有的传统民族主义成为近代民族主义思想的直接理论来源之一。

（3）西学影响：中国近代民族主义吸收了西方的进化论学说，把它变成了倡导民族自强自立、反抗帝国主义侵略和压迫的理论武器。

（4）主观奋斗：进步思想家、革命家为救亡图存而不懈奋斗。

2. 内容

（1）恢复民族自强自信：恢复对中华固有文化的自信，可以说是近代民族主义最重要的内容。

（2）陶铸国魂，培养人民尚武精神：近代民族主义者们鉴于中国积贫积弱、屡受列强欺辱的现实，认识到改变文弱旧习、培养人民的尚武精神、增强国力的重要性。

（3）群体至上的国家主义：强调国家的独立和自由胜于个人的独立与自由，这是中国近代民族主义最具特色的理论内核。

（4）维护国家主权和民族尊严的反帝爱国内容。

（5）全面赶超西方：中华民族危机意识的不断加深，势必催发其强烈的赶超意识，这也成为中国近代民族主义独有的内容之一。

3. 发展演变

具体情况见附表 8。

附表 8　近代中国民族主义发展情况演变表

清末民初——形成阶段	一是新（近代民族主义）旧（传统民族主义）杂糅；二是反对国外民族压迫和反对国内民族压迫，亦即争取中华民族的独立和争取国内各民族的平等的斗争交织在一起；三是民族主义与民主主义的结合，亦即推翻国外和国内民族压迫的斗争与建立资产阶级民主国家的斗争结合起来
"五四"时期——发展阶段	一是反帝与反封建的结合，赋予了近代民族主义新的内涵；二是从思想文化上寻找中华民族落后的原因，通过对中国传统文化的反省，来寻求民族独立与自强；三是民族主义开始与各种政治运动和思想运动结合，呈现出多元的倾向
"九一八"以后到抗日战争结束——高涨阶段	一是在思想文化方面，从原来的反省、批判传统文化转变为对传统文化的发掘和弘扬；二是国内各个阶级、各党各派、各种政治势力逐渐集合在民族统一战线的旗帜之下，形成全民族共同抗战的局面

4. 中国近代民族主义发展的三个特征

（1）反对帝国主义和封建主义的双重压迫。

（2）始终与民主主义、爱国主义结合在一起。

（3）与国际主义相结合，最终实现了马克思主义的中国化。

十五、西学东渐浪潮及其影响

（一）中国古代的东学西渐

"东学西渐"是一个相对于"西学东渐"的反过程，是指古代中国对世界文明的贡献。近几年，随着中国改革开放的不断发展，国力不断增强，民族自信、文化自信也逐渐增强，"东学西渐"逐渐成为史学研究的热门话题。"东学西渐"经历了三个高潮时期：

1. 秦汉时期

秦汉时期是我国历史上第一个鼎盛时期，也是"东学西渐"的第一个高潮期。在秦朝统一的基础上，汉代的社会经济与文化经过发展都达到了当时世界光辉的顶点。通过"丝绸之路"，中国商品可自长安经河西走廊，远达中亚、南亚、西亚，乃至地中海沿岸。随着漫长商道的开通，中国文化大量传入西方。

2. 隋唐时期

隋唐时期是我国历史上第二个鼎盛时期，也是"东学西渐"的第二个高潮期。唐代时，中国至中亚、南亚、西亚的交通畅通无阻，中国商品远销西方，中外使者频繁互访，促进了中西方经济文化的交流，使中国文化不仅经西域传至阿拉伯与欧洲诸国，而且影响至深至远。

3. 宋明时期

宋代中国科学技术有了极大发展，被认为是中国古代文化的"造极时代"。宋代广泛运用火药、印刷术、指南针，连同汉代的造纸术，这四大发明对世界文明作出了突出贡献，深刻影响了全人类的科学技术的发展与社会制度的历史变迁。明朝的造船技术世界领先，郑和七次下西洋，到达亚非 30 多个国家和地区，大大拓展了"东学西渐"的范围。

（二）西学东渐的两次高潮

1. 明末清初的西学东渐

16 世纪中叶，欧洲耶稣会传教士相继来华，一种新颖的异质文化由此导入中国传统的文化系统，中西方文化的交流与融合揭开新的一幕。

（1）内容：传播基督教神学；传播文艺复兴以来的自然科学和人文科学。传播基督教是其目的，传播西方科学技术是其手段。

（2）作用：①传教士将西方文化引入中国传统文化系统，使中国人了解了西方的宗教、科技和人文，在中西方交往史上有积极意义；②开阔了中国人的视野，一些开明之士看到了中西方的差距，促使他们对中国的传统文化与社会现状进行反思，一定程度上影响了明末清初知识界的思想和学风变革。

（3）局限：耶稣会作为欧洲新教的反对派，他们没有输入文艺复兴以来最具革命性的文化成就，达·芬奇、莎士比亚、马丁·路德、伏尔泰、狄更斯等文化巨匠的信息就没有被介绍到中国；明末清初西学东渐的小高潮，终因清政府的闭关锁国政策而销声匿迹。

2. 清末民初的西学东渐

（1）特点

①角色多样。或由政府规划（如清政府三次新政），或出于个人经历（如洪仁玕与《资政新篇》），或由西人主导（如近代来华传教士、商人、学者、使节等），或系国人策划（如维新派、革命派、激进派等政治派别）。②时代主题鲜明。以改造中国为目的，以社会变革为主线，围绕着了解世界、求强求富、救亡图存、民主革命、科学启蒙等历史课题次第展开，依时兴替。③方式多样。诸如兴学兴教、翻译西书、出版书籍、编辑报刊、派遣留学生和使节到海外学习或者工作等。④内容丰富。涉及军事、科技、政治、经济、思想、文化、教育、社会生活等方方面面。⑤历程层次分明。近代以来，西学的输入是一个由表及里、由浅入深、逐次递进、不断深入的过程。经历了一个从以器物、技艺等物质文化为主转到以政治制度为主，再转到以思想、学术等精神文化为主的过程，从被动接受到主动选择的过程。

（2）影响

①宏观上：源源而入的西学对近代中国的影响是全方位的，既深且巨。从倡导"中体西用"到输入"进化论"，从主张"共和革命"到呼唤"德先生""赛先生"，从中西方文化论战到传播马克思主义，思想变革与思想解放的大潮此起彼伏，中国人在不断深化对于自身认识的同时，也在深化着对世界的认识，总之，西学的传入直接推动了近代中国沿着由传统至现代的轨迹节节嬗变，中国由传统社会逐步向现代社会转型。

②微观上：第一，第二次鸦片战争后，洋务派提出中体西用论，以图"借法自强"，使中国在现代化道路上迈出了器物变革的第一步；第二，甲午海战后，维新派从西方引入进化论，以求变法图强，推动了近代中国的思想启蒙和社会变革；第三，戊戌变法失败后，革命派提出了民主共和思想，推翻了清朝统治，建立了中华民国，使中国历史走出了改朝换代的旧轨；第四，新文化运动时期，中国出现了民主与科学、马克思主义等各种社会思潮，多种文化思潮的出现引发了中西方文化间的大论战，进一步推动了中国由传统社会向现代社会的转型。

十六、中国共产党在新民主主义革命过程中的努力探索与实践

具体情况见附表 9。

附表 9　中国共产党在新民主主义革命过程中的努力探索与实践表

	探索	实践
革命纲领	1921 年中共一大纲领脱离中国国情；1922 年中共二大依据中国国情，制定最低纲领即反对帝国主义、反对封建主义、反对军阀	国共第一次合作，开展国民革命，目标是打倒帝国主义，推翻军阀统治
革命力量	中国共产党从工人运动高潮的失败中认识到，必须建立统一战线，团结广大农民、民族资产阶级和小资产阶级等	1924 年共产党与国民党合作建立革命统一战线，迎来国民革命的高潮
革命领导	1927 年国民革命失败，共产党认识到必须掌握革命和武装的领导权（八七会议确立开展土地革命和武装反抗国民党反动派的总方针），独立领导革命	三大起义（南昌起义、秋收起义、广州起义）标志着共产党独立领导军队和革命的开始
革命道路	1927 年三大起义失败后，共产党认识到照搬苏联革命"城市中心论"的局限	国共十年对峙时期，工农武装割据，开辟农村包围城市的革命道路
纠正错误	1935 年，遵义会议纠正了"左"倾错误在中央的统治，确立了以毛泽东为核心的党中央的正确领导，独立自主解决了内部矛盾	胜利完成长征
抗日斗争	1935 年瓦窑堡会议确定建立抗日民族统一战线的方针；1937 年洛川会议制定了动员全民族一切力量争取抗战胜利的全面抗战路线	从反蒋抗日到联蒋抗日。国共第二次合作，建立抗日民族统一战线，开展全民族抗日战争，取得抗日战争的胜利

续表

	探索	实践
工作中心	1949 年 3 月，中共七届二中全会指明党的工作由乡村转向城市，以恢复和发展生产力为一切工作的中心以及从新民主主义社会转变为社会主义社会的总任务	人民解放战争，从战略防御、战略反攻，到战略决战，渡江战役推翻国民党的统治，工作中心从农村转到城市
土地政策	根据社会主要矛盾变化适时调整土地政策	①土地革命时期：打土豪、分田地、废除封建剥削，变封建半封建的土地所有制为农民土地所有制。②抗日战争时期：停止没收地主阶级的土地，改为地主减租减息、农民交租交息。③解放战争时期：制定《中国土地法大纲》，废除封建性和半封建性剥削的土地政策，实行耕者有其田
外交努力	维护主权，坚持独立自主的外交政策	①1948 至 1949 年夏，面对英、法、美等国的外交试探，共产党坚持建交的条件、步骤及时机由自己自主决定。②1949 年要求英、美、法等国的武装力量"迅速撤离中国的领水、领海、领土、领空"。③中华人民共和国成立之初制定独立自主的三大外交政策

十七、五四运动后中国社会思想

（一）五四运动后思想界的发展状况

1. 思想空前解放，欧美各种思潮流入中国

五四运动给中国带来了深刻的影响，思想方面的变化最为突出，影响也更为深远，人们的思想空前解放，欧美的实验主义、自由主义、无政府主义、马克思主义等思想涌入中国，有很多思想观点甚至相反，相互抵触。这无疑是五四新文化运动时期思想界最突出的特点。

2. 救亡的主题没有变化，救亡的主角却发生了改变

五四新文化运动时期，各种思想都是作为挽救民族危亡的工具引进的，"救亡"的时代背景仍然没有改变。但是，传统知识分子逐渐从思想界的主角退出，较少受传统思想影响的年轻知识分子涌现，使五四新文化运动存在着偏激的倾向，但是也具有更彻底的战斗精神。

3. 传统思想受到猛烈的冲击，也面临着转型的新机遇

五四新文化运动时期，以儒学为代表的传统思想受到前所未有的冲击，但是，其忧国忧民的使命感和自强不息的民族精神却顽强地延续下来。一战给人类带来的灾难，促使中国知识分子反思西学，梁启超等近代儒学大师甚至提出用西学改造中国传统儒学，建立新的文化系统，传统思想在危机中面临着转型的机遇。

4. 马克思主义逐渐成为新思潮的主流，以俄为师成为新的方向

经历了喧嚣与沉淀，众多"主义"销声匿迹，马克思主义逐渐成为新思潮的主流。"以俄为师"逐渐成为中国社会的共识。中国共产党的成立和孙中山新三民主义的提出都受这一思想潮流的影响。

（二）五四运动后中国社会的新气象

1. 中国革命性质的变化

五四运动中工人阶级登上政治舞台，马克思主义得到广泛的传播，这些都预示着新民主主义革命的到来，中国近代民主革命面临着新的领导、新的指导思想和新的前途。

2. 国民的觉醒

这是五四运动引发的最显著的新气象。这种席卷全国，囊括各界的群众运动，在中国历史上是前所未有的，是国民觉醒的明确表示。在有的地方，青年学生还到农村做宣传，使一部分农民也加入这觉醒的行列。

3. 社会团体的大量涌现

五四运动后，各种群众团体如雨后春笋，到处涌现。从大城市到中小城市，学校、工厂、街市，各种行业，都有社会团体的组织。他们办报刊，做社会调查，讨论国内外大事，办平民教育，办宣讲团。

4. 青年人的个性解放

五四运动大大激发了青年人个性解放的要求。他们从被动的受教育，变为主动的磨炼自己。他们自动走出家庭，摆脱宗族、家族的压力，到学校求知识，到各种团体中去求训练。五四时期，中国青年，主要是青年学生表现出了前所未有的主动精神和创造精神。

5. 移风易俗的新气象

五四时期，作为新文化运动的领导者之一，胡适率先示范，大胆进行婚礼丧礼的改革，各地效尤者，大有人在。

十八、资本主义经济政策的变化

（一）资本主义经济政策的发展演变

1. 重商主义

工业革命前，西方国家普遍采用重商主义经济政策，国家大力扶持资本主义生产方式，努力扩大出口，抑制进口，推动了资本主义经济的发展。

2. 自由主义

第一次工业革命后，英国最早制定了自由主义经济政策；第二次工业革命后，美国和德国坚定地举起了自由主义的大旗。自由主义信奉"小政府、大社会"的理念，尽量减少对经济活动的干预，由市场自由调节社会经济。

3. 凯恩斯主义

1929 至 1933 年世界经济危机是对自由主义经济的沉重打击，之后美国首先摒弃自由主义经济政策，开始对经济进行全面干预。二战后，主张国家干预经济的凯恩斯主义进一步发展，成为西方国家制定经济政策的基本原则。

4. 后凯恩斯主义

20 世纪 70 年代的经济危机暴露了凯恩斯主义存在的问题，出现了国有企业效率低下、国家财政不堪重负的问题。之后，资本主义国家普遍减少了对经济的干预，压缩了国有经济的规模（私有化），使资本主义国家在 20 世纪 90 年代出现了经济的繁荣。

（二）二战后西方资本主义经济的变化

1. 对外政策上的非殖民化

二战后，欧美资本主义国家建立的殖民体系崩溃，殖民地国家纷纷独立，西方国家转而依靠雄厚的资本和技术优势继续剥削亚非拉国家，形成了不平等的国际经济秩序。

2. 经济结构上的后工业化

二战后，西方国家大力发展以服务业为核心的第三产业，服务业成为国家经济的主导，西方传统工业向发展中国家转移，一方面有利于发展中国家的工业化进程，另一方面也造成了环境污染的转移。

3. 居民生活上的逆城市化

二战后，由于科技进步和交通运输业的发展，大城市人口向小城镇或者乡村转移，缓解了城市的就业和环境压力；工业革命后，首次出现了逆城市化趋势。

4. 资本结构上的社会化

二战后，股份制企业继续发展，随着股票市场的日趋完善，企业所有权进一步分散，单一所有者的企业成为个例，大部分企业成为社会的公共产品，资本社会化趋势更加明显。

5. 财富分配上的国家化

二战后，随着福利国家的建立，国家通过税收等手段将社会财富进行二次分配，保证了社会低收入群体的基本生活需求，缓解了社会的贫富分化趋势，缓和了社会矛盾。

6. 企业管理上的专业化

二战后，随着企业规模的不断扩大，企业的管理日渐繁杂，企业经营权与所有权日渐分离，一批经过专业培训的企业管理人员应运而生，大大提高了企业的经营管理水平。

十九、大国崛起

（一）影响大国崛起的因素

1. 经济因素

经济因素无疑是大国崛起的基础和最深层的原因。近代取得世界霸主地位的大国（英国、美国）在经济规模和生产力水平方面均达到世界领先水平。

2. 社会因素

近现代大国成功崛起与其社会秩序相对稳定、国家认同感相对较强、公民参与国家管理的渠道畅通有很重要的关系。在这一方面，英国和美国是成功的代表。一战前的德国、俄国则是失败的代表，两国封建因素较多，社会矛盾尖锐。

3. 政治因素

政治制度的现代化是大国崛起的重要因素，英国、美国建立了相对完善的民主制度，社会阶层的流动性较强，其大国崛起之路相对平坦。

4. 外交因素

成功崛起的大国都把握甚至引领了当时的历史潮流，建立了与自身实力相符且能够得到较广泛支持的规则体系和价值观。比如，西葡开辟新航路、英美建立全球自由贸易体系等。

5. 军事因素

军事因素在大国崛起进程中的作用，需要辩证看待：一方面，国防力量的提升和军事手段的运用对国家统一、国家利益的维护和拓展，民族意识的形成有积极的作用；另一方面，对军事手段的迷信和滥用，甚至将其凌驾于国家经济、政治正常发展之上，则往往是导致大国崛起失败的重要原因。日本、德国有惨痛的教训。

6. 文化因素

落后的文化禁锢了经济发展的空间，过度执着于意识形态也容易引起国家之间的对抗，中断经济发展的进程；吸收、融合世界先进文化是大国崛起的重要因素。

（二）近代以来崛起的世界大国

近代以来出现了一批具有全球影响力的国家，随着世界形势的发展，这些国家的国际地位不断变化。

1. 葡萄牙与西班牙的"海洋时代"

葡萄牙、西班牙分别开辟西欧—好望角—印度和西欧—美洲—印度的新航路。随着新航路的开辟，出现了早期的殖民扩张，于 16 世纪确立了海上霸权。但因为同为封建君主制国家，殖民掠夺的财富用在奢侈享乐上，没有转化为资本积累，因而衰落下去。

2. 荷兰的"小国大业"

荷兰取代西、葡成为 17 世纪世界头号贸易强国，被称为"海上马车夫"。商业贸易的发展带动银行信贷业的发展，阿姆斯特丹在 17 世纪中叶成为国际金融中心。但其只注重商业，不注重工业发展，并在与英国争夺殖民霸权的战争中战败，由此丧失了欧洲大国地位。

3. 英国的"走向现代"

凭借着先进的政治制度（君主立宪制）、雄厚的经济基础（世界工厂）、领先的科技文化，英国长期居于世界霸主的地位。第二次工业革命时期，由于工业惯性、科学与技术结合不紧密等因素，英国资本主义经济发展速度放缓；两次世界大战，英国实力遭到巨大削弱。由于实力不断衰落，英国的霸权地位不复存在。

4. 法国的"激情岁月"

从 1789 年法国大革命爆发至 19 世纪 70 年代，法国处于革命与复辟的动荡之中，1875 年通过《法兰西第三共和国宪法》，最终确立共和制。由于法国社会动荡不安，资本主义发展缓慢，使其在与欧美其他大国的竞争中处于相对落后的地位。

5. 德国的"帝国春秋"与日本的"大东亚计划"

德、日两国都是通过改革走上资本主义道路的后起资本主义国家，都保留了大量封建残余，都曾经受益于对外战争，使两国迷恋武力，最终都在第二次世界大战中被打败。

6. 俄国的"寻道图强"与苏联的"风云新途"

（1）1861 年农奴制改革揭开俄国近代化序幕，俄国走上迅速发展资本主义的道路，但是其改革不彻底，封建残余浓厚。

（2）1917 年十月革命开启俄国历史新的一页，是俄国现代化进程中的里程碑。通过工业化、农业集体化运动，建立起斯大林模式，苏联迅速实现工业化。二战中，击败德国法西斯，奠定了其世界大国的地位。二战后，斯大林时代积累的矛盾长期得不到解决，加之与美国的争霸加重了负担，最终苏联于 1991 年解体。

7. 美国的"新国新梦"与"危局新政"

（1）政治：1776 年，美国宣布独立。通过 1787 年宪法，最早建立起总统共和制政体。内战后通过的宪法修正案，废除奴隶制，肯定联邦法律至上性，维护了国家的统一与联邦制的巩固，推动美国经济发展。

（2）经济：第二次工业革命时期，美国资本主义经济迅速发展。1929 年至 1933 年经济危机使美国经济遭到巨大打击，罗斯福新政在坚持市场经济体制的前提下，开创了政府大规模干预经济的新时代。二战后，美国引领第三次科技革命，20 世纪 90 年代以来美国出现"新经济"增长模式。

（3）对外：美国建国之初，形成"孤立主义"传统。二战期间，太平洋战争爆发后，促进世界反法西斯联盟的形成，推动世界反法西斯战争的胜利。二战后，美国成为资本主义世界头号强国，对外企图称霸世界，积极推行冷战政策；通过布雷顿森林体系和国际贸易体系，确立资本主义世界经济霸权。

二十、二战后美国霸权下的国际经济秩序的特征及演变

（一）特征

战后国际经济旧秩序是在广大发展中国家处于无权地位的情况下，按照发达资本主义国家的意志和需要建立起来的。其主要内容是以不合理分工为基础的国际生产体系，以不等价交换为特征的国际贸易体系，以国际垄断资本占据支配地位的国际金融体系，以及受少数发达国家控制的国际经济机构，即资本主义在国际生产和流通领域里的垄断。

（二）演变过程

1. 布雷顿森林体系时期的国际经济秩序

1946—1971 年布雷顿森林体系时期的国际经济秩序是以美国为主导的，出现于冷战期间，主要是美国为了遏制苏联崛起而形成的。

（1）国际经济秩序确立的理论基础：霸权稳定论，即霸权国家必须控制原料、资本、市场以及在高附加值产品的生产上具有竞争优势，其中心命题是国际经济秩序的维持需要霸权国家的存在。

（2）国际经济秩序演变的决定因素：

①经济全球化。经济全球化，促使产业结构不断优化，生产资源、技术、劳务等生产要素在全球范围内实现优化配置，资本流动性和投资效率不断提高。发达资本主义国家在经济全球化进程中凭借其有利地位，力图通过维持现行的国际经济秩序，将广大发展中国家纳入他们主导的国际经济体系之中。

②区域经济一体化。区域经济一体化有利于提升发展中国家在国际经济组织中的地位，减少国家之间的经济矛盾和贸易摩擦。然而，在区域经济一体化进程中，发达国家利用其在国际经济秩序中的有利地位，与发展中国家争夺世界市场和全球资源，使南北贫富差距进一步扩大，发展中国家更加"边缘化"，加剧了世界经济发展的不平衡性。

③美元霸权。第一，美国通过输出美元向其他国家征收国际铸币税。第

二，美国通过增发美元弥补国际收支逆差，将国际收支失衡的压力转嫁给其他国家。第三，美国拥有全球规模最大的资本市场和良好的投资环境，美国政府能够以较低成本获得国际融资。美元霸权战略已经渗透到世界各国，成为美国维护其世界霸权地位的手段和工具。

④国际分工。产业部门之间的国际分工日益转变为产业内部的国际分工，以产品为界限的国际分工逐步转变为以生产要素为界限的国际分工；发达国家与发展中国家开始向以生产工艺和生产阶段为特色的专业化分工转变。分工领域开始向服务贸易等部门拓展；由国内市场调节的各部门、各企业间的分工逐渐过渡到由跨国公司协调的企业内部的分工。

2. 后布雷顿森林体系（牙买加体系）时代的国际经济秩序

（1）20 世纪 70—80 年代由美元危机引发的资本主义世界经济危机，导致资本主义世界的经济实力对比更为分化，形成美、欧、日三足鼎立的格局，结束了美国一国主导国际经济运行的时代，建立了主导世界经济、政治、安全事务的七国集团。

（2）削弱了美元的霸权地位，建立了牙买加国际货币体系，国际储备货币多元化。

（3）2008 年爆发的世界金融危机进一步凸显了国际经济实力与国际经济秩序之间的失衡；发达国家在金融危机的冲击下，实力相对削弱，无力单独承担应对金融危机、恢复经济增长的重任，力邀新兴经济体共同参与世界经济信心的重建；发达国家与新兴经济体在二十国集团框架内加强合作，有效遏制了金融危机不断恶化的局面。二十国集团也成为全球经济治理的主要合作平台。

（4）新兴国家在国际货币基金组织和世界银行等国际金融机构中的投票权和发言权也得到大幅提升，国际地位进一步提高。

二十一、全球化过程中的问题与治理

（一）全球化过程中出现的问题

1. 经济危机

随着全球经济联系日益紧密，能源价格大幅攀升、金融秩序严重失控、大国经济明显衰退，诱发全球经济衰退甚至出现危机的可能性增大。这种情况一旦发生，其传导的速度、影响的深度可能远远超过以往的世界经济危机。此外，气候变化、环境恶化等问题长期得不到有效治理，也会威胁全球与各国经济可持续发展。

2. 社会动乱

全球化导致国家间和国家内部贫富差距扩大，国家内部社会矛盾有可能被激化。如美、英、法等发达国家传统产业大量外移，失业问题突显。全球化还使各国国内因素与国际因素的联系与互动增强，国际问题诱发国内动荡、国内问题引发国际动荡的概率都在增加。

3. 大国对抗

部分大国实行霸权主义，进行战略扩张、军备竞赛，遏制其他新兴国家的发展。

4. 地区动荡

全球化中边缘化的国家、霸权主义、恐怖主义、核扩散等，可能使 21 世纪头几十年内地区热点不是随着全球化深入逐步减少而是继续增多，使地区热点对全球安全形势的牵动作用增大，使国际形势在总体和平状态下的局部动荡继续加剧。

5. 文化冲突

随着经济全球化趋势的加快，不同文化、不同价值观、不同生活方式、不同信念，有些在相互冲突和撞击中形成了新的"世界大文化"，有些则会改变本民族的生活方式、价值观念和文化特性。

（二）逆全球化

1．表现

（1）自由贸易理念边缘化，贸易保护主义不断升级。

（2）全球经济陷入持续的结构性低迷，下行风险和不确定性上升。美国和部分欧盟国家的移民、投资、监管和社会保障政策等去全球化趋势明显。

（3）部分西方国家保守化内顾倾向加重，国家干预和管制极端化。

（4）主要大国回归国家主义立场，参与国际发展合作的意愿减退。

2．原因

（1）部分国家出现治理危机。这是逆全球化的内在根源，突出表现为公共政策减效失灵，国家治理能力、制度活力和创新不足。

（2）个别大国的霸权任性和责任缺失。

（3）国家间发展更不平衡。

（4）自由主义国际秩序陷入危机。

3．危害

（1）引发全球经济衰退和金融贸易风险。

（2）影响全球价值资源分配。

（3）激化社会矛盾与造成政治不稳定。

（4）冲击和割裂国际政治关系。

（5）导致经济全球化减速甚至停滞。

二十二、新中国外交政策的演变

具体见附表10。

附表 10　新中国外交政策的演变表

阶段	背景	外交政策及成就
联苏反美——"一边倒"的外交战略（中华人民共和国成立至 20 世纪 50 年代）	（1）美苏两极对峙格局 （2）中华人民共和国成立前夕，中共中央根据当时的国际环境和中国民主革命的经验教训，提出独立自主的和平外交政策	（1）与苏联、东欧及亚洲人民民主国家建立外交关系 （2）积极同邻近国家和新型民族国家发展友好关系，提出了"和平共处五项原则" （3）反美霸权主义，抗美援朝 （4）参加日内瓦及万隆会议
反苏反美——"两个拳头打人"的外交战略（20 世纪 60 年代）	（1）苏联对外推行霸权主义政策；社会主义阵营动荡、分化 （2）民族独立运动高涨，第三世界崛起	（1）展开反对霸权主义的斗争，反美反苏 （2）大力支持世界民族解放运动 （3）与法国等国家建交 （4）睦邻友好政策，解决与接壤国家的陆上边界问题和华侨的双重国籍问题
联美遏苏——"一条线，一大片"的外交战略（20 世纪 70 年代）	（1）美苏冷战，苏攻美守，美国调整对外政策，积极谋求改善中美关系，以遏制苏联 （2）毛泽东提出"三个世界"战略思想	（1）中美关系缓和，中日建交 （2）加强同第三世界国家的团结与合作，改善与西方国家的关系 （3）1971 年我国在联合国的合法席位得到恢复
全面发展对外友好关系——"全方位"外交的新战略（新时期外交）	（1）美苏冷战互有攻守，美苏冷战结束 （2）西欧、日本、第三世界国家的力量发展迅速	（1）制定了全面对外开放的基本国策 （2）赋予独立自主原则新内容，如不结盟政策 （3）与周边国家、第三世界国家以及西方国家的关系都取得了显著的进展，在经济、贸易、科技和文化等各个领域的交流与合作都得到了加强

二十三、近现代中国土地政策的调整

(一) 中国近代土地制度的变革

1. 太平天国的《天朝田亩制度》

(1) 内容：废除封建地主阶级土地所有制，按人口和年龄平均分配土地；关于产品分配，每户留足余粮，其余归圣库。

(2) 评价：《天朝田亩制度》是太平天国的革命纲领，突出反映了农民要求废除封建土地所有制的强烈愿望，是几千年来农民反封建斗争的结晶。但是，由于农民阶级的局限和时代的局限，其具有空想性和落后性。

2. 辛亥革命时期孙中山的"平均地权"（社会革命）

(1) 内容：通过核定地价，征收土地税的办法逐步向地主收买土地，建立资本主义的土地所有制。

(2) 评价：其目的在于消除贫富悬殊和阶级对立，为资本主义发展开辟道路，在一定程度上反映了资产阶级革命派对农民的同情，但它没有满足农民的土地要求，也不能调动农民参加革命的积极性。

3. 土地革命时期共产党的土地革命路线

(1) 内容：打土豪、分田地，废除封建剥削和债务，满足农民土地要求。

(2) 办法：依靠贫农、雇农，联合中农，限制富农，保护中小工商业者，消灭地主阶级，变封建半封建的土地所有制为农民的土地所有制。

(3) 影响：使广大贫雇农在政治上翻了身，在经济上分到了土地，在生活上得到了保证，提高了农民的生产和革命的积极性，推动了革命的发展。

4. 抗日战争时期

(1) 进行根据地建设——大生产运动（抗战时期，中国共产党领导抗日根据地军民开展的以自给为目标的大规模生产自救运动）；军垦屯田。

①目的：巩固农村革命根据地。

②影响：陕甘宁边区和敌后抗日根据地的大生产运动健康发展，成就显

著。农业和工商业的产值迅速增长，人民负担大大减轻，军民生活明显改善。大生产运动使根据地度过了严重的经济困难时期，为争取抗日战争的胜利奠定了物质基础。

（2）"双减双交"政策

①内容：实行地主减租减息、农民交租交息的土地政策。

②影响：保留地主土地所有制，限制封建剥削，提高了农民抗日和生产的积极性，也利于联合地主阶级一致抗日。

5. 解放战争时期

（1）内容：没收地主土地，废除封建剥削的土地制度，实行耕者有其田的土地制度，按农村人口平均分配土地。

（2）作用：极大地调动了解放区农民的革命和生产的积极性，为解放战争迅速取得胜利提供可靠保证。

（二）中国现代农村土地政策的五次变革或调整

1. 中华人民共和国成立初期：1950—1952 年的土地改革

（1）内容：颁布《中华人民共和国土地改革法》，废除封建地主土地所有制，实行农民土地所有制（属民主革命范畴，消灭封建剥削，土地所有权属农民个体，仍然是私有制）。

（2）影响：解放了农村的生产力，为农业生产的发展和国家工业化开辟了道路；同时也巩固了工农联盟和新生的人民民主专政的政权。

2. 社会主义三大改造时期：1953 年开始对农业进行社会主义改造

（1）原因：小农经济难以满足国民经济发展的需要。

（2）内容：把土地等主要生产资料由私有制变为公有制，并实行集体经营。

（3）影响：进一步提高了农业生产力，为社会主义现代化建设奠定了基础。

3. 全面建设社会主义时期：1958 年实行的人民公社化运动

（1）原因：党的主要领导人主观认为农业合作化的规模越大，公有化程度越高，越能促进经济的发展。

（2）影响：严重损害了农民的利益，挫伤了生产者的积极性。

4. 改革开放新时期：实行家庭联产承包责任制

（1）原因：党中央正确总结了合作化和人民公社化的教训，作出实行经济体制改革的正确决策。

（2）内容：在坚持土地公有制的前提下，改变经营管理方式，实行分户经营、自负盈亏等。

（3）评价：极大地调动了农民的积极性，解放了农村生产力，推动了农业生产的发展。

5. 改革开放纵深发展时期：实行土地流转

（1）含义：土地流转指的是土地使用权流转，是指拥有土地承包经营权的农户将土地经营权（使用权）转让给其他农户或经济组织，即保留承包权，转让使用权。

（2）原因：①农村第二、三产业的发展和劳动力的转移。②镇、村非农建设项目的需要。③农村产业结构调整，农业专业化、商品化发展的需要。④家庭联产承包责任制存在缺陷，不适应农业现代化发展的需要。

（3）意义：①是改善村民的生活条件，实现共同富裕，缩小城乡差距的要求。②有利于加快培养内部市场、扩大内部需求，培养农民的市场观念。③搞活了土地的使用，有利于实现土地规模经营，提高经济效益，推动我国农业的现代化。④有利于进一步解放和发展农村生产力，推动农村改革向专业化、商品化、社会化发展。⑤有利于优化农村资源配置，提高了土地利用率，降低农业生产成本，使农民获得更大利润。⑥有利于促进农村产业结构的调整，促进非农产业和第三产业的发展。⑦有利于农村富余劳动力流向城市，促进城市化发展。

二十四、中共十一届三中全会后经济体制改革的变化趋势

1. 计划与市场

单一的计划经济→计划经济为主、市场调节为辅（计划经济与市场调节

相结合）→有计划的商品经济（市场的作用加强）→社会主义市场经济。

2. 所有制形式变迁

单一的公有制→非公有制经济是社会主义经济的必要补充→非公有制经济是社会主义市场经济的重要组成部分→公有制为主多种所有制形式并存。

3. 分配方式发展情况

单一的按劳分配→按劳分配为主、多种分配方式并存→按劳分配与按生产要素分配相结合→按生产要素贡献分配。

4. 改革空间

从农村经济体制改革走向城市经济体制改革。

5. 改革目标

从建立有计划的商品经济发展到建立社会主义市场经济。

6. 市场经济深入

大力发展非公有制经济，发挥市场的决定性作用等方式来不断深化改革。

7. 市场经济配套

为经济体制改革提供政治、文化、社会、生态文明等方面的体制改革配套。

二十五、近现代中国社会生活的变迁

（一）中国近代社会习俗变迁的原因及特点

1. 原因

（1）变迁之根源——社会的变异性：鸦片战争以后，西方文明进入中国，与中国传统文化呈现冲突与融合之势、新旧事物的摒弃与吸收之势。

（2）变迁之趋向——政治的导向性：一方面政治导向和政府政策直接引导社会习俗的变迁，另一方面在政府的有力推动下，以风俗改良为宗旨的社会团体应时而出，它们的宣传与政府的政策遥相呼应，促进社会习俗的变迁。

（3）变迁之催化——商业发展的趋利性：鸦片战争以后，"重商"政策开始推行，世人重商一度成为引领潮流的时尚，出现唯利是图、讲排场、比豪华、及时行乐和攀比等现象。

（4）变迁之前奏——思想的革新性：西方文明中新的文化价值观成为中国近代社会习俗嬗变的至关重要的思想基础；在资产阶级的这些自由、平等、博爱思想的浸润下，一种崭新的社会风俗开始出现。

（5）变迁之诱发——传教士的引导性：教会和教堂不仅成为传教士宣传宗教的圣地，也成为他们传播近代科学文化知识的殿堂。他们往往通过出版书刊，开办学堂、育婴堂、孤儿院、救济院和鸦片吸食者收容所等机构，来引导人们反对迷信、宣传科学，并对各种陋习加以批评。除此之外，洋货输入、传教灌输、租界展示、出洋考察以及民众对各种新知识的接受和传播，都在不同程度、不同层次中推动着近代民俗的变迁。

2. 特点

（1）地域差异大：受到列强侵略的影响，近代社会生活的变迁最早出现于各通商口岸和沿海城市，并逐渐向内地渗透；最早开始于革命党人和社会的开明上层人物中，并逐渐向一般的平民百姓转移；表现出半殖民地半封建社会的特点。

（2）过程缓慢：由西方引进，具有较强的殖民色彩，中西方社会习俗经历了由冲突到相互融合的过程，近代时期中西方文化和新旧文化并存、相互影响和渗透。

（3）水平不尽相同：断发易服运动较为迅速和彻底，不缠足运动起步早，但进展缓慢，沿海地区物质生活和社会习俗变化较快，但广大农村仍处于封闭、落后的状态，传统的风俗习惯坚如磐石。

（4）动力多种多样：每一次社会习俗的变化都与当时社会运动的影响息息相关，部分上层人物的倡导也起到了一定的社会示范作用，世界资本主义的发展及西方生产、生活方式的变迁和向中国的渗透是主要的外部因素。

（二）近代民俗变迁的符号象征意义

就近代民俗象征符号而言，多样性与融合性、近代性与古代传承性、世界共同性与民族性，构成了转型时期民俗象征符号体系的时代特征。

（1）近代民俗象征符号的多样性、融合性特征体现了近代社会转型时期的开放性和多元性。多样性指的是民俗象征符号样式的多样性，不仅有中国传统民俗的象征符号，而且有西方民俗的象征符号；融合性则指近代民俗象征符号中的中西融合、传统与近代共生的特征。这反映了近代社会转型期的多元性、开放性和包容性等特点。

（2）近代民俗象征符号的近代性、世界共同性特征体现着近代转型期的社会进步。这种进步主要表现在如下几个方面：一是社会由封闭走向开放；二是西方近代工业文明逐渐在中国生根发芽；三是近代市民社会崛起，近代市民群落大规模出现。

（3）近代民俗象征符号的民族性特征，体现了近代社会转型期民族文化传统的顽强延续性。民族性特征，指的是民俗象征符号的内容、式样都是中华民族所固有的、从先辈那里传承的那部分内容。中国传统文化适应了近代世界环境，而且其核心内容并没有因为适应而被丢掉，反而形成了中国文化的"世界化"、世界文化的"中国化"。

参考文献

［1］吕静茹. 学业增值性评价观在高中历史科中的应用研究［D］. 上海：上海师范大学，2023.

［2］张亚君. 史料实证素养在高中历史教学中的培育路径初探［J］. 学周刊，2023（20）：97-99.

［3］曹萍. 高中历史多元交互式课堂学习评价策略［J］. 新教育，2023（08）：33-35.

［4］王晓燕. 高中历史课堂过程性学习评价的有效策略探究［J］. 高考，2023（06）：111-114.

［5］马益瑞. 基于历史核心素养的高中历史课堂教学提问的探究［J］. 读写算，2022（35）：117-119.

［6］王东梅. 高中历史复习课架构"教、学、评"一致性体系的具体策略［J］. 高考，2022（32）：117-119.

［7］李慧慧. 指向史料实证素养培育的历史课堂教学转型实践［J］. 高中历史教学参考，2021（24）：28.

［8］崔长松. 高中历史教学中学生实证意识的培养路径［J］. 高考，2021（33）：35.

［9］马晓红. 浅谈高中历史教学中史料实证素养的渗透策略［J］. 新课程，2021（41）：210.

［10］胡晓娟. 核心素养指导下的高中历史史料教学探索［J］. 文理导航（上旬），2021（10）：57.

［11］翟群娣．基于核心素养培养的高中历史教学策略探讨［J］．新课程研究，2021（29）：56．

［12］蔡新洪．浅论历史核心素养下的高中历史教学［J］．名师在线（中旬刊），2021（14）：83．

结 语

历史记录着人类发展进程，是人类文明的重要载体。中学历史课程承载着历史学的教育功能，而历史教育不仅要求学生习得既有的历史事实，它还要求教师在历史知识传授的过程中对学生历史学科的核心素养进行培养。历史学科核心素养的提出是高考改革所带来的"产物"，它既是时代发展的需求，也是对教育事业的重新审视。学生通过历史学科的学习，拓宽自己的视野，树立正确的历史价值观，培养自己的历史思维，形成自己的历史认识，从而加深对历史学科核心素养的了解。

本书主要是在高考改革背景下，探讨山东省高中生"史料实证"核心素养的培养。"史料实证"素养的培养离不开对史料本身的解读和研究，本书从历史学科核心素养构成要素及内涵的层面出发，根据地区性要求，对当地高中学校的部分教师和学生就历史"史料实证"素养培养的现状这一内容进行了调查，提出当前存在的问题，并根据调查情况提出了相应的对策。以"史料实证"素养为出发点，结合高考改革背景下新课程标准的要求，浅析高考改革对高中历史学科素养培养的影响。

当前，历史学科核心素养提出的时间尚短，山东省高中教师关于培养学生学科素养的教学经验并不丰富，相关案例尚在构建之中。鉴于历史学科新课程改革是一个漫长的过程，这也就带给了历史教育者重大的挑战和机会。虽然在培养方法和教学实践过程中，新课标均致力于对学生和教师历史学科核心素养的培育和提升，但具体情况还需进行具体的分析，因而本书只是从"史料实证"素养的角度出发，力图能在未来历史教学实践中对历史学科核心素养的培养上提供一定的参考价值。

　　本书是在借鉴了大量优秀成果的基础上写作而成的，但因笔者资历尚浅，在很多问题的处理上还有欠缺，还望各位专家、老师批评指正！